普通高等教育城市轨道交通"十二五"规划教材

城市轨道交通列车运行控制

吴金洪　张　瑾　主编
叶建忠　邱　欣　凌松涛　韦　强　副主编

国防工业出版社
·北京·

内容简介

本书系统地阐述了城市轨道交通列车运行控制的基本概念和工作原理，着重介绍了列车运行控制系统及其运用，主要内容包括基础设备、基础理论、闭塞系统、联锁系统、列车运行自动控制系统、典型 ATC 系统、非正常情况下列车运行等。

本书可作为高等院校以及高等职业技术学院相关专业教材或教学参考书、城市轨道交通信号专业人员的培训教材，也可作为城市轨道交通相关专业技术人员的参考用书。

图书在版编目(CIP)数据

城市轨道交通列车运行控制/吴金洪,张瑾主编. —北京:国防工业出版社,2014.4
普通高等教育城市轨道交通"十二五"规划教材
ISBN 978-7-118-09375-9

Ⅰ.①城⋯ Ⅱ.①吴⋯ ②张⋯ Ⅲ.①城市铁路—轨道交通—列车—运行—控制系统—高等学校—教材 Ⅳ.①U284.48

中国版本图书馆 CIP 数据核字(2014)第 073822 号

※

国防工业出版社出版发行
(北京市海淀区紫竹院南路23号　邮政编码100048)
北京嘉恒彩色印刷有限责任公司
新华书店经售

*

开本 710×960　1/16　印张 16¾　字数 322 千字
2014 年 4 月第 1 版第 1 次印刷　印数 1—4000 册　定价 32.00 元

(本书如有印装错误,我社负责调换)

国防书店:(010)88540777　　发行邮购:(010)88540776
发行传真:(010)88540755　　发行业务:(010)88540717

前　言

随着城市化进程的快速发展，城市交通需求持续增长，同时城市道路交通拥挤、交通事故以及交通污染等问题日益加剧。解决城市交通问题的根本出路在于优先发展以轨道交通为骨干的城市公共交通系统。在城市客运交通领域，在"以人为本、公交优先"方针指引下，城市轨道交通因具有运量大、速度快、安全准点、保护环境、节约能源和用地等优点，深受人民群众的欢迎，已成为广大市民出行的首选。目前我国城市轨道交通正处在大发展、大建设时期，北京、上海等大城市的轨道交通已经从单线运营进入了网络化运营，其他城市的轨道交通建设也在不断深化和完善。

城市轨道交通的基本任务是安全、高效地运送乘客，必须采用安全、可靠的列车运行控制设备和合理的运输组织。列车运行控制系统是城市轨道交通调度指挥和运营管理的中枢神经，是保证列车运行安全，实现行车指挥和列车运行现代化，提高运输效率的关键系统设备。列车运行控制系统根据线路条件和实际情况，通过对列车运行速度进行监督、控制和调整，保证安全、平稳运行，高质量地完成运输任务，从而带来较好的经济效益和社会效益。

城市轨道交通列车运行控制系统技术含量高，是计算机技术、通信技术和控制技术的综合利用，具有网络化、综合化、数字化、智能化的现代化系统的技术特征。为了满足我国城市轨道交通的快速发展，必须使更多的工作人员掌握列车运行控制系统的基本知识和基本技能，充分发挥其作用和优势，才能使城市轨道交通调度指挥和运营管理工作高效、准确。

本书系统地阐述了城市轨道交通列车运行控制的基本概念和工作原理，着重介绍了列车运行控制系统及其运用。本书由浙江师范大学吴金洪和苏州大学张瑾任主编，浙江省交通规划设计研究院叶建忠、浙江师范大学邱欣、苏州轨道交通有限公司凌松涛、浙江师范大学韦强任副主编。本书的编写工作分工如下：第一章由凌松涛编写，第二章和第三章由张瑾编写，第四章由邱欣编写，第五章和第七章由吴金洪编写，第六章由叶建忠编写，第八章由韦强编写。全书由吴金洪统稿。

在本书的编写过程中，参考了大量相关资料，在此编者向有关作者表示衷心的感谢。同时，得到了浙江省交通规划设计研究院丁赛华高级工程师，上海田之金计算机科技有限公司邹雷滨，苏州大学谢门喜，中国铁路通信信号上海工程局集团有限公司朱小锋总工程师等为本书在资料收集、内容安排等方面提出了许多宝贵意见，在此对他们表示感谢。

列车运行控制系统在不断发展，由于编写人员水平、资料难以收集齐全及实践经验的局限性，书中难免有不足之处，恳请读者批评指正。

编 者

2013 年 12 月

目 录

第一章　绪论 ··· 1

　第一节　城市轨道交通发展概述 ·· 1
　第二节　列车运行控制系统发展概述 ······································ 7
　思考题 ·· 11

第二章　基础设备 ·· 12

　第一节　信号机 ·· 12
　第二节　信号继电器 ·· 19
　第三节　轨道电路 ··· 29
　第四节　转辙机 ·· 38
　第五节　计轴器 ·· 44
　第六节　应答器 ·· 49
　第七节　站台安全门系统 ··· 55
　思考题 ·· 61

第三章　基础理论 ·· 62

　第一节　故障导向安全 ·· 62
　第二节　安全数据信息传输 ·· 68
　第三节　列车定位技术 ·· 81
　第四节　无线通信技术 ·· 86
　第五节　速度控制模式 ·· 93
　思考题 ·· 99

第四章　闭塞系统 ··· 100

　第一节　闭塞的基本概念 ·· 100
　第二节　半自动闭塞 ·· 102

第三节　自动闭塞 ······ 109
　　第四节　装备 ATC 系统的自动闭塞 ······ 114
　　思考题 ······ 117

第五章　联锁系统 ······ 119

　　第一节　联锁基本概念 ······ 119
　　第二节　联锁内容 ······ 126
　　第三节　进路控制过程 ······ 131
　　第四节　6502 电气集中联锁系统 ······ 134
　　第五节　计算机联锁系统 ······ 137
　　思考题 ······ 158

第六章　列车运行自动控制系统 ······ 159

　　第一节　ATC 系统概述 ······ 159
　　第二节　ATP 系统 ······ 163
　　第三节　ATO 系统 ······ 169
　　第四节　ATS 系统 ······ 179
　　思考题 ······ 198

第七章　典型 ATC 系统 ······ 199

　　第一节　点式 ATC 系统 ······ 199
　　第二节　基于轨道电路的列车运行自动控制系统 ······ 203
　　第三节　基于通信的列车运行自动控制系统 ······ 212
　　第四节　单轨交通 ATC 系统 ······ 227
　　第五节　磁悬浮交通的列车运行控制系统 ······ 233
　　思考题 ······ 245

第八章　非正常情况下列车运行 ······ 246

　　第一节　列车运行控制系统的后备模式 ······ 246
　　第二节　ATS 非正常情况下的后备模式 ······ 254
　　第三节　列车运行控制系统故障时的行车组织 ······ 256
　　思考题 ······ 259

参考文献 ······ 260

第一章 绪　　论

第一节　城市轨道交通发展概述

在时代车轮不断前行的过程中,随着世界各国城市化发展,城市交通问题越演越烈。经济发达国家城市的交通发展历程证明,只有采用大运量的城市轨道交通系统,才能从根本上改善城市交通拥堵状况。

从1827年,世界上第一条城市轨道公共马车出现在纽约百老汇大街上,令马车在钢轨上行驶,提高了速度、增加了平稳性,成为现代城市轨道交通的雏形。经过近40年的不断演变,1863年1月10日,世界上第一条地下城市铁路(Metropolitan Railway)在伦敦正式通车运营,采用蒸汽机车牵引线路总长仅6.5km,但第一年就运载了950万乘客,为解决城市交通拥堵树立了成功的典范,也为人口密集、交通需求量大的城市关于如何发展公共交通提供了宝贵经验。1897年,电力驱动的机车研制成功,使地下客运环境和服务条件得到了空前的改善,地铁建设显示出更加强大的生命力。由此,世界各国知名的大城市都纷纷效仿伦敦修建地铁,揭开了城市公共交通方式的新篇章。

我国的城市轨道交通发展起步较晚,以1969年北京地铁1号线正式开通为标志,历经了40多年的发展,并在近几年进入了快速建设阶段。截至2013年6月,中国共有轨道交通运营城市16个,包括北京、上海、天津、重庆、广州、深圳、武汉、南京、沈阳、长春、大连、成都、西安、昆明、苏州、杭州,总计轨道交通运营线路达68条,比上年56条增加12条;运营长度总里程2060km,比上年1677km增长22.83%;运营车站总数1350座,比上年1102座增长23%。

根据国内各城市目前轨道交通线路建设进度,2013年有12个城市新开通运营轨道交通,至2013年底,中国轨道交通运营线路累计将达80条,运营总里程将达2400km,运营车站将达1600座。截至2013年9月,中国获得国家批准建设轨道交通的城市达37个,高居世界第一。至2020年,我国城市轨道交通线路规划总里程将达到6100km,所需车辆将超过3万辆。

目前,城市轨道交通已成为世界各国现代化都市的重要基础设施,它安全、快捷、舒适、便利地在城市范围内运送乘客,最大限度地满足居民出行的需要,成为城市解决交通拥挤、乘车困难、行车速度下降最行之有效的方法。

一、城市轨道交通的基本概念

1. 城市轨道交通的定义

城市轨道交通是指具有固定线路,铺设固定轨道,配备运输车辆及服务设施等的公共交通设施。"城市轨道交通"是一个包含范围较广的概念,在国际上没有统一的定义。

在中国国家标准《城市公共交通常用名词术语》(GB 5655—1985)中,将城市轨道交通定义为"通常以电能为动力,采取轮轨运输方式的快速大运量公共交通的总称"。

一般而言,广义的城市轨道交通是指以轨道运输方式为主要技术特征,是城市公共客运交通系统中具有中等以上运量的轨道交通系统(有别于道路交通),主要为城市内(有别于城际铁路,但可涵盖郊区及城市圈范围)公共客运服务,是一种在城市公共客运交通中起骨干作用的现代化立体交通系统。

2. 城市轨道交通的特点

城市轨道交通相对于城市道路交通,位置或是高架或是地下,即使在地面线路也与道路交通相隔,具有运送乘客容量大、运行准时速达、运送安全,节省土地资源的特点。

城市轨道交通相对铁路,虽然同为轨道交通,但也具有各自鲜明的特点。

(1) 运营范围。城市轨道交通运行范围是城市市区及郊区,往往一条线只有几十千米。而铁路纵横数千千米,连接城乡。

(2) 运行速度。城市轨道交通因在城市范围内运行,站间距离短,且站站需停车,列车运行速度通常不超过 80km/h。目前,随着城市轨道交通各方面技术的不断成熟和发展,最高运行速度可达到 120km/h。而铁路的运行速度比较高,普遍在 120km/h 以上,高速铁路在 300km/h 以上。

(3) 服务对象。城市轨道交通的服务对象单一,只是市内客运服务,而铁路包括客运和货运。

(4) 线路与轨道。城市轨道交通大部分线路在地下或是高架,均为双行线,各线路之间一般不过线运行。正线一般采用 9 号道岔,车辆段一般采用 7 号道岔,这些都与铁路线路有很大区别。另外,城市轨道交通还存在特有的形式,如跨座式和悬挂式。

(5) 车站。城市轨道交通一般车站多为正线,多数车站也没有道岔,换乘站多为立体方式。而铁路车站有数量不等的道岔及股道,有较为复杂的咽喉区,换乘为平面方式。

(6) 车辆段。城市轨道交通的车辆段不同于铁路的车辆段,不仅具有车辆检修的功能,还具有停放、大量列车编解、接发车和调车作业,类似于铁路的区段站。

(7) 车辆。城市轨道交通采用电动车组,相对于铁路车型单一。

(8) 供电。城市轨道交通的供电包括牵引供电和动力照明供电。城市轨道交通均为直流供电,没有非电气化铁路的说法。城市轨道交通的动力、照明供电尤为重要,一旦供电中断,将陷入总体瘫痪状况。

(9) 通信信号。城市轨道交通列车密度较高、行车间隔短、普遍采用列车自动监控和列车自动运行的方式。城市轨道交通为了迅速、准确、可靠地传递信息,建有自成体系的独立完整的内部通信网,还包括广播和闭路电视等。

(10) 运行管理。城市轨道交通运行条件十分单纯,除了进、出段和折返外,基本没有越行、交会,正线上一般也没有调车作业,易于实现自动监控。

基于城市轨道交通的众多特点和优点,国家"十二五"规划纲要强调,实施公共交通优先发展战略,大力发展城市公共交通系统,提高公共交通出行分担比率。科学制定城市轨道交通技术路线,规范建设标准,有序推进轻轨、地铁、有轨电车等城市轨道交通网络建设。国家"十二五"规划的出台,无疑为我国城市轨道交通产业的发展提供了前所未有的机遇和巨大潜能。我国各大城市的城市轨道交通可以根据需求,选择相应的级别,如表1-1所列,将我国的城市轨道交通建设和运营推向又一轮快速发展时期。

表1-1 城市轨道交通技术等级表

	等级	Ⅰ级	Ⅱ级	Ⅲ级	Ⅳ级	Ⅴ级
	系统类型	高运量地铁	大运量地铁	中运量轻轨	次中量轻轨	低运量轻轨
	使用车辆类型	A型车	B型车	C-Ⅰ、C-Ⅱ型车	C-Ⅱ型车	现代有轨电车
	最大客运量/(单向万人次/h)	4.5~7.5	3.0~5.5	1.0~3.0	0.8~2.5	0.6~1.0
线路	线路形态	隧道为主	隧道为主	地面或高架	地面为主	地面
	路用情况	专用	专用	专用	隔离或少量混用	混用为主
	项目等级	Ⅰ级	Ⅱ级	Ⅲ级	Ⅳ级	Ⅴ级
站台	平均站距/m	800~1500	800~1200	600~1000	600~1000	600~800
	站台长度/m	200	200	120	<100	<60
	站台高低	高	高	高	低(高)	低
车辆	车辆宽度/m	3	2.8	2.6	2.6	2.6
	车辆定员/人	310	240	320	220	104~202
	最大轴重	16	14	11	10	9
	最大时速/(km/h)	80~100	80	80	70	45~60
	平均运行速度/(km/h)	34~40	32~40	30~40	25~35	15~25
	轨距/mm	1435	1435	1435	1435	1435

（续）

	等级	I级	II级	III级	IV级	V级
供电	额定电压/V	DC1500	DC750	DC750	DC750(600)	DC750(600)
	受电方式	架空线	第三轨	架空线/第三轨	架空线	架空线
信号	列车自动保护	有	有	有	有/无	无
	列车运行方式	ATO/司机驾驶	ATO/司机驾驶	ATO/司机驾驶	司机驾驶	司机驾驶
	行车控制技术	ATC	ATC	ATP/ATS	ATP/ATS	ATS/CTC
运营	列车最大车辆编组	6~8	6~8	4~6	2~4	2
	列车最小行车间隔/s	120	120	120	150	300

3. 城市轨道交通的构成

城市轨道交通是属于集多专业、多工种于一身的复杂系统，通常由轨道线路、车站、车辆、维护检修基地、供变电、通信信号、指挥控制中心等组成。城市轨道交通的运输组织、功能实现、安全保证均应遵循轨道交通客观规律。在运输组织上要实行集中调度、统一指挥、按运行图组织行车。在功能实现方面，各有关专业，如线路、车站、隧道、车辆、供电、通信、信号、机电设备及消防系统均应保证状态良好，运行正常。在安全保证方面，主要依靠行车组织和设备正常运行，来保证必要的行车间隔和正确的行车线路。

为了保证列车运行安全、正点，在集中调度、统一指挥的原则下，行车组织、设备、车辆检修、设备运行管理、安全保证等均由一系列规章制度来规范。列车运行是一个多专业、多工种配合工作，围绕安全行车这一中心而组成的有序联动、时效性极强的系统。

城市轨道交通系统中，采用了以电子计算机处理技术为核心的各种自动化设备，从而代替人工的、机械的、电气的行车组织、设备运行和安全保证系统。例如，ATC（列车自动控制）系统可以实现列车自动驾驶、自动跟踪、自动调度；SCADA（供电系统管理自动化）系统可以实现主变电所、牵引变电所、降压变电所设备系统的遥控、遥信、遥测和遥调；BAS（环境监控系统）和FAS（火灾报警系统）可以实现车站环境控制的自动化和消防、报警系统的自动化；AFC（自动售检票系统）可以实现自动售票、检票、分类等功能。这些系统全线各自形成网络，均在OCC（控制中心）设置中心计算机，实现统一指挥，分级控制。

二、城市轨道交通的主要类型

城市轨道交通按照运能范围、车辆类型及主要技术特征可分为地下铁道、轻轨交通、有轨电车、市郊铁路、单轨道交通、新交通系统、磁悬浮交通7类。以下对目前广泛发展的前3种类型进行分述。

1. 地下铁道

地下铁道简称地铁(Metro 或 Underground Railway 或 Subway 或 Tube),地铁是城市快速轨道交通的先驱。地铁是由电力牵引、轮轨导向,轴重相对较重,具有一定规模运量,按运行图行车,车辆编组运行在地下隧道内,或根据城市的具体条件,运行在地面或高架线路上的快速轨道交通系统。地铁的运能,单向运输能力在3万人次/h,最高可达6~8万人次/h。最高速度可达120km/h,旅行速度在40km/h以上,可4~10辆编组,车辆运行最小间隔可低于90s。驱动方式有直流电机、交流电机、直线电机等。地铁造价昂贵,每千米投资在3~6亿元人民币。地铁有建设成本高、建设周期长的弊端,但同时又具有运量大、安全、准时、节省能源、不污染环境、节省城市用地的优点。地铁适用于出行距离较长、客运量需求大的城市中心区域。一般认为,人口超过百万的大城市就应该考虑修建地铁,如北京、上海、广州等都是率先建设地下铁道(地铁)的城市,图1-1所示为北京地铁一号线。

图1-1 北京地铁1号线

2. 轻轨交通

轻轨交通(Light Rail Transit,LRT),是反映在轨道上的荷载相对于铁路和地铁荷载较轻的一种交通系统。轻轨是一个比较广泛的概念,公共交通国际联会(UITP)关于轻轨运营系统的解释文件中提到:轻轨是一种使用电力牵引、介于标准有轨电车和快运交通系统(包括地铁和城市铁路),用于城市旅客运输的轨道交通系统。

原有的轻轨定义是指采用轻型轨道的城市交通系统。而如今的轻轨交通已采用与地铁相同质量的钢轨,主要以客运量或车辆轴重的大小来区分地铁和轻轨。在中国《城市轨道交通工程项目建设标准》(建标104—2008)(试行本)中,把每小时单向客流量为0.6~3万人次的轨道交通定义为中运量轨道交通,即轻轨。

轻轨一般采用地面和高架相结合的方法建设,路线可以从市区通往近郊。列车编组采用3~6辆,铰接式车体。由于轻轨采用了线路隔离、自动化信号、调度指挥系统和高新技术车辆等措施,最高速度可达60km/h,克服了有轨电车运能低、噪声大等问题。

由于轻轨具有投资少（每公里造价在0.6~1.8亿元人民币）、建设周期短、运能高、灵活等优点，因此发展很快，图1-2所示为天津津滨轻轨。

图1-2　天津津滨轻轨

3. 有轨电车

有轨电车(Tram或Streetcar)是使用电车牵引、轻轨导向、1~3辆编组运行在城市路面线路上的低运量轨道交通系统。

有轨电车是最早发展的城市轨道交通之一，一般设在城市中心穿街走巷运行，具有上下车方便的特点。旧式的有轨电车单向运输能力一般在1万人次/h以下，通常采用地面路线，与其他车辆混合运行，运行速度一般在10~20km/h之间。由于其运能低、挤占道路、噪声等问题，在20世纪五六十年代世界上各大城市纷纷拆除有轨电车线路，改建运量大的地铁或轻轨交通。中国的有轨电车在20世纪50年代末已所剩无几，仅大连、长春两城市保留，如图1-3所示。大连还对有轨电车

图1-3　长春旧式有轨电车

进行了改造,使其成为城市的一张名片。

随着城市轨道交通的发展,经过改造后现代钢轮钢轨 100%低地板有轨电车运营速度接近 20km/h,单向运能可达 2 万人次/h,以其节能、环保、投资较小、无需挖掘隧道、适中的载客量、较好的乘坐舒适性、较少的后期维护费用,重新成为解决城市核心区换乘、市郊接驳以及景区旅游观光交通的重要手段,如图 1-4 所示。

图 1-4　上海张江现代有轨电车

第二节　列车运行控制系统发展概述

作为轨道交通系统,安全和高效是其追求的两大目标。能够安全、高效运行,首先取决于信号系统中列车运行控制系统的性能,列车运行控制系统是确保列车运行安全、提高列车运行效率的核心子系统,是轨道交通系统的大脑和中枢,也是一个国家体现自动化水平的标志之一。与铁路相比,在城市轨道交通中,列车运行的速度虽然不是很高,但是站间距离短,列车运行过程中追踪间距、时间都比较小,行车间隔最短可达到 90s,甚至更短。如此短的追踪间隔,既要保证行车安全,又要保证行车的效率和准确性,则对列车运行控制系统有着更高的要求。

一、列车运行控制系统的发展

着眼于世界城市轨道交通的发展史,列车运行控制系统经历了多次革命性的变革:从最初依靠司机的视线控制、人工壁板信号控制、信号灯显示控制,发展到模拟轨道电路、数字轨道电路、基于感应环线的 CBTC,以及发展至今技术最为先进的基于无线通信的 CBTC。除去初期人为视觉控制时期,从有控制设备或系统以来,它大体可以分为 4 个发展阶段。

(1) 机械装置控制阶段,是以机械锁闭器和壁板信号机为代表的时代,目前已经被淘汰。

（2）电气控制阶段，是以继电器联锁系统和色灯信号机为代表。20 世纪 30~60 年代，列车运行控制系统依靠路旁信号机来传递不同的行车信息，列车运行安全很大程度上取决于司机的视觉条件、驾驶技术和经验。前后列车间的空间间隔由相邻信号机之间的距离来实现，司机根据地面信号的显示，按照行车规则操纵列车运行。

传统的信号系统中，列车运行控制存在以下 3 个方面不足：
① 地面信号显示行车信息的能力有限，较大程度上列车控制还是依赖司机。
② 信号机的位置不能随意改变，对列车间隔控制的灵活性较差。
③ 安全性较差，列车运行的效率低。

如今，随着城市轨道交通列车运行速度越来越快、行车间隔时间越来越短，对安全性的要求也越来越高，因此这种传统的列车运行控制方式逐步被取代。

（3）电子控制阶段，20 世纪 60 年代以后，列车运行控制系统迎来了快速发展的阶段，称为智能化的车载控制系统。采用先进的轨道交通列车运行控制的技术，在列车运行控制中心的计算机和列车车载的计算机之间建立起可靠、有效的信息交换通道，从模拟轨道电路到数字化轨道电路，使地面向列车传递的行车信息越来越全面，从而实现越来越精确的速度控制并显示在列车驾驶台上，由司机手动或自动操作，使司机驾驶更加从容有序，也使列车运行更加安全和高效。

从 20 世纪 70 年代，随着通信技术的发展，尤其是无线通信技术的广泛应用，以信号控制为核心的轨道交通信号系统开始演变为基于通信技术的轨道交通运行控制系统，则标志进入了第四阶段为基于通信技术的控制阶段。

（4）无线通信可以实现大信息量的车-地双向通信，除了能满足列车运行控制的需要，还可以用于行车指挥信息传输，能够满足城市轨道交通信息化对固定设备与移动列车之间大容量信息交换的要求。基于通信的列车控制系统（Communication Based Train Control，CBTC），可以实现双向信息传输，具有更高的传输速率、更多的信息量，可以摆脱对传统轨道电路的依赖，实现真正意义上的移动闭塞，使行车间隔大大缩短，系统实时性增加，从而进一步提高列车运能和安全性。CBTC 是城市轨道交通列车运行控制技术发展的方向。

二、我国列车运行控制系统的发展

我国的城市轨道交通发展起步较晚，因此我国城市轨道交通列车运行系统的发展起点较高，大致分为 3 个阶段。

第一阶段，从 1965 年 7 月 1 日开始，我国第一条地下铁路——北京地铁一期工程兴建，历经 4 年的建设期，于 1969 年 10 月通车。根据当时的国情，决定全部设备由国内自主研制，同时要求信号设备必须具有较高的技术水平。借鉴已有铁路的相关经验,信号项目主要为复线自动闭塞(包括机车信号和自动停车)、调度集中、列车自动驾驶和继电联锁。通过这几项主要技术,实现行车集中调度、集中监控和列车运行自动化。该项目完全独立自主地为中国第一条地铁提供了一整套信号控制设备,为后续20多年的安全运营奠定了坚实的基础。

第二阶段,1971年北京地铁二号线开始建设,要求采用"行车指挥与列车运行自动化"系统,即ATC系统。该线路于1984年正式开通,其信号系统大多采用国产设备。1986年,北京地铁通过引进消化,研制出一套机车信号系统,并用这套系统替换了全线机车信号,从而提高了车载设备的可靠性。

进入20世纪90年代以后,随着我国改革开放的步伐加快,经济的快速发展,各大城市都进入了建设城市轨道交通的高潮,但是由于我国地铁建设缺乏经验,使得国产信号设备技术水平较低,只能提供配套设备,无法形成一体化完整的国产地铁信号系统。再加上建设地铁向国外贷款,利用外资的附加条件就是必须购买该国的设备,因此纷纷引进国外先进的地铁信号设备。

在先后引进英国西屋公司的ATC系统、美国阿尔斯通公司的ATC系统等国外列车运行控制系统后,使我国地铁信号装配水平与国际差距大大缩小,取得了较好的效果。列车运行呈现出全新的面貌,实现了120s的运行间隔,大大提高了地铁列车的运行效率和运输能力。

在这一阶段我国城市轨道交通进入了大量建设时期,在引进国外先进设备和系统的基础上,信号设备的研制工作也逐步展开,信号设备从传统的有绝缘轨道电路、继电联锁、机车信号、自动停车、调度监督、调度集中逐步向无绝缘轨道电路、微机联锁、列车超速防护、列车自动监控等现代信号设备系统进行过渡和发展。

第三阶段,自1994年至今,我国城市轨道交通建设进入了快速发展期。继北京之后,广州、上海、深圳、武汉、重庆和南京等城市也开始发展城市轨道交通,信号系统采用德国西门子公司、美国US&S公司、法国阿尔斯通公司和日本信号公司等各具特色的ATC列车自动控制系统。采用引进设备后,大大缩减了列车运行间隔,提高了安全程度和通过能力,但由于国内外的电源质量、道岔结构、轨道施工工艺等存在差异,所以引进的ATC系统在我国应用的效果大打折扣,而且引进的设备也会带来诸多后续问题,如造价昂贵、维修成本高、备品备件缺乏、系统制式混杂及难以管理等。

从1999年初开始,我国推行城市轨道交通设备国产化政策,针对引进国外信号设备和系统已经出现的诸多问题,这一举措的主要目的在于降低建设投资,充分吸收借鉴国外的先进技术,研究开发具有自主知识产权的城市轨道交通相关技术并进行设备产品本土化生产制造,提升中国城市轨道交通行业技术水平并逐步减少对国外产品的依赖。

经历十几年国产化发展道路,2010年12月30日北京地铁亦庄线顺利开通试运行,标志着我国具有完全自主知识产权的"基于通信的列车运行控制系统"示范工程取得成功,使中国成为继德国(西门子公司)、法国(阿尔斯通公司和阿尔卡特公司)、加拿大(庞巴迪公司)后第4个成功掌握该项核心技术并成功应用于实际运营线路的国家,从而也使我国城市轨道交通的列车运行控制系统进入了自主化、现代化、智能化的全新发展应用时代。

三、列车运行控制系统的发展趋势

随着城市轨道交通的发展,通信信号系统发生了重大变化,车站、区间、列车运行控制以及行车调度自动化的一体化,通信信号系统的互相融合,冲破了功能单一、控制分散、通信信号相对独立的传统技术理念,推动了通信信号技术向数字化、智能化、网络化和一体化的方向发展。

20世纪80年代早期,列车运行控制技术将传统的信号控制技术和通信技术相结合,进一步发展成为基于通信的列车运行控制系统(CBTC系统),成为未来城市轨道交通列车运行控制的发展趋势。

基于通信的列车运行控制系统是一种采用先进的通信、计算机技术,连续控制、监测列车运行的移动闭塞方式的列车控制系统,它摆脱了用轨道电路判断列车占用和空闲的限制,突破了固定(准移动)闭塞的局限性,较以往系统具有更大的优越性,具体体现为以下几个方面:

(1) 实现列车与轨旁设备双向、大量、实时通信。

(2) 可减少轨旁设备,便于安装维修,有利于紧急状态下利用线路作为人员疏散的通道,有利于降低系统全寿命周期内的运营成本。

(3) 有利于缩短列车编组、加大列车运行密度,并可以缩短站台长度,提高服务质量,降低土建工程投资。实现线路列车双向运行而不增加地面设备,有利于线路故障或特殊需要时的反向运行控制。

(4) 可以适应各种类型、各种车速的列车,由于移动闭塞系统基本克服了准移动闭塞和固定闭塞系统地对车信息跳变的缺点,提高了列车运行的平稳性,增加了乘客的舒适度。

(5) 可以实现节能控制、优化列车运行统计处理、缩短运行时分等多目标控制。

(6) 移动闭塞系统,尤其是采用高速数据传输方式的系统,将带来信息利用的增值和功能的扩展,有利于现代化水平的提高。

(7) 系统不依靠轨道电路检测列车位置和向车载设备传递信息,有利于旧线系统升级改造的实施,即有利于在不影响既有线正常运营的前提下,对系统进行升级改造,对运营的影响降至最低。

(8) 确立"信号通过通信"的新理念,使列车与地面(轨旁)紧密结合、整体处理,改变以往车地相互隔离、以车为主的状态。这意味着车地通信采用统一标准协议后,就有可能实现不同线路间不同类型列车的联通联运,为未来的城市轨道交通列车运行控制系统的融合应用提供了可能性。

目前,我国由北京交通大学开发研制的具有自主知识产权的国产化北京亦庄线 CBTC 系统投入实际运营 3 年,经过实践检验,证明该套系统运营效果良好,实现了"自动驾驶"、"无人折返"和"安全运营"3 项目标,成为我国城市轨道交通国产信号控制系统的里程碑。至 2013 年,继北京交通大学之后,铁路科学研究院、卡斯柯信号有限公司、中国通号设计院和上海富欣智能交通控制有限公司(原上海贝尔股份有限公司交通自动化事业部),均具有自主知识产权的在研和试验中的 CBTC 系统。相信在未来我国城市轨道交通列车运行控制系统的发展和应用中,"中国制造"的 CBTC 系统将成为主流。

思 考 题

1. 城市轨道交通的定义和特点是什么?
2. 城市轨道交通的主要类型有哪些?
3. 简述列车运行控制系统的发展历程。
4. 列车运行控制系统的未来发展趋势是什么?其优越性体现在哪些方面?
5. 简述我国列车运行控制系统的发展过程,说明我国具有自主知识产权的 CBTC 系统的研制和应用情况。

第二章 基础设备

第一节 信号机

一、信号机结构

信号机是城市轨道交通中最基本的信号设备,信号机从构造上可以分为透镜式和 LED 式信号机。

(一) 透镜式信号机

透镜式信号机有高柱和矮柱两种类型。高柱信号机的机构安装在钢筋混凝土信号机柱上;矮柱信号机的机构安装在信号机水泥基础上。

高柱透镜式信号机如图 2-1 所示。它由机柱、信号机构、托架、梯子等部分组成。机柱用于安装机构和梯子。信号机构的每个灯位配备相应的透镜组合单独点亮灯炮,给出信号显示。

托架用来将信号机构固定在机柱上,每一信号机构需上、下托架各一个。梯子用于维修人员攀登作业。

矮柱透镜式信号机用螺栓固定在信号机基础上,没有托架,也不需要梯子,如图 2-2 所示。

信号机可构成二显示、三显示和单显示信号。各种信号机根据需要还可以分别带引导信号机构或是进路表示器。

1. 透镜式信号机的信号机构

透镜式信号机的每个灯位由灯泡、灯座、透镜组、遮檐和背板组成,如图 2-3 所示。

灯泡是信号机的光源,采用直丝双丝铁路信号灯泡。

灯座用来放置灯泡,采用定焦盘式灯座,在调整好透镜组焦点后固定灯座,更换灯泡时无需再调整。

透镜组装在镜架框上,由两块带棱的凸透镜组成,内部是有色带棱外凸透镜(可有红、黄、绿、蓝、月白、无色 6 种颜色),外部无色带棱内凸透镜。之所以采用两块透镜组成光学系统,是利用光的折射和反射原理,将光源发出的光线集中射向所需要的方向,即增强该方向的光强。这样就能满足信号显示距离和具有方向性的要求。信号机构的颜色取决于有色内透镜,可根据需要选用。

第二章 基础设备 13

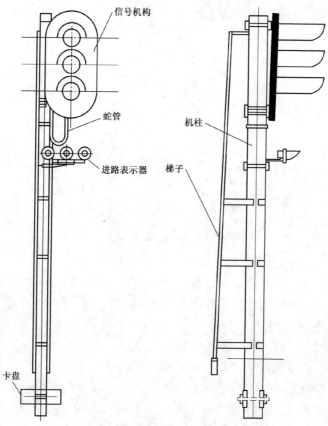

图 2-1 高柱透镜式信号机

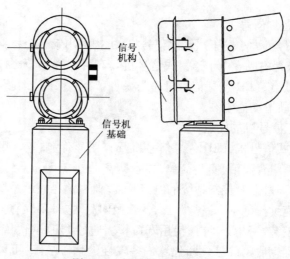

图 2-2 矮柱透镜式信号机

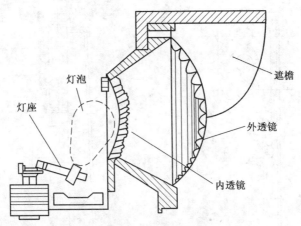

图 2-3 透镜式信号机机构(灯位)

遮檐用来防止阳光等光线直射时,产生错误的幻影显示。

背板是黑色的,构成较暗的背景,可衬托信号灯光的亮度,改善瞭望条件。值得说明的是,只有高柱信号机才有背板,一般信号机采用圆形背板。

2. 透镜式信号机的机构分类

透镜式信号机可分为高柱、矮柱两大类。

高柱、矮柱信号机按结构又可分为单显示、二显示和三显示。每种显示都有各自的灯室,每个灯室内有一组透镜、一副灯座、一个灯泡和遮檐。灯座间用隔板分开,以防止互相串光,保证信号显示正确。背板是一个机构共用的。各种信号机可根据信号显示的需要选用机构,再按灯光配列对信号灯位颜色的规定,安装各灯位的有色内透镜。

(二) LED 色灯信号机

LED 色灯信号机大小同于透镜式信号机,机构采用铝合金材料,信号点灯单元由 LED 发光二极管构成。由于透镜式信号机具有可靠性差、寿命短、易断丝、工效低、维修量大等缺点,LED 色灯信号机作为一种节能、免维护的新型光源被成功运用于铁路和城市轨道交通中。

1. LED 色灯信号机的优点

相对于透镜式信号机,LED 色灯信号机具有明显优势,它采用轻便、耐腐蚀的单灯铝合金机构,组合灵活,安装简单;显示距离超过 1.5km,且清晰可辨;使用寿命长,安全可靠;通过监测控制系统的电流,可以监督信号显示系统的工作状态,可预警异常情况,有助于准确判断故障点,便于及时处理。LED 色灯信号机质量大大减少,便于施工安装,密封条件好,使用寿命长。通过 LED 取代传统的双丝信号灯泡和透镜组,从而彻底消除灯丝断丝这一多发性的信号故障,可以做到免维护,结束了普通信号机定期更换信号灯泡的维修方式,减少维修工作量,节省维修费用。

2. LED色灯信号机的组成

现使用的LED色灯信号机有很多类型,一般均由铝合金信号机构、LED发光盘和发光盘专用电灯装置组成。

(1) 铝合金信号机构。铝合金信号机构分为高柱机构和矮柱机构。

高柱机构由背板总成、箱体总成、遮檐和悬挂装置4部分组成。

矮柱机构安装方法与透镜式信号机构相同,即厂家已按二灯位(或三灯位)组装成一个整体。

另有遮檐及复示信号铝合金机构、灯列式进站复示信号铝合金机构。

(2) LED发光盘。LED发光盘是采用发光二极管制成信号灯的新光源。发光盘分为高柱发光盘、矮柱发光盘和表示器发光盘。发光盘的结构可以与多种传统信号机构兼容,只要松开固定透镜组的3个螺钉,就可互换,方便现场灵活使用。

发光盘为圆形盘状结构,其上安装众多发光二极管,如图2-4所示。

(3) 发光盘专用点灯装置。发光盘专用点灯装置是为配合LED发光盘而研发的信号点灯装置,它与发光盘配套使用。该装置输出的是稳定的12V直流电压,不仅性能稳定可靠,能适用于电压波动较大的区段,而且使用方便,现场不需要调整。

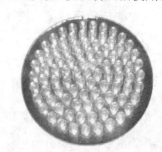

图2-4 LED色灯信号机发光盘

二、信号机的显示制度

(一)信号机常见显示灯色及意义

城市轨道交通信号颜色的选择,应能达到显示明确、辨认容易、便于记忆和具有足够的显示距离的基本要求。经过理论分析和长期实践,城市轨道交通的信号颜色主要采用"红、绿、黄"作为3种基本颜色,并以月白色信号作为辅助颜色,主要用于车场的调车信号机。

红色灯光表示停车。

黄色灯光表示注意或降低速度。

绿色灯光表示按规定速度运行。

蓝色灯光(或用红色灯光代替)表示禁止调车作业。

白色灯光表示允许调车作业。

黄色(白色)灯光加红色灯光为引导信号,允许列车以不大于20km/h速度越过信号机,并随时准备停车。

紫色灯光作为道岔表示器表示道岔在直向开通的灯光。

其他显示意义的信号可采用基本颜色组合或是闪光,也可以符号、数字等形式表示。值得一提的是,在城市轨道交通中,列车的运行速度不取决于信号机的显示,即信号为非速差信号。允许信号的绿灯、黄灯并不一定表示列车的运行速度,而是代表列车的运行进路是走道岔直股还是弯股。《地铁设计规范》(GB 50157—2003)对信号显示未制定统一标准,各地可以对信号显示作出有关规定。以上海地铁一号线信号机的显示为例:

红色——停车,ATP 速度命令为零。

绿色——运行前方道岔在直股(定位),按 ATP 速度命令运行。

月白色——运行前方道岔在侧股(反位),按 ATP 速度命令运行,一般限制速度为 30km/h。

红色+月白色——引导信号,允许列车在该信号机处继续运行,但需准备随时停车,仅对防护站台的信号机设引导信号。

蓝色——禁止列车越过该架信号机进行调车作业。

白色——允许列车按规定的速度越过该架信号机进行调车作业。

站台还设有发车表示器,发车前 5s 闪白光,亮白色稳定光为正式发车时间,列车出清后灭灯。

(二)信号机的定位

将信号机经常保持的显示状态作为信号机的定位。一般将保证行车安全、提高运输效率的信号确定为信号机的定位显示。

(1)防护、反向阻挡、通过、进站、出站、进段(场)、出段(场)信号机以显示停车信号——红灯为定位。

(2)调车信号机以显示禁止调车信号——蓝灯或红灯为定位。

(三)信号机显示距离

各种信号机以及信号表示器的显示距离需要符合下列规定:

(1)行车信号和道岔防护信号应不小于 400m。

(2)调车信号和道岔状态表示器应不小于 200m。

(3)引导和道岔状态表示器以外的各种表示器应不小于 100m。

三、信号机的设置

(一)信号机的设置原则

信号机通过其颜色、数目和灯光的状态向列车驾驶员传递线路信息,从而指导列车运行。其设置原则如下:

1. 设置于列车运行方向的右侧

城市轨道交通与铁路运输的一个很大的区别在于采用右侧行车制。因此,不论列车运行线路是正线还是车辆段,信号机均应设置于列车运行方向的右侧,与驾驶员的驾驶位置相同,便于瞭望和确认信号。在地下部分一般安装在右侧隧道壁上。若遇到特殊情况必须设置于列车运行方向左侧或其他位置时,需要运营主管部门批准后方可实施。

2. 信号机不得侵入设备界限

设备界限是用来限制设备安装的轮廓控制线。

直线地段的设备限界通常是在直线地段车辆限界外扩大一定安全间隙后形成的。车体肩部横向向外扩大 100mm,边梁下端横向向外扩大 30mm,接触轨横向向外扩大 185mm,车体竖向加高 60mm,受电弓竖向加高 50mm,车下悬挂物下降 50mm。

曲线地段设备限界需要在直线地段设备限界的基础上,按所在曲线的半径过超高或欠超高引起的横向和竖向偏移量,以及车辆、轨道参数等因素综合计算而确定。

如果信号机的设置侵入了设备限界,就会直接或间接地影响列车正常、安全的运行,还有可能造成设备不同程度的损坏,甚至导致列车的颠覆。

3. 选择合适的信号机柱

根据信号机安装的地段和线路特征选择合适的信号机柱。

高柱信号机具有显示距离远、观察位置明确等优点,因此车辆段的进、出段信号机和停车场的进、出场信号机均选用高柱信号机。

而其他信号机由于不要求较远的显示距离,而且受隧道安装空间狭小的限制,一般采用矮柱信号机。

(二) 信号机的设置

1. 正线上的信号机设置

(1) 防护信号机。正线上的道岔区要设置防护信号机。防护信号机设置于道岔岔前和岔后的适当地点,如图 2-5 所示。道岔防护信号机向司机提示道岔状态及位置,指示列车运行方向,锁闭该信号机进路上的有关道岔及敌对信号,防护区间闭塞,确保调车作业的顺利进行及行车安全。常采用三显示机构,不带引导信号,自上而下灯位为黄(或月白)、绿、红,若设正线出站信号机,其灯光配列同防护信号机。

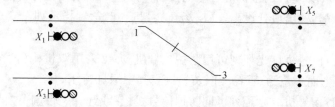

图 2-5 道岔防护信号机

(2) 阻挡信号机。在线路尽头线处设置阻挡信号机,表示列车停车位置或在停运检修期间指示检修作业位置,阻挡列车(车辆)越过,确保安全。阻挡信号机一般采用红灯单显示机构。

（3）通过信号机。通过信号机一般设在区间内的正线路上，用于防护前方进路。现在城市轨道交通普遍采用列车自动控制系统（ATC），自动闭塞通过信号机已失去主体信号的作用，因此一般在区间分界点不设置通过信号机。但当ATP车载设备发生故障时，为了方便驾驶员更好地掌握列车的位置，控制列车运行，可以结合系统特点设置必要的地点标志，根据需要也可设置通过信号机。通过信号机通常为三显示机构，自上而下为黄、绿、红配列。

（4）进、出站信号机。车站一般不设进、出站信号机，在正向出站方向的站台侧列车停车位置前方适当地点设置发车指示器或发车计时装置。也可以根据需要设进站、出站信号机以及进站信号机的预告信号机，或者只设出站信号机。

车站一般应设置发车指示器或发车计时装置，如图2-6所示。

图2-6　发车计时装置（000表示达到发车时间）

2. 车辆段（停车场）的信号机设置

（1）出、入段（场）信号机。在车辆段（停车场）入口处设进段（进场）信号机，在车辆段（停车场）出口处设出段（出场）信号机。已达到指示列车安全进、出车辆段（场）。

进段（场）信号机灯光配列可用防护信号机，亦可采用双机构（两个二显示）带引导机构，自上而下位为黄、绿、红、黄、月白，其中绿灯封闭。

出段（场）信号机灯光配列可同防护信号机，亦或红、绿、带调车白灯配列。

（2）调车信号机。车辆段（停车场）内其他地点根据需要设调车信号。段/场内调车信号机采用矮型蓝色、月白两显示调车机构信号机。

另外，在同时能够存放两列及以上列车的停车线中间进段方向应设列车阻挡信号机(可兼作调车信号机)。

3. 信号机的命名

正线上的防护信号机、阻挡信号机冠以"X""S""F""Z"等,其下缀编号方法:下行方向编号为单数,上行方向编号为双数,从站外向站内顺序编号。

车辆段的进段信号机冠以"JD",下缀编号方法:下行方向编号为单数,上行方向编号为双数,从段外向段内顺序编号。列车阻挡信号机和调车信号机冠以"D",下缀编号方法:下行咽喉区编号为单数,上行咽喉区编号为双数,从段内向段外顺序编号。

城市轨道交通的信号机命名和铁路信号机命名有很大的区别,而且目前没有较为统一、严格的规定,因此各地城市轨道交通的信号机命名方法也存在一定的差异。

第二节 信号继电器

信号继电器是轨道交通信号继电式控制系统的关键部件,也是电子式控制系统的主要接口部件。安全型继电器是我国信号继电器的主要定型产品。无极继电器是它的基本型号,其基本原理是在线圈中通以一定数量的电流,继电器励磁,吸合衔铁,带动动接点运动与前接点接通。当线圈中的电流减小到一定值时,继电器失磁,衔铁依靠重力和接点弹力复位,带动动接点运动与前接点断开,接通后接点。利用接点的断开和闭合就可以控制各种信号电路。

一、安全型继电器的特点

在轨道交通信号系统中,凡是涉及行车安全的继电电路,都必须采用安全型继电器。安全型继电器是指它的结构必须符合故障-安全原则(发生安全侧故障的可能性大于发生危险侧故障的可能性;处于禁止运行状态的故障有利于行车安全,称为安全侧故障;处于允许运行状态的故障可能危及行车安全,称为危险侧故障)。它是一种不对称器件,在故障情况下使前接点闭合的概率远小于后接点闭合的概率。这样,就可以用前接点代表危险侧信息,用后接点代表安全侧信息。

为了达到故障-安全要求,安全型继电器在结构上有以下特点:

(1) 前接点采用熔点高、不会因熔化而使前接点粘连的导电性能良好的材料。

(2) 增加衔铁质量,采用"重力恒定"原理在线圈断电时强制将前接点断开。

(3) 采用剩磁极小的铁磁材料构成磁路系统,并在衔铁与极靴之间设有一定厚度的非磁性止片,当衔铁吸起时,仍有一定的气隙,以防剩磁吸力将衔铁吸住。

(4) 衔铁不致因机械故障而卡在吸起状态。

二、继电器分类

信号继电器种类很多,可按不同方式进行分类。

1. 按动作原理分类

它可分为电磁继电器和感应继电器。

(1) 电磁继电器是通过继电器线圈中的电流在磁路的气隙(铁芯与衔铁之间)中产生电磁力,吸引衔铁,带动接点动作的。此类继电器数量最多。

(2) 感应继电器是利用电流通过线圈产生的交变磁场与另一交变磁场在翼板中所感应的电流相互作用产生电磁力,使翼板转动而动作的。

2. 按动作电流分类

它可分为直流继电器和交流继电器。

(1) 直流继电器是由直流电源供电的,它按所通电流的极性,又可分为无极、偏极和有极继电器。直流继电器都是电磁继电器。

(2) 交流继电器是由交流电源供电的。它按动作原理,有电磁继电器,也有感应继电器。整流式继电器虽然用于交流电路中,但它用整流元件将交流电整流为直流电,所以其实质上是直流继电器。

3. 按输入量的物理性质分类

它可分为电流继电器和电压继电器。

(1) 电流继电器反映电流的变化,它的线圈必须串联在所反映的电路中。该电路中必有被反映的器件,如电动机绕组、信号灯泡等。

(2) 电压继电器反映电压的变化,它的线圈励磁电路单独构成。

4. 按动作速度分类

它可分为正常动作继电器和缓动继电器。

(1) 正常动作继电器衔铁动作时间为 $0.1 \sim 0.3s$。大部分信号继电器属于此类。一般无需加此称呼。

(2) 缓动继电器,衔铁动作时间超过 $0.3s$。又分为缓吸、缓放。时间继电器是利用脉冲延时电路或软件设定使之缓吸。缓放型继电器则利用短路铜环产生磁通使之缓动,主要取其缓放特性。

5. 按接点结构分类

它可分为普通接点继电器和加强接点继电器。

(1) 普通接点继电器具有开断功率较小的接点的能力,以满足一般信号电路的要求,多数继电器为普通接点继电器。一般不加此称呼。

(2) 加强接点继电器具有开断功率较大的接点的能力,以满足电压较高、电流较大的信号电路的要求。

6. 按工作可靠程度分类

它可分为安全型继电器和非安全型继电器。

（1）安全型继电器（N 型）是无需借助于其他继电器，也无需对其接点在电路中的工作状态进行监督检查，其自身结构即能满足一切安全条件的继电器，其特点如下：

① 当线圈断电时，衔铁可借助于自身质量释放，从而使前接点可靠断开。

② 选用合适的接点材料，构成非熔接性前接点，或采用能防止接点熔接的特殊结构（如接熔断器、接点串联）。

③ 当一组不应闭合的后接点仍然闭合时，结构上能防止所有前接点闭合。

（2）非安全型继电器（C 型）是必须监督检查接点在电路中的工作状态，以保证安全条件的继电器。其特点如下：

① 由于继电器在使用时已检查了衔铁的释放，因此不必采用非熔接性接点材料。

② 当一组不应闭合的前接点仍然闭合时，结构上能保证所有后接点不闭合；反之亦然。

N 型继电器主要依靠衔铁自身重力释放，故又称重力式继电器。C 型继电器主要依靠弹簧弹力释放衔铁，故又称弹力式继电器。一般说来，N 型继电器的安全性、可靠性高于 C 型继电器。

三、安全型继电器的结构和工作原理

在轨道交通信号系统的继电式控制电路中，常用有直流无极继电器、偏极继电器、有极继电器和整流式继电器等。由于直流无极继电器为其余各种继电器的基本型，因此下面以直流无极继电器作为重点加以介绍。

（一）直流无极继电器

1. 直流无极继电器的结构

JWXC-1700 型直流无极继电器，由电磁系统和接点系统两大部分组成，如图 2-7 所示。

电磁系统包括线圈、铁芯、轭铁和衔铁，具有结构紧凑、加工方便等特点。线圈水平安装在铁芯上，分为前圈和后圈，之所以采用双线圈，主要是为了增强控制电路的适应性和灵活性，可根据电路需要单线圈控制、双线圈串联控制或双线圈并联控制。

接点系统处于电磁系统上方，通过接点架、螺钉紧固在轭铁上，使两者成为一个整体。直流无极继电器接点系统采用两排纵列式联动结构，因此，接点组数只能成偶数增减。拉杆传动中心线与接点中心线一致，以减少不必要的传动损失。

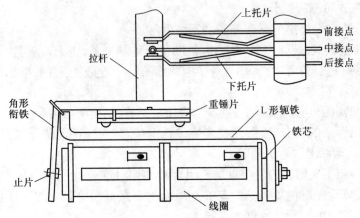

图 2-7 JWXC-1700 型直流无极继电器结构

2. 直流无极继电器的工作原理

直流无极继电器采用直流电源供电,无论什么极性,只要达到规定电压(或电流)值,继电器就励磁吸起,这种继电器可以做成电压型或电流型。电压型继电器的线圈直接与电源相连,线圈的匝数较多,线径较细,线圈的电阻也较大,如 JWXC-1700 型和 JWXC-1000 型等继电器就属于电压型继电器。电流型继电器线圈与负载串联,线圈的匝数较少,线径较粗,线圈的电阻也较小,如 JWCX-7 型和 JWXC-2.3 型等继电器就属于电流型继电器。

直流无极继电器的电磁系统为无分支磁路,如图 2-8 所示。当接通线圈的电源后,线圈中的电流 I 使铁芯磁化,在铁芯内产生工作磁通 Φ,它通过由轭铁、衔铁、铁芯、工作气隙 δ 和 δ' 构成的闭合磁路对衔铁产生电磁吸力。磁通随着电流的增加而增大,在铁芯未饱和的情况下吸力与磁通量的平方成正比。当电磁吸引力 F_D 大到足以克服衔铁上的机械负载阻力 F_J(主要是衔铁自重)时,衔铁即与铁芯吸合。此时衔铁通过拉杆带动动接点运动,使后接点断开,前接点闭合。

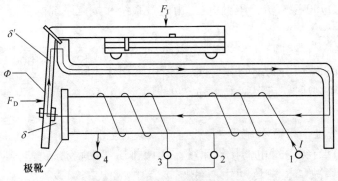

图 2-8 直流无极继电器磁路

当切断线圈中的电源时,电流逐渐减小,铁芯中的磁通随之减弱,吸引力减小。当电流小到一定值时,它所产生的吸引力小于机械力时,衔铁离开铁芯被释放。此时拉杆带动动接点运动,使前接点断开,后接点闭合。

由此可知,无极继电器的吸引力大小直接决定于通过工作气隙的磁通的大小,磁通增大到一定值时衔铁就吸合,磁通减小到略小于吸起的磁通值时衔铁就释放,但是对于线圈中的电流来说,当电流减小到略小于吸起时的电流值时却不能是继电器衔铁释放,这是因为以下两点:

(1) 继电器吸起状态与释放状态时工作气隙大小不同。
(2) 铁磁材料的磁滞影响。

因此,无极继电器的释放值远小于吸起值,而工作值一般大于吸起值,即工作值大于释放值,无极继电器的返还系数(释放值与工作值之比)小于1。

(二) 偏极继电器

偏极继电器具有反映电流极性的性能,较多使用在道岔表示电路及半自动闭塞电路、计算机联锁接口电路中。

偏极继电器的结构与无极继电器的结构基本相同,只是在电磁系统中有特殊部分,铁芯的极靴是方形以增加受磁面积,降低气隙磁阻。方形极靴下端装有L形永久磁铁(铝镍钴合金),结构如图2-9所示。由于在方形极靴上装有L形永久磁铁,偏极继电器的性能就与无极继电器不同了,偏极继电器只能在规定方向的电流通入线圈时吸起,反方向就不能吸起,无电时衔铁落下。

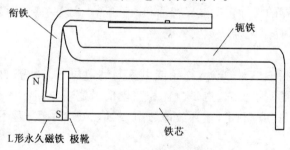

图2-9 偏极继电器磁路结构

(三) 有极继电器

有极继电器根据线圈中电流极性不同而具有定位和反位两种稳定状态,这两种稳定状态在线圈中电流消失后,仍能继续保持,故又称极性保持继电器。它的特点是电磁系统中增加了永久磁钢。在线圈中通以规定极性的电流时,继电器吸起,断电后仍保持在吸起位置;通以反方向电流时,继电器打落,断电后保持在打落位置。因此,有极继电器是一种能反映电流极性,并能保持其极性状态的继电器。它的结构特殊之处,是用一块端部呈刀形的长条形永久磁铁代替了无极继电器的部分轭铁,永久磁铁与轭铁间用螺钉连接,如图2-10所示,其余部分都与无极继电器基本相同。

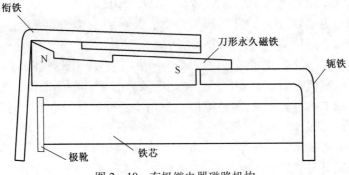

图 2-10 有极继电器磁路机构

（四）整流式继电器

整流式继电器的电磁系统与无极继电器相同。由于整流式继电器用于交流电路中，在继电器内部安装了半波或全波整流电路，将交流电变为直流电而动作直流无极继电器。之所以如此，是为了避免在 AX 系列继电器中采用结构形式完全不同的交流继电器，以提高产品的系列化、通用化程度。

以上是常用的 4 种安全继电器类型，此外还有时间继电器、交流二元继电器、单闭磁继电器等，在此不进行说明。

四、安全型继电器的特性

安全型继电器的特性包括电气特性和时间特性。这些特性用来表征继电器的性能，是使用和检修继电器的重要依据。

1. 电气特性

电气特性是指继电器的输入电压或电流与继电器工作状态的一组参数，是关于安全型继电器的基本要求，也是设计和实现信号逻辑电路的依据。电气特性参数包括吸起值、工作值、额定值、释放值、过负载值、安全系数、返还系数、反向工作值和转极值等。

（1）吸起值。使继电器中接点与前接点接触，所需的最小电压或电流值。

（2）工作值。向继电器线圈通电，直到衔铁止片与铁芯接触、全部前接点闭合，并满足规定接点压力所需要的最小电压或电流值。此值是继电器的磁系统及接点系统刚好能工作的状态，一般规定工作值不大于额定值的 70%。

（3）额定值。继电器工作时的电源电压或电流值，一般为工作值与安全系数之积。

（4）释放值。向继电器线圈提供过负载值的电压或电流，使前接点闭合；再逐渐降低电压或电流，前接点刚断开时的电压或电流值。

（5）过负载值。继电器线圈不受损坏，电气特性不受影响的最大允许接入的电压或电流值。此值一般为工作值的 4 倍。

(6)安全系数。额定值与工作值之比。此值越大继电器工作越稳定。

(7)返还系数。释放值与工作值之比。返还系数范围为 0.2~0.99。返还系数越大继电器对于电压或电流的变化反应越灵敏。

(8)反向工作值。向继电器线圈反向通电,直到衔铁止片与铁芯接触、全部前接点闭合,并满足接点压力时所需要的最小电压或电流值。造成反向工作值大于工作值的原因是磁路剩磁影响所致,反向工作值一般不大于工作值的 120%。

(9)转极值。使有极继电器衔铁转极的最小电压或电流值,又分为正向转极值和反向转极值。

正向转极值是使有极继电器的衔铁转极,全部定位接点闭合,并满足规定接点压力时的正向最小电压或电流值。

反向转极值是使有极继电器的衔铁转极,全部反位接点闭合,并满足规定接点压力时的反向最小电压或电流值。

2. 时间特性

继电器的时间特性由吸起时间和释放时间来定义。吸起时间是指从继电器线圈接通规定的电压或是电流时起到全部前接点闭合所需要的时间。释放时间是指切断规定的电源时起到全部中接点离开前接点所需的时间。

用继电器实现时序逻辑电路时,为了保证电路可靠工作,对继电器的时间特性有不同的要求。为了满足不同的要求,制造厂家改变继电器的结构,提供具有不同时间特性的继电器以供选用。当继电器的时间特性不符合要求时,可在继电器的外接电路中采取措施以获得所需的时间特性,如提高继电器的端电压使继电器快吸、并联电阻或是二极管使继电器缓放等。

五、安全型继电器的型号及图形符号

(一)安全型继电器的型号

安全型继电器型号用汉语拼音字母和数字表示,字母表示继电器种类,数字表示线圈的电阻值(单位 Ω)。例如:

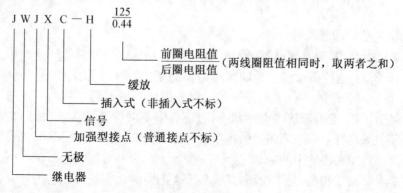

安全继电器型号含义见表 2-1。

表 2-1 继电器型号含义表

代号	含义	代号	含义
A	安全型	W	无极
C	插入	X	信号
DB	单闭磁	Y	有极
H	缓放、缓动、后接点	Z	整流
J	继电器、加强接点	P	偏极
Q	前接点	D/F	定位/反位

(二) 安全继电器的图形符号

1. 继电器的名称符号

继电器一般是根据它的主要用途和功能来命名的。例如，反映按钮动作的继电器称为按钮继电器，控制信号的继电器称为信号继电器。为了便于标记，继电器符号用汉语拼音字头来表示，如按钮继电器表示为 AJ、信号继电器表示为 XJ。在一个控制系统中会用到许多继电器，同一作用和功能的继电器也不止一个，它们的名称必须有所区别。例如，以 XLAJ 代表下行进站信号机的列车进路按钮继电器，STAJ 代表上行通过按钮继电器。同一个继电器的线圈和接点必须用该继电器的名称符号来标记，以免互相混淆。同一个继电器的各接点组还需用其编号注明，以防重复使用。

2. 继电器的定位

继电器有两个状态:吸起状态和落下状态。在电路图中只能表达这两种状态中的一种，应有所规定。电路图中继电器呈现的状态称为通常状态(简称常态)，或称为定位状态。

在电路图中，凡是吸起为定位状态的继电器，其线圈和接点处均以"↑"符号进行标记；凡是落下为定位状态的继电器，其线圈和接点处均以"↓"符号进行标记。

3. 继电器的图形符号

在继电电路中，涉及继电器线圈和接点组，常用继电器图形符号分别如表 2-2 和表 2-3 所列，这些图形符号反映了继电器的某些特性，因此绘图时必须正确选用，以免混淆。表中的接点图形符号有工程图用和原理图用两种。工程图用的符号略微复杂，但能准确表达接点的状态，且不致因笔误而造成误解，所以工程图必须采用工程图用符号。原理图用的接点符号比较简单，但稍有笔误即易造成误认，仅限于设计草图和教学中使用。

初学者要注意的是，为了绘图方便，一个继电器的线圈符号和它的接点符号可以分别画在电路图的不同位置,也可以画在不同的图纸上,当然它们的名称符号要标记清楚。

在继电器线圈符号上要注明其定位状态的箭头和线圈端子号。

对于继电器的前接点和后接点,只标出其接点组号,而不必详细表明动接点、前接点、后接点号。但从表2-3的图中可以看出,例如第一组接点,其动接点片为11,前接点为12,后接点为13。而对于有极继电器,因无法用箭头表示其状态,所以必须表明其接点号,如111–112表示定位接点闭合,111–113表示反位接点闭合,百分数1是为了区别于其他继电器而增加的。

表2-2 继电器线圈图形符号

序号	符号	名称	说明
1	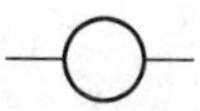	无极继电器	
	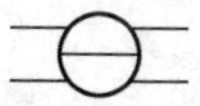		两线圈分接
2		无极缓放继电器	
	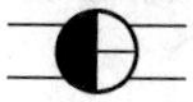		单线圈放电
3	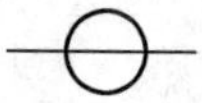	无极加强继电器	
4		有极继电器	
5		有极加强继电器	
			两线圈分接
6	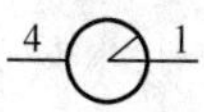	偏极继电器	
7	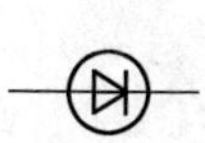	整流式继电器	

表 2-3 继电器接点图形符号

序号	符号 标准图形	符号 简化图形	名称	说明
1			前接点闭合	
2			后接点断开	
3			前接点断开	
4			后接点闭合	
5			前、后接点组	前接点闭合 后接点断开 / 前接点断开 后接点闭合
6			极性定位接点闭合	
7			极性定位接点断开	
8			极性反位接点闭合	
9			极性反位接点断开	
10			极性定、反位接点组	定位极性接点闭合反位极性接点断开 / 定位极性接点断开反位极性接点闭合

第三节 轨道电路

轨道电路是利用钢轨线路和钢轨绝缘构成的电路,用来监督线路占用情况,将列车运行与信号显示等联系起来,通过轨道电路向列车传递行车信息。轨道电路是列车运行中重要的基础设备,它的性能直接影响行车安全和运输效率。

一、轨道电路的基本原理

(一)轨道电路的组成

轨道电路是以钢轨作为导体,两端加上机械绝缘(或电气绝缘),接上送电和受电设备构成的电路,如图2-11所示。

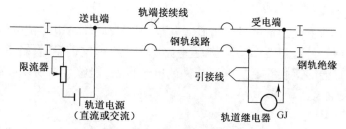

图2-11 轨道电路的结构

1. 钢轨与轨道接续线

在轨道电路,两条钢轨是传输轨道电流的导体。每两条钢轨接头处,用钢轨接续线连接,可以减少钢轨与钢轨夹板间的接触电阻。钢轨接续线有塞钉式和焊接式,塞钉式钢轨接续线如图2-12所示。

图2-12 塞钉式钢轨接续线

2. 钢轨绝缘

钢轨绝缘安装在相邻两个轨道电路衔接处,以保证相邻轨道电路在电气上可靠隔离。钢轨绝缘多采用机械强度高、绝缘性能好的材料,在钢轨与夹板间垫有槽形绝缘板,夹板螺栓与夹板之间装有绝缘套管和绝缘垫圈。在两根钢轨衔接的断面间还夹有与钢轨断面相同的轨端绝缘。但是城市轨道交通的正线多采用无缝线路,需要使用由电子电路构成电气绝缘(又称调谐区)来分隔相邻轨道电路。

按照有关要求,车辆段道岔区段设置于警冲标内方小于 3.5m 处,即构成了"侵限绝缘",又称为"超限绝缘"。侵限绝缘的存在影响有关信号、道岔、轨道电路的联锁关系,有关工作人员,如调车人员、车站操作人员、信号维修人员等,应熟悉现场侵限绝缘位置,当涉及侵限绝缘的作业时,应严格执行有关规定,避免由于停车位置不当造成行车事故或影响列车运行。

3. 送电设备

轨道电路的送电设备可以是电源,用于向轨道电路供电,也可以是能够发送一定信息的电子设备,通过轨道电路向列车传递行车信息。

4. 受电设备

轨道电路的受电设备可以是轨道继电器,用于反映轨道电路范围内有无列车、车辆占用和钢轨是否完整;或者当轨道电路中包含有控制信息时,轨道电路的受电设备也可以是能够接收并鉴别电流特性的电子设备,能够根据所接收的不同特性电流,使有关继电器动作。

5. 限流电阻

一个可调电阻器,连接在轨道电路电源端,用于调整轨道电路的电压。当轨道电路被列车、车辆的轮对分路时,能够防止输出电流过大而损坏电源。

(二) 轨道电路的工作原理及工作状态

1. 轨道电路的基本原理

轨道电路的工作状态由接收器即轨道继电器反映出来,轨道继电器的接点又控制着信号机的显示,信号机的显示指示着列车的运行,列车的运行又改变了轨道电路的工作状态。

当轨道电路设备、线路完好,又没有列车、车辆占用时,轨道电路的电流从电流正极经钢轨、轨道继电器线圈回到负极而构成闭合回路。继电器处于吸起状态,表示轨道区段内无车占用,可与信号机显示电路连接,给出允许列车运行的灯光。

当轨道电路设备、线路完好,但是有列车、车辆占用,因为车辆轮对的电阻比轨道继电器线圈电阻小,所以轨道电路被轮对分路,两根钢轨间的电压降低,流经继电器线圈的电流急剧变小,减少到它的释放值不足以使继电器衔铁保持吸起状态,致使其失磁落下,表示轨道区段有车占用。如图 2-13 所示,有车占用时,轨道电路受电端轨道继电器落下,接通信号机红色灯光点亮,指示列车停车。

2. 轨道电路的工作状态

轨道电路的基本工作状态分为调整状态、分路状态和断轨状态 3 种。轨道电路在各种工作状态下,要受到许多外界因素的影响,其中受道砟电阻、钢轨阻抗和

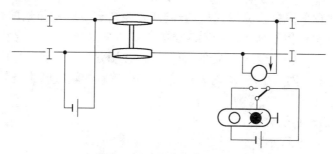

图 2-13 轨道电路分路状态原理

电源电压的影响最大。这 3 个参数对各种工作状态造成的影响又各不相同。

（1）轨道电路的调整状态，就是轨道电路完整和空闲，接收设备（如轨道继电器）正常工作时的状态（通常为轨道继电器吸起）。

调整状态的最不利条件是：电源电压最低、钢轨阻抗最大、道砟漏泄电阻最小。在《信号维护规则》中规定："当轨道电路在规定范围内发送电压值最低、钢轨阻抗值最大、道砟电阻值最小、轨道电路为极限长度和空闲的条件下，受电端的接收设备应可靠工作"。

（2）轨道电路的分路状态，就是当轨道电路区段有车占用时，接收设备（如轨道继电器）应被分路而停止工作的状态（通常为轨道继电器落下）。

分路状态的最不利条件是：电源电压最高，钢轨阻抗最小、道砟电阻最大，列车分路电阻也最大（车轻、轮对少、车轮与钢轨接触面脏）。在《信号维护规则》中规定，"当轨道电路在规定范围内发送电压值最高、钢轨阻抗值最小、道砟电阻值最大的条件下，用标准分路电阻线在轨道电路的任意处可靠分路（不含死区段），受电端的接收设备应可靠地停止工作。

（3）轨道电路的断轨状态，是指轨道电路的钢轨在某处折断时的情况，此时钢轨虽已折断，但轨道电路仍可通过大地构成回路，接收设备中还会有一定值的电流流过。为了确保安全，断轨时，接收设备应不能工作（通常为轨道继电器落下）。

断轨状态的最不利条件是：断轨时轨道电路的参数变化使轨道接收设备中获得的最大电流。它除了与钢轨阻抗模值最小、发送电压最大有关外，断轨地点和道渣电阻的大小也有一定影响，有一个使接收设备中电流最大的最不利数值——临界断轨地点和临界道砟电阻。

（三）轨道电路的作用

（1）监督列车的占用。利用轨道电路监督列车在区间或列车和调车车列在站内的占用情况，是最常用的方法。由轨道电路对线路空闲情况的反映，为开放信号、建立进路或构成闭塞提供依据，还利用轨道电路的被占用状态关闭信号，将信号显示与轨道电路是否被占用结合起来。

（2）传递行车信息。例如，数字编码式音频轨道电路中传送的行车信息，为 ATC 系统直接提供控制列车运行所需要的前行列车位置、前方信号机状态和线路条件等有关信息，以决定列车运行的目标速度，控制列车在当前运行速度下是否需要减速或是停车。对于 ATC 系统来说，带有编码信息的轨道电路是其车地之间信息传输的通道之一。

（四）轨道电路的分类

1. 按照供电电源分类

轨道电路可分为直流轨道电路和交流轨道电路。

采用直流供电的轨道电路，称为直流轨道电路。常采用一次电池或蓄电池作为电源的轨道电路，这种轨道电路的特点是电源可靠，电路和元件结构简单，但电源维护工作量大，抗迷流干扰的能力差，受轨道电路电容性蓄电效应的影响使其分流效果不好。因此，目前很少使用。

采用交流供电的轨道电路，称为交流轨道电路。这种轨道电路的特点是电源波动的调整性能好，能在各种不同和复杂的条件下工作，应用十分广泛。

2. 按照所传送的电流特性分类

交流轨道电路可分为工频轨道电路和音频轨道电路，音频轨道电路又可分为模拟式和数字编码式。

工频(50Hz)轨道电路唯一的功能是监督轨道的占用与否，不能传送更多行车信息。这种轨道电路早期多使用在铁路非电化区段，后来由于相敏轨道电路的安全、可靠性较高，逐渐被 50Hz 相敏轨道电路所取代。并且，在城市轨道交通的车辆段内也多采用 50Hz 相敏轨道电路，而在铁路的电化区段因钢轨中已流有 50Hz 的牵引电流，因此采用 25Hz 相敏轨道电路。

模拟式音频轨道电路采用调幅或调频方式，用低频调制载频，除监督轨道的占用外，还可以传输较多的行车信息，主要传输列车运行前方 3 个或 4 个闭塞分区占用与否的信息。

数字编码式音频轨道电路采用数字调频，编码包括速度码、线路坡度码、纠错码等，所以相较于模拟式音频轨道电路可以传输更多的信息。

3. 按照分割方式分类

轨道电路可分为有绝缘轨道电路和无绝缘轨道电路。

有绝缘轨道电路用钢轨绝缘(又称机械绝缘)将本轨道电路与相邻的轨道电路互相电气隔离。钢轨绝缘在车辆运行的冲击力、剪切力作用下很容易破损，使轨道电路的故障率较高。绝缘节的安装，给无缝线路带来一定的麻烦，需要锯轨，降低了线路的轨道强度，增加线路维护的复杂性。电气化区段铁路的牵引回流不希望有绝缘节，为使牵引回流能绕过绝缘节，必须安装扼流变压器或回流线。因此，无缝线路和电气化铁路希望采用无绝缘轨道电路，而有绝缘轨道电路目前多用于城市轨道交通车辆段内。

无绝缘轨道电路在其分界处不设置钢轨绝缘,而采用电气隔离的方法予以隔离。电气隔离又称谐振式,采用不同的信号频率,谐振回路对不同频率呈现不同的阻抗,来实现相邻轨道电路间的电气隔离。

无绝缘轨道电路和有绝缘轨道电路相比,具有明显的优点。由于去掉了故障率较高的轨端机械绝缘,因而大大提高了轨道电路的可靠性。在长轨铁路区段安装无绝缘轨道电路,使电气化区段降低了轨道电路的不平衡系数,避免了锯轨带来的破坏,改善了钢轨线路的运行质量。城市轨道交通正线上采用无绝缘轨道电路,取消了机械绝缘节和钢轨接头,大大减少了车辆轮对与钢轨接缝之间的碰撞,避免了列车过接缝时乘客的不舒适感,也降低了轮对和钢轨之间的磨损。

4. 按照使用的处所分类

轨道电路可分为区间轨道电路和车辆段轨道电路。

区间轨道电路主要用于城市轨道交通正线,不仅要监督各轨道区段(闭塞分区)是否空闲,而且要传输有关行车信息。一般来说,要求轨道电路传输距离较长,要满足闭塞分区长度的要求,轨道电路的构成也比较复杂。

车辆段轨道电路,分布于段内各区段,一般只具有监督本区段是否空闲的功能,不需要发送其他的信息。

5. 按照轨道电路内有无道岔分类

车辆段内的轨道电路分为无岔区段轨道电路和道岔区段轨道电路。

无岔区段轨道电路内钢轨线路无分支,构成较简单,一般用于检车线、停车线等以及尽头调车信号机前方接近区段、两差置调车信号机之间的区段。

在道岔区段,钢轨线路有分支,道岔区段的轨道电路就称为分支轨道电路。在道岔区段,道岔处钢轨和杆件要增加绝缘,还要增加道岔连接线和跳线。当分支超过一定长度时,还必须设多个受电端。

对于城市轨道交通,轨道电路不仅用来检测列车是否占用,更重要的是传输ATP信息。所以除车辆段内采用50Hz相敏轨道电路外,其他通常采用音频轨道电路。为便于牵引电流流通,提高线路性能,方便维修,音频轨道电路通常采用无绝缘,数字调制方式(有数字振幅调制、数字频率调制和数字相位调制3种,但多采用频率调制方式)。近年来多采用可靠性较高、信息量较大的数字编码式音频轨道电路。

下面主要介绍城市轨道交通中音频无绝缘数字轨道电路和工频轨道电路中的50Hz相敏轨道电路。

二、音频无绝缘数字轨道电路

20世纪90年代以来,各种新型轨道电路形式逐渐进入我国,并在部分城市轨道工程中得到应用,其中比较突出的是音频无绝缘数字轨道电路,它和有绝缘轨电路相比较,具有较明显的优点,即无绝缘接头,用电气隔离的方式形成电气绝缘节,取代机械绝缘节,进行两相邻轨道电路的隔离和划分,大大提高了轨道电路的可靠性,改善了钢轨线路的运营质量。另外,无绝缘音频轨道电路还具有向车载设备传输报文信息的功能,使轨道电路既具有检查轨道占用、空闲的状态功能,还具有地对车 ATP 数字信号传输信息功能。

音频无绝缘轨道电路所传输的轨道信号内包含的数字信息,如列车运行方向、目标距离、目标速度等,能够为车载 ATP 设备提供较为全面的行车控制信息。

目前得到较为广泛使用的几种音频无绝缘数字轨道电路主要有德国 SIEMENS 公司的 FTGS 型轨道电路、法国 ALSTOM 公司的 DTC921 型轨道电路以及美国 US&S 公司的 AF-904 型轨道电路等。这几种轨道电路在我国的广州、上海、深圳、南京等城市轨道交通中得到了应用。

(一) 设备组成

1. 轨旁设备

轨旁设备由轨道耦合单元、棒线和耦合环线 3 部分组成,在轨道之间或轨旁安装,采用互耦方式,如图 2-14 所示。

图 2-14 中轨道耦合单元,将轨道信号连接到轨旁连接箱的接收和发送电路,并调谐轨道电路的载频频率。每个耦合电路由变压器和可调电容组成槽路。

棒线置于两钢轨之间,端点焊接在钢轨上,形成 S 形棒线。一匝导线构成的环线与 S 形棒线耦合,并与室内控制柜的辅助板相连。

发送的轨道信号电流通过棒线感应到钢轨,由列车车载设备接收。

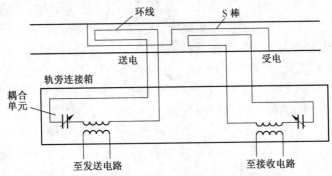

图 2-14 音频无绝缘数字轨道电路轨旁设备

2. 室内设备

室内设备主要是安装在室内控制柜的控制机箱,一般每个机箱内包括多个 PCB 电路板,每个轨道电路一般包括控制板、辅助板、电源板等硬件。

由于音频无绝缘轨道电路的类型差别很大,有的是基于频率选择的模拟方式,有的是兼有选频与数字电码的混合方式,有的是用数字单片机组成的全数字方式,因此室内设备的控制硬件结构也存在差异。这里针对选频与数字电码混合方式作较为详细的介绍,德国 SIEMENS 公司生产的 FTGS 型即属于此例。

FTGS 音频编码式轨道电路采用选频和数码双重安全措施,即接收端收到的信号必须是有足够的幅值、准确的预置频率和预置数码,才能给出轨道电路空闲的表示。很显然,这样的制式使轨道电路的安全可靠性显著提高。

FTGS 音频编码轨道电路有两大类:FTGS46 及 FTGS917。FTGS46 有 4 种频率可供选择,即 4.75kHz、5.25kHz、5.75kHz、6.25kHz。FTGS917 有 9 种频率可供选择,即 9.5kHz、10.5kHz、11.5kHz、12.5kHz、13.5kHz、13.5kHz、14.5kHz、15.5kHz、16.5kHz。由于这两种类型在硬件结构上是一致的,所以下面就不再分开讨论。

图 2-15 表示 FTGS 的硬件结构,其中发送部分包括:①音频发生及调制电路板;②功率放大及滤波电路板。接收部分包括:③接收器 1 电路板(包括选频、幅值鉴别、放大及整流);④解调电路板;⑤接收器 2 电路板(主要功能是数码校核);⑥继电器电路板。

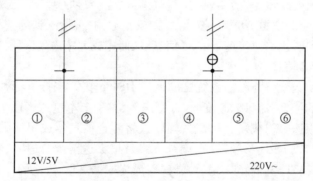

图 2-15　FTGS 型音频数字轨道电路控制硬件结构

音频发生及调制电路板,主要功能是形成发送频率,并以频移键控(FSK)的方式进行数码编制。

功率放大及滤波电路板,主要功能是选频功率放大,将相应频率的信号功率放大至 30W 左右;带通滤波,使来自功放电路的方波信号转换为相应频率的正弦波,也即仅让基波通过,抑制基波以外的高次谐波。

接收器 1 电路板,主要功能是对来自轨面的信号进行选频、幅值判别、放大和整流。

解调电路板,主要功能是识别所接收到的音频信号的调制状态,对调制音频信号进行解调,解调后所得到的数码组合方式与本电路板预置的数码组合方式进行比较,若两者一致,表示接收端准确地接收到了发送信号。

接收器 2 电路板,主要功能是对接收器 1 和解调电路的判别结果进行"与"逻辑运算。只有当接收器 1 对接受电压幅值的判别结果为"true"以及解调器电路对内、外数码组合的比较结果为"true"时,在同步应答脉冲的查询下,"与"门电路将向后续继电器电路输出脉冲。

继电器电路板,主要功能是给出音频轨道电路的表示:空闲或占用。

(二) 工作原理

1. 对列车占用区段的检测

系统信号发送设备不间断地向轨道发送数字编码信息,并不间断地监视其接收器感应到的信号,当接收不到信号时,即为列车占用本区段,以此作为对列车占用的检测。

利用音频数字信息的标题位(即前 8 位)作为列车检测信号,固定为 01111110 发送端通过耦合单元发送至钢轨,接收端由轨道接收器检测信号,并设置阈值。当轨道电路空闲时,被检测到的信号幅度在阈值以上;当列车进入轨道电路,所接收到的信号被分路,其幅度将至阈值以下,此时表示轨道电路被占用;如果是由于其他原因造成轨道电路短路、断路时,如路基潮湿,也会接收到低于预定的阈值的信号,或者生成错误的轨道 ID 号。按照故障-安全原则,被检测到的信号幅度在阈值以下时控制板向联锁单元传递"占用"信息,从而完成列车占用区段的检测功能。

2. 发送 ATP 信息

系统信号发送设备与联锁系统之间通过 RS485 接口连接进行数据通信,接收来自联锁系统的信息,如目标速度、目标距离等,再加上本轨道区段信息,如轨道电路 ID 号、线路限速等构成复合信息。辅助板将复合信息形成报文帧,结合机笼后面的方向继电器以 FSK(移频键控)调制方式将报文送至耦合电路,经环线与 S 形棒耦合,由车载 ATP 设备接收、解码、校验,最终根据 ATP 传达的信息对列车进行控制,从而完成数字车载信号的传输功能。

三、50Hz 相敏轨道电路

用于城市轨道交通的交流轨道电路有 50Hz 相敏轨道电路,它们只有监督列车占用的功能,不能传输其他信息。由于城市轨道交通一般采用直流牵引,所以轨道电路采用 50Hz 电源,这与铁路有区别(铁路采用交流工频牵引,轨道电路只能采用 50Hz 以外的电源,一般为 25Hz)。

50Hz 相敏轨道电路用于城市轨道交通的车辆段内(不需要发送 ATP 信息)。50Hz 相敏轨道电路有继电式和微电子式两种,一般 50Hz 相敏轨道电路常指继电式。

1. 50Hz 轨道电路的组成

50Hz 相敏轨道电路由送电端、受电端、钢轨绝缘、钢轨接续线、钢轨引接线、回流线及钢轨组成,如图 2-16 所示。

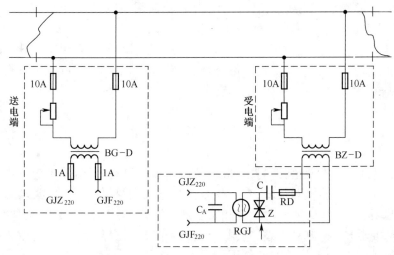

图 2-16 50Hz 相敏轨道电路结构

送电端包括轨道变压器、变阻器及断路器,安装在室外的变压器箱内。轨道电源从室内通过电缆送至送电端。

受电端包括中继变压器、变阻器、断路器、轨道继电器、电容器、防雷元件等,其中中继变压器、变阻器、断路器安装在室外的变压器箱或电缆盒内,其他安装在室内的组合架上。

送电端、受电端视相邻轨道电路的不同组合,有双送、一送一受、双受以及单受单送等不同情况,除了双受、单受可采用电缆盒外,其他情况必须采用变压器箱。

变压器箱或电缆盒由钢轨引接线接向钢轨。钢轨接续线用来连接相邻钢轨,以减小钢轨接头处的接触电阻。钢轨绝缘设于轨道电路分界处,用以隔离相邻的轨道电路。回流线连接相邻的不同侧钢轨,为牵引回流提供越过钢轨绝缘节的通路。

2. 50Hz 轨道电路的工作原理

电源屏分别供出 50Hz 相敏轨道电源和局部电源。送电端轨道电源经钢轨变压器降压后送至钢轨。受电端将钢轨接入的电压经中继变压器升压后送至轨道继电器 RGJ(交流二元继电器)的轨道线圈。轨道继电器 RGJ 的局部线圈接局部电源。

当轨道线圈和局部线圈电源满足规定的相位和频率要求时 RGJ 吸起,轨道电路处于调整状态,表示轨道电路空闲。列车占用时,轨道电路被分路,RGJ 落下;若频率、相位不符合要求时,RGJ 也落下。由此,50Hz 相敏轨道电路就具有相位鉴别能力,即相敏特性,抗干扰性较高。

但是需要说明的是,随着城市轨道交通的大力发展,单轨条 50Hz 相敏轨道电路在车辆段、停车场及正线道岔区段得到了广泛应用,但是由于单轨条轨道电路不平衡电流引起的干扰要大于双轨条轨道电路,所以具有一定的不安全性,正在被淘汰。50Hz 微电子相敏轨道电路是专为城市轨道交通研制的,它保留了继电式相敏轨道电路的优点,克服了其接收设备交流二元继电器机械结构的缺点,具有更高的可靠性和抗干扰的能力,主要用于车辆段内,在此不进行详述。

第四节 转 辙 机

道岔是列车从一股道转向另一股道的线路连接设备,是信号系统的主要控制对象之一。道岔的转换和锁闭,直接关系到行车安全及效率。由各类动力转辙机转换和锁闭道岔,以及对道岔位置和状态进行监督,易于集中操作,实现自动化。转辙机是重要的信号基础设备,它对于保证行车安全,提高运输效率,改善行车人员的劳动强度,起着非常重要的作用。

一、转辙机概述

转辙机是转辙装置的核心和主体,除转辙机本身外,还包括外锁闭装置(内锁闭方式没有)和各种杆件、安装装置,它们共同完成道岔的转换、锁闭以及道岔位置的表示。

1. 转辙机的作用

(1) 转换道岔的位置,根据需要转换至定位或反位。

(2) 道岔转换到所需的位置而且密贴后,实现锁闭,防止外力转换道岔。

(3) 正确地反映道岔的实际位置,道岔尖轨密贴于基本轨后,给出相应的表示。

(4) 道岔被挤或因故处于"四开"位置时,及时给出报警及表示。

2. 对转辙机的基本要求

(1) 具有足够的转换力,以带动尖轨做直线往返运动;当尖轨受阻不能运动到底时,应随时通过操纵使尖轨恢复原位。

(2) 尖轨与基本轨不密贴时,不应进行锁闭;一旦锁闭,应保证道岔不因列车通过道岔时的振动而错误解锁。

(3) 能够正确地反映道岔的状态。

(4) 道岔被挤后,在未修复之前不应再使道岔转换。

3. 转辙机的分类

(1) 按传动方式分类,转辙机可分为电动转辙机、电动液压转辙机(在铁路编组场驼峰还存在电空转辙机,在此不做说明)。

电动转辙机由电动机提供动力,采用机械传动方式。多数转辙机都是电动转辙机,包括 ZD6 系列电动转辙机和 S700K 型电动转辙机。

电动液压转辙机简称电液转辙机,由电动机提供动力,采用液力传动式。

(2)按供电电源种类,转辙机可分为直流转辙机和交流转辙机。

直流转辙机采用直流电动机,工作电源是直流电。ZD6 系列电动转辙机就是直流转辙机,由直流 220V 供电。直流电动机的缺点是,由于存在换向器和电刷,易损坏,故障率高。

交流转辙机采用三相交流电源或单相交流电源,由三相异步电动机或单相异步电动机(现大多采用三相异步电动机)作为动力。交流转辙机不存在换向器和电刷,因此故障率低,而且单芯电缆控制距离远。

(3)按锁闭道岔方式分类,转辙机可分为内锁闭转辙机和外锁闭转辙机。

内锁闭转辙机依靠转辙机内部的锁闭装置锁闭道岔的尖轨,是间接锁闭方式。ZD6 系列转辙机均采用内锁闭方式。内锁闭方式,锁闭可靠程度差,列车对转辙机的冲击大。

外锁闭转辙机虽然内部也有锁闭装置,但主要依靠外锁闭装置直接将基本轨与尖轨密贴,是直接锁闭方式。S700K 型转辙机采用外锁闭方式。外锁闭方式锁闭可靠,列车对转辙机几乎无冲击。

(4)按是否可挤分类,转辙机可分为可挤型转辙机和不可挤型转辙机。

可挤型转辙机内设有道岔保护(挤切或挤脱)装置,道岔被挤时,动作杆解锁,保护了整机。

不可挤型转辙机内不设挤岔保护装置,道岔被挤时,挤坏动作杆与整机的连接结构,应整机更换。

4. 转辙机的设置及安装

城市轨道交通的正线上一般采用 9 号道岔,车辆段(停车场)一般采用 7 号道岔,通常一组道岔由一台转辙机牵引。如果正线上采用 9 号 AT(矮型特种断面尖轨)道岔,其为弹性可弯,需要两点牵引,即一组道岔需要两台转辙机采用内锁闭方式。

站在电动机侧看,动作杆向右伸,即为正装;反之,为反装。正装拉入和反装伸出为定位时,自动开闭器 1、3 排接点接通;正装伸出和反装拉入为定位时,自动开闭器 2、4 排接点闭合。动作杆、表示杆的运动方向与自动开闭器的动接点运动方向相反。

在城市轨道交通中,广泛采用 ZD6 系列电动转辙机、S700K 型电动转辙机,以下对其进行介绍。

二、ZD6 系列电动转辙机

ZD6 系列电动转辙机是我国铁路也是城市轨道交通使用最为广泛的电动转辙

机,包括 A、D、E、J 型派生型号。ZD6-A 型是 ZD6 系列转辙机的基本型,系列内其他型号的转辙机都是以 ZD6-A 型转辙机为基础改进、完善而发展起来的。

1. ZD6-A 型电动转辙机的结构

ZD6-A 型电动转辙机主要由电动机、减速器、摩擦连接器、主轴、动作杆、表示杆、自动开闭器、移位接触器和外壳等组成,如图 2-17 所示。

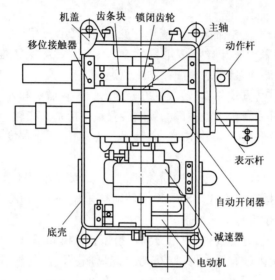

图 2-17 ZD6-A 型电动转辙机结构

电动机:为转辙机提供动力,采用直流串激电动机。

减速器:降低转速以换取足够的转矩,并完成传动。由第一级齿轮、第二级行星传动式减速器组成。

摩擦连接器:由弹簧和摩擦制动板组成输出轴与主轴之间的摩擦连接,以防止尖轨受阻时损坏机件。

主轴:由输出轴通过起动片带动旋转,主轴上安装锁闭齿轮。由锁闭齿轮和齿条块相互动作,将旋转运动变为平动,通过动作杆带动尖轨运动,并完成锁闭作用。

动作杆:与齿条块之间用挤切销相连,正常动作时,齿条块带动动作杆,挤岔时,挤切削折断,动作杆与齿条块分离,避免机件损坏。

表示杆:由前、后表示杆以及两个检查块组成。随着尖轨移动,只有当尖轨密贴且锁闭后,自动开闭器的检查柱才能落入表示杆的缺口中,接通表示电路。挤岔时,表示杆被推动,顶起检查柱,从而断开表示电路,实现报警功能。

移位接触器:监督挤切销的受损状态,道岔被挤或挤切销折断时,断开道岔表示电路。

自动开闭器:由动接点、静接点、速动爪、检查柱组成,用来表示道岔尖轨所在的位置。

安全接点(遮断开关)：用来保证维修人员安全。正常使用时，遮断开关接点接通，才能接通道岔控制动作电路。检修时，断开遮断开关接点，以防止检修过程中转辙机转动影响维修人员作业和人身安全。

外壳：固定各部件，防止内部器件受机械损坏和雨水、尘土等的侵入，提供整机的安装条件。它由底壳和机盖组成，底壳是壳体的基础，也是整机安装的基础。底壳上设有特定形状的窗孔，便于整机组装和分解。机盖内侧周边有盘根槽，内镶有密封胶垫。

2. ZD6 - A 型电动转辙机的动作过程

以正装道岔由左侧密贴(假设为定位)向右侧转换为例，当电动机通入规定方向的道岔控制电流，电动机按逆时针方向旋转。电动机通过齿轮带动减速器，这时输入轴按顺时针方向旋转，输出轴按逆时针方向旋转。输出轴通过起动片带动主轴，按逆时针方向旋转。锁闭齿轮随主轴逆时针方向旋转，锁闭齿轮在旋转中完成解锁、转换、锁闭3个过程，拨动齿条块，使动作杆带动道岔尖轨向右移动，密贴于右侧尖轨并锁闭。同时通过起动片、速动片、速动爪带动自动开闭器的动接点动作，与表示杆配合，断开第1、3排接点，接通第2、4排接点。完成电动转辙机转换、锁闭及给出道岔表示的任务。

手动摇动转辙机时，先用钥匙打开机盖，露出摇把插孔。将摇把插入减速大齿轮轴。摇动转辙机至所需位置。检修工作结束后，虽抽出摇把，但是安全接点被断开，必须关上机盖，合上安全接点，转辙机才能复原。

三、S700K 型电动转辙机

S700K 型电动转辙机是由于我国铁路提速的需要，从德国 SIEMENS 公司引进设备和技术，经消化、吸收和改进后，在主要干线推广运用的转辙机。经过数年的实践表明，该转辙机结构先进，工艺精良，不但解决了长期困扰信号维修人员的电机断线、故障电流变化、接点接触不良、移位接触器跳起和挤切销折断等惯性故障，而且可以做到"少维护，无维修"，符合中国铁路运营的特点和发展方向，也适用于城市轨道交通。

城市轨道交通列车运行速度不高，可以采用普通的直流电动转辙机，但采用三相交流电动机转辙机优点十分明显。

(1) 采用交流三相电动机，不仅从根本上解决了原直流电动转辙机必须设置整流子而引起的故障率高、使用寿命短、维修量大的不足，而且减少了控制导线截面，大大减少线路上的电能损耗，延长了控制距离，单芯电缆控制距离可达 2.5km。

(2) 采用摩擦力非常小的直径为 32mm 滚珠丝杠作为驱动装置，机械效率提高，延长了转辙机的使用寿命。

(3) 采用具有簧式挤脱装置的保持连接器,并选用不可挤型零件,从根本上解决了由挤切销劳损造成的惯性故障。

(4) 采用多片干式可调摩擦连接器,经工厂调整加封,使用中无需调整。

S700K 型电动转辙机的产品代号来自德文"Simens - 700 - Kugelgewinde",其含义是"西门子—具有 6860N(700kgf)保持力—带有滚珠丝杠"的电动转辙机。

(一) S700K 型电动转辙机的结构

其主要由外壳部分、动力传动机构、检测和锁闭机构、安全装置、配线接口五大部分组成,如图 2‐18 所示。

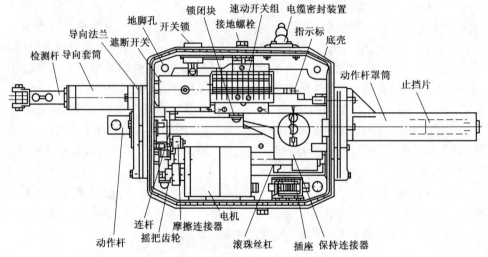

图 2‐18　S700K 型电动转辙机的结构

1. 外壳部分

外壳部分组要由铸铁底壳、动作杆套筒、导向套筒、导向法兰等 4 个部分组成。

2. 动力传动机构

动力传动机构主要由三相电动机、齿轮组、摩擦连接器、滚珠丝杠、保持连接器和动作杆等 6 个部分组成。

三相交流电动机为转辙机提供动力。三相交流电动机的 3 个绕组呈星形连接,每相引出线均为单根多股软线,其星形汇集点在安全接点座的端子上,由跨接片跨接。因而从根本上解决了直流电动机必须设置整流子造成的电机电枢断线、枢间混线、炭刷与整流子接触不良等惯性故障。

齿轮组由摇把齿轮、电机齿轮、中间齿轮及摩擦连接器齿轮组成,其中摇把齿轮与电机齿轮是一个传递系统,使得摇把对转辙机进行人工操纵。电机齿轮、中间齿轮、摩擦连接器齿轮是一个传递系统,将电机的旋转力传递到摩擦连接器上,并将电动机的高速转速降低,以增大旋转驱动力,适应道岔转换的需要,这是转辙机的第一级降速。

摩擦连接器内装有3对金属摩擦片,分别固定在外壳和滚珠丝杠上,摩擦片的端面有若干个压力弹簧,通过调整弹簧的压力,可以使摩擦片之间的摩擦结合力大小发生变化,是一种软连接结构。它的作用主要是将齿轮组变速后的旋转力传递给滚珠丝杠。当作用于滚珠丝杠上的转换阻力大于摩擦结合力时,摩擦片之间相对打滑空转,起到保护三相电动机的作用。对于交流电动机来说,其动作电流不能直观反映转辙机的拉力,现场维修人员不能像对直流转辙机那样,通过测试动作电流来对摩擦力进行检测,必须由专业人员用专业器材才能进行调整,现场维修人员不得随意调整摩擦力。

滚珠丝杠的结构相当于一个32mm的螺栓和螺母。其动作原理为当滚珠丝杠正向或反向旋转一圈(360°)时,螺母前进或后退一个螺距。它的作用:一是将电机的旋转运动变为直线运动;二是减速,其减速比取决于丝杠的螺距。

保持连接器是转辙机的挤脱装置,利用弹簧的压力,将滚珠丝杠与动作杆连接在一起。当道岔的挤岔力超过弹簧压力时,动作杆滑脱起到保护整机不被损坏的作用。但根据技术政策的规定,若转辙机为不可挤型,保持连接器内的弹簧被取消,被改为硬连接结构。保持连接器的顶盖是加铅封的,维修人员不得随意打开。

3. 检测及锁闭机构

检测及锁闭机构主要由检测杆、叉形接头、速动开关组、锁闭块、锁舌、指示标等组成。

检测杆随尖轨或心轨转换而移动,用来监督道岔在终端位置时的状态。检测杆有上、下两层,上层检测杆用于监督缩进密贴的尖轨(或心轨)的工作状态,下层检测杆用于监督伸出密贴的尖轨(或心轨)的工作状态。上、下层检测杆之间没有连接或调整装置,外接两根表示杆分别调整。道岔转换时,由尖轨或心轨带动检测杆运动。当密贴尖轨或心轨密贴,斥离尖轨或心轨到达规定位置,上、下检测杆的大小缺口对准转辙机的指示标时,锁闭块和锁舌才能弹出。

锁闭块的正常弹出,使速动开关组的动作接点断开及表示接点闭合。

锁舌的正常弹出用于阻挡转辙机的保持连接器的移动,实现转辙机的内部锁闭。

锁闭块的缩入,应可靠地断开表示电路;锁舌的缩入,应完成转辙机的解锁。

速动开关实际上就是采用了沙尔特堡接点组的自动开闭器。它是随着尖轨(或心轨)的解锁、转换和锁闭过程,自动开闭电动机动作电路和自动开闭道岔表示电路的接点系统。实际应用中,沙尔特堡接点由于现场使用效果不佳,逐渐被TS-1型接点取代,但工作原理和作用不变。

在转辙机转换及锁闭时,其接点通断情况如下:

锁闭时,哪一侧的锁舌弹出,则这一侧所对应的接点上层接点接通,下层接点断开。这时的接点组呈1、3闭合或2、4闭合位置。解锁及转换时,由于两个锁舌均在缩进位置,下层两排接点接通,即2、3排断开、1、4排接通,切断表示电路,连接向定、反位的动作电路。第1、4排为动作接点,2、3排为表示接点。与ZD6型电动转辙机中关于"1、3"闭合、"2、4"闭合的提法是相同的。

4. 安全装置

安全装置由开关锁、遮断开关、连杆、摇把孔挡板等组成。

开关锁是操纵遮断开关闭合和断开的机构,主要作用是在现场检修人员打开电动转辙机铁盖进行检修作业时,或车务人员插入摇把进行转换道岔的作业时,可靠地切断电动机的动作电路,防止电动机误动,保证作业人员的安全。

遮断开关(安全接点)的作用有两点:一是需要进行内部检修或需要人工切断电路动作时,可用钥匙打开开关锁,使安全接点断开,切断动作电路,起到保护作用;二是当人工摇动道岔时,打开摇把孔挡板,同时,也断开安全接点,防止在摇道岔时室内扳动道岔使其误动。开关锁和遮断开关配合工作。

5. 配线接口

其主要由电缆密封装置、接插件插座组成。

(二) S700K型电动转辙机的动作过程

当转辙机正常工作时,其动作过程为:交流电动机转动→减速齿轮组转动→摩擦连接器传递→滚珠丝杠转动→滚珠丝杠上的螺母移动→操纵板的斜面将锁舌顶回(切断表示电路,构成返回时的动作电路)→锁闭块缩进(转辙机解锁)→保持连接器及动作杆移动→锁闭杆→道岔转换→带动尖轨或心轨→外表示杆移动→检测杆移动→到位后锁闭块弹出锁闭道岔→给出该道岔新的位置表示。

电动转辙机的动作大致可分为3个过程:第一为解锁过程(先断开表示,后机械解锁);第二为转换过程;第三为锁闭道岔及接通表示接点的过程(先机械锁闭,后接通表示电路)。

当人工手动操作时,由于安全装置通过连接杆与电机轴端的连接板相连,因此必须打开开关锁和遮断开关手摇把才能插入。

第五节 计 轴 器

传统的轨道电路采用轨道区段一端送电、另一端受电的方式,列车进入区段,产生分路效应,说明该区段被占用;反之,受电端有足够大的电流流过轨道继电器,继电器励磁吸起,说明该区段为空闲状态。

但是传统轨道电路在实践应用中存在以下缺点:

(1) 如果钢轨长时间空闲生锈或者列车车轮生锈,会导致车轮出现压不死的情况。实际该区段有车占用,而在信号室看到的仍是出清状态。

（2）在某些区段，地势比较低洼，下雨的时候造成积水，由于水的导电作用，导致钢轨短路，轨道电路受电端检测不到电压，无法正常工作。

（3）无法在钢渣线、炭粉线等特殊区段使用，由于其导电性，会使轨道电路短路，非常容易导致红光带。

（4）每个轨道电路的送电端都是独立的，送到受电端的电压是可调节的。如果由于某些原因使得轨道电路不能良好地工作，就需要调高或是调低送电端的电压，这就需要工作人员经常对其进行维护。

在这种情况下，计轴器作为同样能够检测轨道区段空闲与占用的装置，相较于轨道电路具有特别强的抗机械应变能力，在冰、雪、雨和气候潮湿时都能正常工作，能适应非常恶劣的工作环境，维护量小，施工方便，因此成为轨道电路最有力的替代者，也逐渐成为铁路和城市轨道交通重要的信号基础设备之一。

计轴器（Axle Counter，AXC）是用于计算车辆进出区段轮轴数，分析计算区段是否有车占用的一种新型信号技术设备，如图 2-19 所示。它具有检查区段占用与空闲的功能，而不受道床情况的影响。

图 2-19　计轴器的室外设备实物

采用基于无线通信的列车运行控制系统（或者对于非通信列车）的城市轨道交通线路，在无线通信有故障的情况下，由于轨道电路的投资相对较高，近年来，作为城市轨道交通 CBTC 系统的后备模式，普遍采用"计轴器"替代轨道电路，使用计轴器检查列车的位置，构成"降级"信号。

一、计轴器的组成

计轴器由室内设备和室外设备两部分组成，如图 2-20 所示。

室外设备由轮轴传感器（又称磁头）K1、K2 和电子连接单元接口 EAK 组成；室内设备由计轴运算器、继电器等组成，采用微型计算机构成计轴器主机系统 ACE（计轴器生产厂家不同，组成部件的命名会有所区别，但主要功能组成基本一致）。室内设备和室外设备通过传输线路相连接。

从功能上看,计轴器由以下部分组成:
① 计轴点,通常包括轮轴传感器和电子连接单元,主要用于产生车轴脉冲。
② 信息传输部分,传递信息。
③ 计数部分,包括计数、比较、监督、表示等装置,对计轴点产生的车轴脉冲进行计数,确定列车运行方向,比较计轴点入口和出口所计轴数及记录计数结果。
④ 电源,提供可靠、稳定的电能。

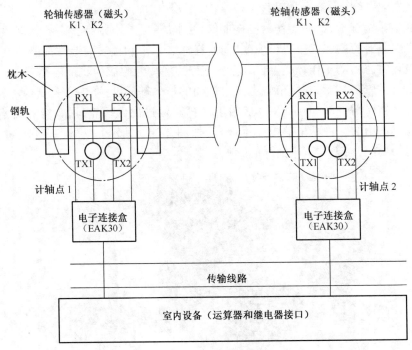

图 2-20 计轴器的组成

二、计轴器主要部件

(一) 轮轴传感器

轮轴传感器又称磁头,为变耦合式电磁有源传感器,是计轴设备整机的心脏。设 K1、K2 两个磁头,每组磁头又由 1 个发送线圈(磁头)TX 和 1 个接收线圈(磁头)RX 组成,利用车轮铁磁改变二者之间的耦合关系,使电感或互感在车轮通过时发生变化,将车轮对过磁头的次数转换成脉冲而产生轮轴信号。轮轴传感器采用双套单轨安装,每个检测点设两对传感器,两个磁头须安装在两个枕木之间,安装的位置宜在同一侧钢轨上。通常应安装在线路运行方向右侧的钢轨,尽可能安装于信号机、绝缘节的同一坐标点。

目前,在城市轨道交通应用中,有基于"轮幅型"和"轮缘型"两种原理的轮轴传感器。虽然两者工作原理不同，但是所要实现的功能是一致的。

1."轮辐型"轮轴传感器

在实际线路中更为常见的是"轮辐型"轮轴传感器。两组磁头的发送线圈和接收线圈，分别安装在轨道外侧和轨道内侧。发送线圈由电子连接盒供电产生信号，由于电磁感应，在接收线圈感应出交流信号，因此在发送线圈和接收线圈之间产生环绕钢轨的磁通。当列车车轮经过传感器时，车轮垂直影响磁通，接收线圈接收到的信号发生变化，产生一个轴脉冲，以此实现采集轮轴信息的功能。由于两轨条上的磁头 K1 和 K2 是交错设置的，两磁头产生的轴脉冲在时间上先后不同，从而判别出列车运行方向。

该类型轮轴传感器有两种安装形式，包括打孔式和卡式，分别如图 2-21(a) 和图 2-21(b) 所示。

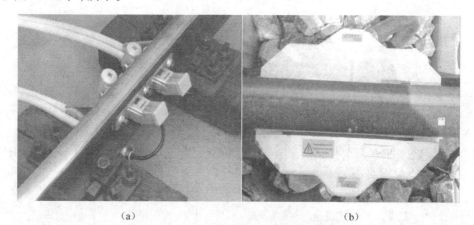

图 2-21 轮轴传感器的安装

2."轮缘型"轮轴传感器

德国 Frauscher 制造的 RSR180 型轮轴(车轮)传感器是典型的"轮缘型"轮轴传感器。ACS2000 微机计轴系统就采用了该类型轮轴传感器，已在北京亦庄线、北京昌平线成功应用。

"轮缘型"轮轴传感器两组磁头的发送线圈和接收线圈，采用单边安装方式，即发送线圈和接收线圈在钢轨的同侧，如图 2-22 所示，产生的磁通并不是环绕钢轨而是在一侧形成，当有列车经过，车轮顺向影响磁通，使接收线圈接收的信号发生变化，继而实现轴脉冲。

"轮缘型"轮轴传感器除了单侧安装、无需打孔、实施方便等优点外，相较于"轮辐式"轮轴传感器，还有一个明显的区别就是它无需电子单元设备，由电缆直接连接室内设备和传感器，这样做的优点在于简化轨旁设备，不足在于室内设备与传感器之间信号有效的传输距离缩短，因此可以根据线路条件综合考虑，选择适合

图 2-22 轮缘型轮轴传感器安装

的轮轴传感器使用。

(二) 电子单元

电子单元 EAK 又称电子连接盒。

电子连接盒安装于计轴传感器同侧,箱盒向所属线路外侧打开,其功能是将室内提供的电源转化为单元模块所需电压,并向计轴器的发送磁头提供信号电压。另外,电子连接盒将计轴器传感器的接收磁头中感应的数据信号,转换成便于远距离传输的数字信号(FSK),再传输至车站信号设备室中的计轴器主机系统。一般情况下,一个轮轴传感器(即由两个磁头 K1 和 K2 组成)配合一个电子单元进行工作。

(三) 计轴运算器

计轴运算器(Axle Counter Evaluator,ACE)也称为计轴主机,计轴运算器 ACE 设于室内,由电源、计算机、串行输入、输出、并行输入/输出等构成。ACE 是一个安全型的二取二或三取二微机系统,每台主微机可管理配置 32 个区段。

ACE 的任务如下:

轮询所有计轴室外设备,并取得计轴数据,处理 32 个测轴点的数据;对计轴数据进行运算,确定计轴区段的状态,给出区段占用信息;通过串行数据网络与相邻 ACE 交换计轴数据;传输轨道占用信息和诊断数据;向计算机联锁系统输出所有计轴区段的状态;微机的自检、接口的自检、计算机或串/并行口发生与安全有关的故障时,均做出安全反应。

三、计轴器的工作原理

计轴器利用轮轴传感器、计轴运算器来记录和比较驶入和驶出轨道区段的轴数,以此确定轨道区段的占用或空闲。其工作原理是利用电磁感应的原理,当列车出发,车轮进入轮轴传感器作用区时,轮对经过传感器磁头,磁头可以探测到通过列车的轴数,向微机传动轴脉冲,并经电子单元向计轴运算器报告。判定运行方向,确定对轴数是累加还是递减计数。

通常情况下,在区间或闭塞分区的入口和出口处分别设置计轴点,并规定:凡进入区间或分区的列车轮对数进行加轴运算,凡离开区间或分区的列车轮对数进行减轴运算,一条轮对计一个数。当计轴数为零时,表示区间或分区内无车,即空闲状态;否则认为区间或分区为占用状态。

第六节 应 答 器

应答器最初用于卫星中继、航空定位及导航领域,20 世纪 70 年代中、后期,应答器传输技术由航空工业引入铁路部门。到 20 世纪 90 年代,欧洲各国逐步建立了统一标准的查询应答器系统(EURO - BALISE)。目前我国对查询应答器的研究开发工作就是按照欧洲标准进行的。到 20 世纪末,查询应答器已成为轨道交通运行控制系统中不可缺少的一种信号设备,主要用于地面与列车之间单向或双向信息的传输,传输信息量依据应答器类型不同存在一定差异。目前查询应答器系统(以下简称应答器)在可用性、可靠性、可维护性等方面不断完善,已经达到了实用化的要求。

一、应答器的作用

1. 列车定位信标

当列车定位设备(或方法)存在着测量误差,特别是列车经过长距离运行后,这个误差会不断积累,直接影响列车定位的精度。通过沿线路上每隔一段距离安装一个地面应答器,当列车经过应答器时,通过检测该定位点,获知列车的确切位置,从而消除定位设备所产生的积累定位误差。因此,应答器可以成为列车定位的信标。

2. 线路地理信息的传输

地面应答器可以把一些固定的地理信息,如列车运行前方的弯道曲率及长度、坡道坡度及长度、限速区段长度及限速值等固定信息和位置信息一起存储在应答器中,当列车经过时,传输给列车。在采用轨道电路作为 ATC 控制信息传输通道的线路上,应答器的使用可以大大降低轨道电路所需传输的信息量,从而降低轨道电路 ATC 信号的传输频率,改善信息传输距离。目前,应答器已成为典型的点式车-地信息传输设备。

3. 可变信息的传输

向列车传输可变信息包括进路信息、临时限速信息等。如当由于施工作业或其他紧急情况出现时,会影响列车运行速度,由控制中心通过轨旁电子单元 LEU

将临时限速信息传递给地面应答器(通常为有源应答器),当列车经过时传递给车载设备,从而完成对列车速度的控制,保证行车安全。

应答器作为一种高速率、大信息量的点式数据传输设备,可以用于列车安全防护、道口控制、定位停车、车种识别、进路预排、临时限速及其他各种限速、公里标、电力机车分相自动转换及受电弓自动控制等方面。因此,应答器是一种极具综合利用价值的可以广泛使用的基础信号设备,其运用潜力巨大,可以达到一次投入综合利用与综合服务的目的,从总体经济效益上看,投入产出比是相当可观的,因此在铁路和城市轨道交通中都具有广泛的应用。

二、应答器的组成

应答器是一种基于电磁耦合原理构成的高速点式数据传输设备,是 ATP 系统的关键部件,用于在特定地点实现地面—列车间的数据交换,为列车提供 ATP 所需的各种信息,包括进路长度、岔区长度、闭塞分区长度、坡度、曲线等,确保列车在高速运行状态下的安全。

应答器包括地面设备和车载设备。地面设备主要指地面无源应答器和轨旁电子单元 LEU,车载设备包括车载查询器主机和车载查询天线。

1. 地面(无源)应答器

地面应答器储存特定的地面信息,平时处于休眠状态。通常安装于两根钢轨中心的枕木上,不要求外加电源,因此是无源的,如图 2-23 所示。当列车经过时,地面应答器靠瞬时接收车载天线的功率而被激活工作,并能在接收到车载天线功率的同时向车载天线发送大量的编码信息(预置数据)。安装于机车底部的车载天线不断向地面发送功率,并在机车通过地面应答器时接收来自应答器的编码信息,从而使列车获得诸如公里标、限速、坡度等信息,保障列车运行安全。

图 2-23 地面(无源)应答器

2. 轨旁电子单元

轨旁电子单元(Lineside Electronic Unit, LEU)是一种数据采集与处理单元,由电源板、CPU板、通信板和功放板组成,如图2-24所示。轨旁电子单元与有源应答器配合工作,最多可以驱动4个有源应答器,发送4种不同的报文。它根据外界变化的条件,选择存储在LEU中默认的一条报文向地面有源应答器进行发送,或将外部接收的报文直接向有源应答器传送。

图2-24 轨道电子单元外观及内部实物

3. 车载查询器主机

车载查询器主机具有检查、校验、解码和传送接收到的报文,选择激活位于机车两端的任一天线,与列车运行控制系统进行单向或双向数据传输,并具有自检和诊断的功能。配合列车运行控制系统完成以下主要功能:自动区分上、下行列车的地面信息;生成机车信号、速度监督及自动停车;提供电子里程标校准列车位置;提供列车前方一定距离内的线路横纵断面的数据,如桥梁、信号机、标志牌等影响列车运行的信息;向地面有源应答器发送车次号的信息等。

4. 车载查询天线

车载查询天线置于机车底部,距轨道180~300mm。当天线的导体通过高频电流时,在其周围空间会产生电场与磁场,电磁场能离开导体向空间传播,形成辐射场。发射天线正是利用辐射场的这种性质,使车载主机的高频信号经过发射天线能够充分地向空中辐射。

当地面应答器被激活后,应答器在其电磁波传播的方向发射另一个高频信号,天线就会产生感应电动势。此时与天线相连的接收设备的输入端就会产生高频电流,从而实现车-地信息的传输。接收效果的好坏除了与电波的强弱有关外,还取决于天线的方向性和与接收设备的匹配情况。应答器天线的外壳通常采用硬质材料作保护,防止异物撞击,如图2-25所示。

图 2-25　应答器查询车载天线

三、应答器的工作原理

应答器是利用无线感应原理在特定地点实现列车与地面间相互通信的一种数据传输装置。当列车上的查询器通过地面的应答器时,应答器被来自车上的查询器瞬态功率激活并进入工作状态,它将各种数据向运行中的列车连续发送。但此数据传输只在查询器与应答器的有效作用范围内进行,当查询器随列车运行到有效作用范围外时,应答器将不再工作,直至被下次列车上的查询器再次激活。

应答器工作的基本原理是电磁感应理论,整个工作过程如图 2-26 所示。

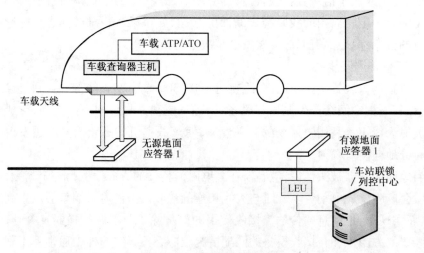

图 2-26　应答器工作原理

四、应答器的分类

(一) 按照供电来源分类

按照供电电源区分,应答器可以分为无源应答器和有源应答器两种类型。

1. 无源应答器

无源应答器用于发送固定不变的数据,提供线路固定参数,如线路坡度、线路允许速度、轨道电路参数和链接信息等。无源应答器本身不具备电源,平常处于休眠状态。只有当列车经过其上方时,无源应答器接收到车载天线发射的电磁能量后,将其转换成电能,使地面应答器中的电子电路工作,把预先存储在地面应答器中的数据循环发送出去,直至电能消失(即车载天线已经离去)。无源应答器相当于计算机存储系统中 ROM 类型,因此其信息一旦固定到应答器后,只能原封不动地读出,不可改变。

无源应答器具备以下特点:

① 通常没有外接电源,平常处于休眠状态。

② 提供给列车固定信息内容,如公里标、坡道值等。

③ 通常安装在区间,也与有源应答器配合形成应答器组实现功能。

2. 有源应答器

有源应答器本身具备电源,传输可变信息,相当于计算机存储系统中 RAM 类型。由地面应答器通过专用的应答器电缆与 LEU 设备连接组成,如图 2-27 所示,可以根据 LEU 设备所发送的报文,向列车传送变化的应答器报文信息。有源应答器接收到车载天线发射的电磁能量后,将其转换成电能,使地面应答器中发射电路工作,将 LEU 传输给有源应答器的数据循环实时发送出去,直至电能消失(即车载天线已经离去)。

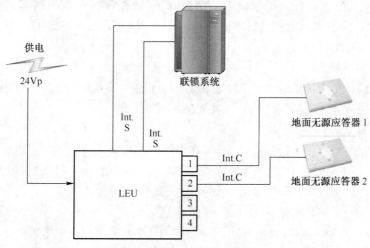

图 2-27 有源应答器工作原理

此外，当与 LEU 通信发生故障时，有源应答器变为无源应答器工作模式，发送存储固定默认信息（缺省报文）。

有源应答器具备以下特点：

① 通常具备电源，与 LEU 配合工作，无车经过时处于休眠状态。

② 提供给列车可变实时信息，如进路信息和临时限速信息等。

③ 通常设置在车站进站段和出站段。

（二）按照应用功能分类

按照应用功能分类，应答器分为普通型、增长型和标定型 3 类。

1. 普通型应答器

该类应答器是应答器向查询器传送信息，包含安全信息和非安全信息。查询器和应答器的大小尺寸相同。

2. 增长型应答器

增长型应答器的查询器与普通型的类似，但是应答器则比其查询器增长很多，有可能增长达 10 倍，其专门用于控制列车在车辆段、机械房或机务段内的定位。

3. 标定型应答器

标定型应答器结构连续多环，专门用于标定列车速度，如图 2-28 所示。

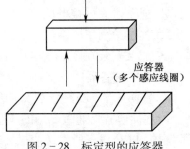

图 2-28 标定型的应答器

（三）按照安装位置分类

按照安装位置分类，应答器主要分为中心安装式、侧面安装式和立杆安装式 3 种。

1. 中心安装式

地面应答器安装在两根钢轨中心部位，而车载查询器安装在列车底下的中间位置，与地面应答器对应耦合，如图 2-23 所示。目前我国应答器的安装方式广泛采用中心安装式。

2. 侧面安装式

查询器安装在列车的侧面，与之相对应，地面应答器也安装在一根钢轨的侧面，与通过的列车查询器对应耦合，实际应用较少。

3. 立杆安装式

地面应答器安装于路旁立杆上，其作用的无线电波无方向性，也可为有方向性的，因此道路上通过装有查询器的移动车辆时，立即与地面应答器发生耦合作用，传递相应信息。目前该种安装方式在我国很少使用。

此外，值得一提的是在城市轨道交通实际线路的应用中，常常会见到信标（Tag）设备。根据工作的频率不同，有欧式信标和美式信标，我国轨道交通中主要使用欧式信标。信标的工作原理、功能和分类与应答器十分类似（也有把信标当作应答器的一种来理解),只是外形上稍有区别。

信标是安装在线路沿线反映线路绝对位置的物理标志,也分为有源信标(动态信标)和无源信标(静态信标)两种,如图2-29所示。有源信标可以实现车-地的双向通信,无源信标类似于非接触式IC卡,在列车经过信标所在位置时,车载天线发射的电磁波激励信标工作,并传递绝对位置信息给列车。

城市轨道交通系统中所使用的信标大部分为无源信标,安装在轨道沿线。无源信标的作用是为列车提供精确的绝对位置参考点(也可以提供线路的坡度、弯度等其他信息)。由于信标提供的位置精度很高,可达厘米量级,常用信标作为修正列车实际运行距离的手段。采用信标定位技术的信息传递是间断的,即当列车从一个信息点获得地面信息后,要到下一个信息点才能更新信息。若其间地面情况发生变化,就无法立即将变化的信息实时传递给列车。因此,信标定位技术与应答器定位一样是点式的,往往作为其他定位技术的补充手段。

有源信标需要与轨旁设备用电缆进行连接,具有传递信息功能,一般可以布置在信号机、道岔附近,用于传输信号机防护进路、道岔开向等行车信息。

图2-29 信标的安装
(a)有源信标;(b)无源信标。

第七节 站台安全门系统

站台安全门是一个集建筑、机械、电子、信号、控制、装饰等学科于一体的综合性系统,设置于城市轨道交通,如地铁或轻轨车站站台的边缘。该系统在整个站台将站台区域与轨道区域分隔开来。安装站台安全门系统,不仅可以防止候车乘客跌落或跳下轨道而发生危险,而且根据其设计高度,可以不同程度地减少站台与轨道行车区之间冷暖气流的交换,降低环境控制系统与运营能耗,从而节约运营成本,具有节能、减噪、环保功能。

一、站台安全门的基本功能

站台安全门的基本功能如下:
① 可防止乘客或物品意外落入轨道和非法闯入,保证乘客人身财产的安全,

拓宽乘客在站台候车站立的有效空间。同时，杜绝可能引发的事故、运营延误等，造成运营成本的增加。

② 提供良好的空气密封性，减少站台区与轨行区之间气流的交换，节省空调的能量消耗，降低运营成本。

③ 提供站台声音阻隔，降低车辆噪声和站台上的活塞风效应，为乘客构造一个舒适、安全、美观的候车环境。

④ 只有列车停靠在正确位置，乘客才能进入列车或登上站台，便于更好地组织乘客乘降。

⑤ 在火灾或其他故障模式下，可以配合消防、环控系统进行联动，组织乘客及时疏散，保证烟雾排出。

⑥ 可以利用安全门门体特点采用一体化的信息显示屏，播放行车信息、商业广告等，以到达资源最大化利用，同时简化车站整体空间布置。

二、站台安全门的分类

站台安全门按照其规模和功能主要分为屏蔽式、全高式和半高式3种。

1. 屏蔽式安全门系统

屏蔽式安全门系统是一道自上（天花板）而下（地板）的全封闭玻璃隔断墙，如图2-30所示。沿着车站全站台边缘设置，将站台区域与列车区域完全分隔开来，有效阻隔列车所产生活塞风风压、噪声及提供车站对站台侧温度控制，较适合于气候炎热、空调期较长的地铁线路。

图2-30 屏蔽式安全门

2. 全高式安全门系统

与屏蔽式安全门系统相比较，两者的结构形式基本相同，高度一般为2.8~3.2m，只是全高式安全门系统的上部不封闭，门体的下部可以根据需要设置通风口,因此不能实现站台与轨道区间的密封隔离,仍然是一个公共的空间,如图2-31所示。节约空调耗能的效果相较于屏蔽式略差,但全高式安全门仍然具有安全、舒适、节能等特点,更适用于空调季节短的地铁线路地下车站,也能够比较容易地升级为屏蔽式安全门系统。

图2-31 全高式安全门

3. 半高式安全门系统

半高式安全门的高度一般为1.2~1.5m,安装在站台边缘,将站台区域与轨道区域分隔开来,但不能完全隔绝列车运行的空气流动风和噪声对乘客的影响,主要目的就是提高安全性,保证乘客的安全,这种结构多用在敞开式地面站台或高架站台,如图2-32所示。与前两种形式相比,半高式安全门有安装简单快捷、与土建接口较少、造价低及建设周期短等优点。

图2-32 半高式安全门

三、站台安全门系统构成

站台安全门系统由门体结构、门机系统、控制系统和电源构成。

1. 门体结构

门体结构一般由滑动门、固定门、应急门、端门及门机顶箱、踏步板、上下部连接结构等构成,如图 2-33 所示。

图 2-33 门体结构示意图

(1) 滑动门。正常运行时乘客上下车的通道,设计实现对滑动门系统级控制、站台级控制和手动操作的控制方式。

(2) 固定门。不可开的门体,由钢化玻璃、门框等构成。

(3) 应急门。正常营运时,保持关闭且锁紧。当列车进站无法对准滑动门时,作为乘客的疏散通道,该门可向站台侧旋转开启。

(4) 端门。正常运营状态,保持关闭且锁紧。当列车在区间隧道发生火灾或故障时,作为乘客的疏散通道,也是车站工作人员进入隧道的专用门。

2. 门机系统

门机系统由驱动机构、传动机构、悬挂机构、锁定解锁机构组成。电机在门机控制器(DCU)的控制下,通过螺杆或皮带传动来实现滑动门的开关运动。

3. 控制系统

控制系统由中央控制盘(PSC)、远程监视设备(PSA)、就地控制盘(PSL)、紧急控制盘(IBP)、门机控制器(DCU)和就地控制盒(LCB)组成。

中央控制盘(PSC)是整个安全门控制系统的核心,收集并处理来自各个监控点的控制/状态/事件信息,并将处理后的控制/状态/事件信息传向各个监控点。

远程监视设备(PSA)是一个远程监控站,用来监视安全门系统详细的状态信息,同时在紧急情况下提供远程监视设备的紧急操作功能。

就地控制盘(PSL)是列车驾驶员与安全门系统交互的设备,用于在非正常状态下(比如信号系统故障)或紧急状态下由列车驾驶员实现对安全门的操作。

门机控制器(DCU)是现场控制单元,执行来自中央控制盘的控制命令,收集来自现场及自身的状态信息,并将此信息传回中央控制盘。

中央控制盘(PSC)、远程监视设备(PSA)、门机控制器(DCU)通过通信网络及硬线进行连接,形成一个功能完善的控制及监视系统。控制系统将系统的控制及监视集中进行处理,系统中重要的控制命令及状态信号通过硬线进行连接,系统中其他的事件及状态信息则通过通信网络进行传递。

4. 电源

电源由驱动电源 UPS、控制电源 UPS、驱动电源屏、控制电源变压器及各个门机单元内的门单元就地供电单元(LPSU)组成。其中,驱动电源 UPS 为门机提供门头电源,设计时考虑当外电源中断供电时,蓄电池的容量满足交流断电后完成开、关门至少 3 次的要求。当控制电源 UPS 设计为外电源中断供电时,能为控制设备 PSL、PSA 等提供大约 30min 的电力需求。

四、站台安全门系统的控制

安全门控制系统的功能应具有系统级控制、站台级控制和手动操作 3 种控制方式。其中,以手动操作优先级最高,系统级控制优先级最低。

1. 系统级控制

系统级控制是在正常运行模式下信号系统对安全门进行的自动控制方式。在系统级控制方式下,列车到站并停在允许的误差范围内(±500mm)时,信号系统向安全门系统发送开/关门控制命令。控制命令经信号系统发送至 PSC,PSC 再通过门控 DCU 对门体进行实时控制,实现安全门的系统级控制操作。

2. 站台级控制

站台级控制是当系统级控制功能不能正常实现时,由列车司机通过站台 PSL 对安全门进行的控制操作。当系统级控制不能正常实现时,如信号系统故障、PSC 对 DCU 控制失败等故障状态下,列车驾驶员或站务人员可在 PSL 上进行开/关门操作,实现安全门的站台级控制操作。

3. 手动操作

手动操作是当系统电源发生故障或控制系统故障导致个别安全门无法自动打开或列车停位不准及隧道内发生火灾等情况时,由站台工作人员或乘客对安全门进行的操作。主要有以下 3 种情况:

(1) 当个别安全门操作机构发生故障无法自动打开时,站台工作人员在站台侧操作固定驱动盒上的就地控制盒,开关安全门;在轨道侧,列车司机可通过车内广播指导乘客使用活动门上的手动解锁把手,自行开启安全门。

(2) 当发生列车停位不准等非正常情况,乘客无法从滑动门正常上下车时,乘客可推动应急门的推动拉杆锁,手动打开应急门进行疏散。

(3) 当车站或区间发生灾害时,车站值班人员可根据灾害情况,按照规定的操作程序,通过设在车控室后备盘(IBP)上的安全门紧急操作开关,对安全门进行控制。

五、列车车门与站台安全门开关控制

城市轨道交通在设有 ATC 系统的前提下,车站站台可不设行车管理人员,为了保证乘客在站台上的人身安全和确保行车安全,在站台应设置站台安全门。这不仅需要利用 ATO 子系统实现精确的对位停车,而且需要列车车门和站台安全门的设置必须保持一致。列车车门与站台安全门的开启与关闭还应构成联锁关系。

虽然各设备生产商对车门和站台安全门的控制原理并不完全一致,但是对于安全控制的功能基本相同,可以概括为以下几点:

(1) 实时监视站台安全门的状态,只有检测到站台安全门处于关闭且锁紧状态才允许列车进站。

(2) 列车只有在规定的停车点停稳后才允许开启站台安全门。

(3) 控制列车车门与站台安全门的开启、关闭顺序,开、关车门与安全门做到基本同步。

(4) 只有确认列车车门和安全门都关闭后才允许列车起动出站。

(5) 当列车在进站或出站的过程中发现安全门没有处于关闭且锁闭状态时实施紧急制动。

列车在 ATC 控制模式下进入车站减速停车,车载信号系统需要采集列车零速停稳条件,用于判断列车是否安全停车;还需要采集列车停准位置信息,用于确认列车是否在与安全门的对应位置内安全停靠,确认列车牵引被切除、保持制动施加。在安全门区域对准以后,车载信号系统通过车-地无线通信单元与地面信号联锁设备通信,向地面发送"列车停站"信号,地面接收后控制安全门打开并由地面 ATP 发送器向列车发送打开(左边或右边)车门指令,列车接收后启动门控继电器,实现车门和安全门的联动控制。此时列车乘务员(司机)按压列车控制台上的开关门按钮,便可以实现车门和安全门的同时开启。在具备 ATO 自动运行时,车门和安全门还具备自动开关功能,无需列车乘务员(司机)操作。

当列车停站结束(或人工终止停站)后,启动地面停站结束控制,使地面 ATP 停止发送开门指令,列车接收不到该信息,门控继电器释放,在司机确认后,按压关门按钮,使车门关闭。与此同时,列车停止发送"列车停站"信号,于是安全门关闭。

此外,城市轨道交通信号系统对站台安全门状态也具备防护功能。当站台无

车,如果安全门意外打开或锁闭状态丢失,通过联锁装置将安全门信息送给进站前的有源信标(应答器),并通过车-地无线通信送给正在接近的列车,使接近该站列车的移动授权缩短至站台外部,使列车进站前停车。对于已经接近的列车无法实现站外停车时,将立即施加紧急制动。对于要出发的列车,如果安全门状态丢失,将禁止列车启动,已经启动的列车会实施紧急制动,通过列车 ATC 控制系统将列车扣停,最大限度地实现对安全门状态的安全防护。

思 考 题

1. 信号机的设置原则是什么?城市轨道交通中常设置哪些信号机?
2. 什么是信号机的定位?
3. 信号继电器的特点、无极继电器的结构及工作原理是什么?
4. 轨道电路的作用是什么?具有哪些工作状态?
5. 转辙机的作用是什么?常用的转辙机有哪些?
6. 说明 S700K 型电动转辙机的动作过程。
7. 计轴器与轨道电路相比有哪些优势和不足?
8. 查询应答器的组成、分类及作用。
9. 站台安全门的基本功能是什么?可以分为哪几种?
10. 站台安全门的控制方式有哪些?
11. 站台安全门与列车车门开启和关闭控制具有怎样的联锁关系?

第三章　基础理论

第一节　故障导向安全

一、基本概念

（1）安全性。在规定的条件下，在规定的时间内，系统不陷入危险状态的性能。

（2）可靠性。元件、产品、系统在一定时间内、在一定条件下无故障地执行指定功能的能力或可能性。可靠性是反映产品质量的一个重要指标，在通常情况下是质量的重要组成部分。在与安全有关的系统中，安全性也是反映质量的重要指标，在信号系统中它比可靠性更重要。

（3）失效。一是系统或系统的部件不能在规定的限制内执行所要求的功能；二是一个功能单元执行所要求的功能的能力的终结；三是程序操作偏离了程序的需求。失效是导致错误发生的主要原因。

（4）错误。指系统陷入不正常状态或执行非正常操作。错误可能由硬件失效、软件失效、环境干扰等原因引起，错误的严重性可以分为故障、失误、危害、风险和容错等 5 类。

① 故障：由于错误造成系统的部件或软件或系统丧失必要的功能，即由于各种原因所造成的系统的不正常状态，通常有以下几种分类方式：

按时间间隔可分为永久性故障和瞬时性故障。永久性故障是由部件或软件中的不可逆变化引起的，它永久地将原逻辑或原数据变为另一种逻辑或数据。瞬时性故障是持续时间不超过一定值的故障。故障只引起部件或软件运行结果当前值的变化，而不导致不可逆变化。

按值可分为确定值故障和非确定值故障。确定值故障的故障变量保持在一个恒定的值上。非确定值故障的故障变量在一定的范围内不断变动。

按故障影响的范围可分为局部故障和分布式故障。局部故障通常指只影响局部逻辑线路或某一软件模块的故障。分布式故障（相当于多故障）是指包含有两个或两个以上逻辑部件或软件模块的故障以及一个子系统或整个系统的故障。分布式故障可能引起灾害性后果。

图 3-1 所示为系统故障及原因框图。

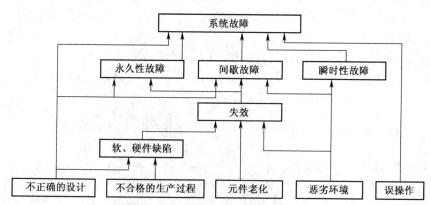

图 3-1　系统故障及原因框图

② 失误：人为的失败和错误，通常指人的错误操作。

③ 危害：有可能给人类或财产带来不良影响的事情。

④ 风险：用来表示危及安全的事件发生频度以及事件危害程度（或严重程度）的指标。

⑤ 容错：指一个系统在其中的故障已经暴露之后仍能提供要求功能的存活的属性。

（5）安全性评估。采用解析或测试的方法，对系统的安全性能进行估算和分析，从而对系统的安全性能做出定量或定性的评价。用于安全性评估的指标主要是安全性完善度和安全性完善等级。

① 安全性完善度：在给定的条件下，到给定的时刻 t，系统维持所要求的安全功能的概率。它是表示系统所能达到安全性要求程度高低的指标。

② 安全性完善等级：表示系统所能达到安全性水平等级。通常较小的等级表示安全性水平低，较大的等级表示安全性水平高。

（6）避错技术。采用正确的设计和质量控制方法尽量避免把故障引进系统，试图构造一个不包含故障和错误的"完善"系统的技术手法。

（7）容错技术。以承认故障的不可避免为前提，在容忍故障存在的条件下采用静态（故障遮蔽技术）和动态（系统重组技术）的方法提高系统的可靠性。

（8）冗余。重复配置系统的一些部件，当系统发生故障时冗余配置的部件介入并承担故障部件的工作，由此减少系统的故障时间。

二、故障-安全

1. 定义

在信号系统正式开通并交付使用后，人们不得不面对各种故障，换句话说，设备与系统的故障是不可避免的。为了确保行车的安全,必须对信号系统提出这样的要求:不论出现何种故障(甚至是多重性的故障)都必须保证不会因此而造成行车危险,即故障必须导向安全。

故障-安全可以定义如下:当设备和/或(and/or)系统出现故障时,必须使系统保持在安全状态,或者过渡到另一种安全状态,又称 F - S(Fail - Safe)原则。

可用图 3 - 2 来阐明故障-安全的基本思想。

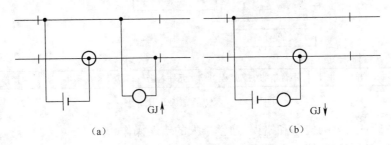

图 3 - 2 用以说明故障-安全的例子

图 3 - 2(a)所示闭路式轨道电路在无车占用(称为空闲或称为调整状态)时,轨道继电器 GJ 吸起,并以此给出该区段空闲的表示(GJ↑表示区段空闲);当列车占用该区段时,由于轮轴的分路作用使轨道继电器 GJ 落下,从而给出该区段占用的表示(GJ↓表示区段占用)。图 3 - 2(b)所示的开路式轨道电路则正好相反,GJ↓表示区段空闲,GJ↑表示区段占用。当轨道电路出现故障(如图中导线与钢轨的连接断开)时,闭路式轨道电路出现的结果是 GJ↓,给出占用表示;而开路式轨道电路出现的结果是不论有无列车,GJ 始终落下,给出无车表示。显然,开路式轨道电路不符合故障-安全原则,因此不能在信号系统中使用。

由于轨道交通信号系统是一种故障-安全系统,当采用计算机时,必须采用安全型计算机。这里的安全型计算机并不是指那种在金融系统中所采用的高可靠性计算机,而是指在故障情况下能够防止出现危及人身安全及重大装备损失的计算机。在航空、发电厂锅炉、核反应堆、大型化学过程以及轨道交通等场合的监控都必须采用这类安全型计算机,以保证在故障情况下能使系统处于无危险的切断状态。由于计算机本身并没有这类"安全性",因此必须通过合适的结构方式和专用的操作系统使系统在计算机故障时处于安全状态。具有这类性质的计算机结构,在轨道交通信号技术中通常称为"安全型计算机",或称为符合故障-安全准则的计算机。

通常,信号技术上的安全性包括两重含义:
(1) 功能安全,即在无故障时设备能准确、无误地工作。
(2) 故障-安全,即在故障时,设备应导向安全状态。

故障-安全是轨道交通信号设备或系统一旦发生安全故障后,能防止出现灾难性后果自动导向安全一方的重要设计原则。

2. 安全侧与危险侧

轨道交通信号系统的主要任务是保证列车运行的安全,而这种安全的实现总是把"系统故障时让列车停止运行"为首要方针。

在传统的轨道交通信号安全技术中,故障-安全具有以下两个特点:

(1) 规定系统故障时把信号显示变为让列车停止运行的红灯作为安全侧。

(2) 在继电信号设备中,故障-安全的实现是以具有非对称错误特性的信号继电器和闭路原理为基础,实现信号设备整体性的故障-安全。

传统故障-安全停机降低了设备的利用率,而且在某些情况下,不能把它的安全侧定为"功能停止",而必须定为"维持功能";否则可能发生危险。因此,不能简单地确定安全侧,应根据系统的使命定义安全侧,使故障-安全概念具有更广泛的含义。

常用的安全侧分配方法如下:

(1) 基于能量的安全侧定义方法。定义低能量的状态为安全侧,如重力法,即物体释放位能后所处的状态与安全侧相对应,如安全型信号继电器。

(2) 基于闭路法和串联法的安全侧定义方法。在接点电路中,将闭路状态与被控对象的危险侧相对应,将开路状态与被控对象的安全侧相对应。当发生断线、停电等故障时,电路会自动导向安全侧。

(3) 基于时间的安全侧定义方法。在规定的时间内为安全侧。

(4) 设备故障时维持现状定义为安全侧。

(5) 危险侧故障率最小化和故障弱化技术以及联锁方法都是提高系统故障安全度的有效方法。

3. 故障-安全原理

随着可靠性理论的发展,促使对故障的分析建立在概率论的基础上,进而揭示了故障-安全也应是一个具有概率特性的概念。

首先,客观上可靠度为百分之百的信号设备是不存在的,也就是说,设备的故障是不可避免的。用全故障率 λ_t 表示,我们希望它足够小,但不可能为零。

对设备的故障根据它所带来的后果可以分为危险侧故障和安全侧故障,分别用危险侧故障率 λ_d 和安全侧故障率 λ_s 表示,则有 $\lambda_t = \lambda_d + \lambda_s$。

如信号继电器的危险侧故障率 λ_d 为 10^{-10}h,安全侧故障率 λ_s 为 10^{-7}h。危险侧的故障率虽低,但它并非是零,因此传统的故障-安全概念不是绝对的。

危险侧故障率 λ_d 相对全故障率 λ_t 小到可以忽略的程度时,该设备才是故障-安全的,即危险比 $\delta = \lambda_d / \lambda_t$ 应足够小。将危险比 δ 写成另一种形式,即

$$\delta = \cfrac{1}{1 + \cfrac{1}{\lambda_d/\lambda_s}} \qquad (3-1)$$

式中:$\lambda_d/\lambda_s = \nu$,$\nu$ 为非对称错误概率,它应该足够小。

事实上,由于信号设备发生故障时列车停止运行,安全侧故障率 λ_s 越大,故障恢复时间越长,越容易引起列车的阻塞。这不仅会降低运输效率,还可能诱发重大事故。因此,λ_s 也应尽可能小。

总之,为了实现故障-安全,危险侧故障率和安全侧故障率都应该尽可能小。在此前提下危险比 δ 和非对称错误概率 ν 也要足够小。也就是说,信号设备的故障-安全特性是建立在设备的高可靠性基础上的。从这一思路出发,信号设备的安全性就是要兼具高可靠性和故障-安全的特性。

三、故障-安全保障技术

1. 系统级故障-安全保障技术

以计算机作为主体构成的轨道交通信号系统,首先应在系统级层面采取有效的方法保证计算机系统具有故障-安全特性。目前,构成故障-安全计算机方法主要有3种:

(1) 基于单机闭环自诊断的故障-安全计算机构造方法。该方法的核心是依靠自诊断程序准确判断是瞬时故障还是永久故障实现计算机的故障-安全特性。

(2) 基于单机采取软件冗余的故障-安全计算机构造方法(即"一硬二软"方案)。即在一台计算机内配置两套功能相同、版本不同的程序,这两套程序按照独立的格式依次对输入数据进行处理,并对结果进行比较。在正常无故障的情况下,两套独立程序处理的结果应该是相同的,经比较结果一致时,接通控制电路;在发生软、硬件故障时,比如存在软件编制错误、硬件随机故障和电磁干扰引起的信息错误,由于两个版本程序的独立性,致使处理结果不一致,则切断控制电路的供电,从而保障系统的故障-安全性。

(3) 基于多机采取硬件冗余的故障-安全计算机构造方法,由于在极短的时间间隔内,两台计算机同时出错并且错误呈现同一模式的概率几乎为零,所以,基于多机硬件冗余的故障-安全计算机系统越来越受到关注。

目前应用比较普遍的是三取二表决系统和二取二表决乘2(2乘2取二)冗余系统。

用三台或两台构造相同、彼此独立的计算机组成计算机表决系统。三台或两台计算机运行具有相同功能的程序,接收相同的输入信息,并行地对数据进行处理,并且对各个阶段的信息进行两两比较,当两台或两台以上计算机工作正常,即至少其中两台计算机的结果一致时,则产生控制命令并输出,从而实现三取二或二取二表决系统。

对于三取二表决系统,如果一台计算机出现故障,则整个系统转换为二取二系统,并不影响系统的使用;当两台或两台以上的计算机出现故障时,系统就锁住控制命令,并切断控制电流,从而实现故障-安全,如图3-3所示。

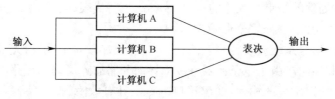

图3-3 三取二表决冗余系统

对于二取二表决乘2冗余系统,如果其中一个二取二计算机系统出现故障,则系统切换到另一个二取二计算机系统,并不影响系统的使用;两台以上的计算机出现故障时,系统就锁住控制命令,并切断控制电流,从而实现故障-安全性,如图3-4所示。

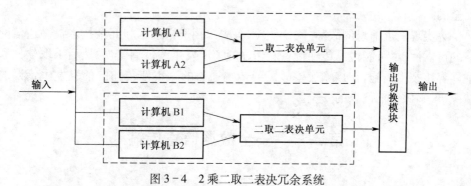

图3-4 2乘二取二表决冗余系统

2. 设备级故障-安全保障技术

设备级故障-安全性保障需从4个方面进行考虑:信息采集、信息输出、信息存储和信息处理,这4个环节都应该是故障-安全的。

信息的采集,将信息由原始的物理或机械的表现形态变换为数据形式的表现形态的转换过程。信息采集的安全意味着信息采集是正确的或安全的,即符合故障-安全原则。体现为当处理过程因故产生差错时,信息转换的结果所代表的物理或逻辑的意义与原始信息的意义一致,或表现为原始信息的安全侧取值。

控制信息的输出,根据计算机内以数据形态代表的控制命令产生实际的物理或机械设备动作能量的过程。控制信息输出的安全,意味着能量的产生是正确的或安全的,即符合故障-安全原则。体现为当处理过程因故产生差错时,能量的产生与计算机原有的控制意图相符,或终止该能量的产生。

信息存储的安全性,无论因硬件故障还是任何其他原因有可能使计算机内以数据形态存储的涉及安全信息代码发生畸变时,其畸变的结果应不会变为所代表信息的危险侧取值。

信息处理的安全性,在对信息的一元或多元运算中,无论信息处理过程发生怎样的差错,其处理的结果与预想的一致,或不产生所代表的逻辑量的危险侧取值。

3. I/O 通道级故障-安全保障技术

轨道交通信号系统涉及的安全信息必须要有故障-安全接口,完成对现场设备的状态采集和控制。由于电子元器件故障导向开路故障概率和短路故障概率没有明显的不同,所以常规的输入/输出接口电路不具有故障-安全特性。这样必须在软件和硬件两个方面采取相应措施,使当该接口电路及其前端逻辑电路出现任何故障时,均不能使计算机读入错误的危险侧信息,或者输出危险侧驱动信号。

4. 信息传输的故障-安全保障技术

基于计算机通信网络和现场总线组成分布式计算机联锁控制系统,完成对现场设备的集中管理和分散控制,通信网络是安全信息的传输通道,也必须是故障-安全的。

为实现安全信息的故障-安全传输,首先采用避错技术和冗余技术提高通信网络的可靠性,尽可能检出传输设备和传输通道所发生的传输错误,然后采取软件和硬件容错技术措施,在传输设备故障或传输通路的噪声使传输的信息发生错误的情况下,确保通信信息的安全。

第二节 安全数据信息传输

一、概述

目前基于通信技术的列车控制系统即 CBTC 信号系统已成为城市轨道交通的发展趋势,将通信技术用于信号领域则必须严格遵循信号技术的安全准则,即故障导向安全。对于通信技术而言,涉及两方面:信息处理的故障导向安全和信息传输的故障导向安全,后者简称安全数据信息传输。在国外,尤其是欧洲对安全数据信息传输极为重视,他们将满足故障导向安全条件的信息传输系统称为"按照安全要求构造的通信系统",并由欧洲电工技术标准委员会(CENELEC)制定了相应的技术标准,以保证信息在传输系统中的安全传输。

根据访问系统的用户是否获得授权以及系统的其他特性,CENELEC 将安全数据信息传输系统分为两大类,即封闭式和开放式。

1. 封闭式安全数据信息传输系统

定义:同时满足以下 3 个条件的安全数据信息传输系统称为封闭式安全数据

信息传输系统。

(1) 传输信道是封闭式的,或者说用户必须是经过授权的。

(2) 连接到传输信道上的设备(安全相关或者非安全相关)数量或者最大数量是可知而且固定的。

(3) 传输信道的特性是相对稳定的。

封闭式安全数据信息传输系统,一般又分为第一类和第二类封闭式安全数据信息传输系统。通常用电缆、光缆或数据总线组成的信息传输通道称为第一类封闭式安全数据信息传输系统;用轨道电路、轨间电缆或应答器作为信息传输通道,通过车载无线实现车-地数据传输的系统,称为第二类封闭式安全数据信息传输系统。

对第一类封闭式安全数据信息传输系统的安全要求如下:

(1) 必须构成信息通道冗余,即安全数据信息传输不应因通道内个别信息点的故障而发生传输中断。

(2) 必须通过适当的信道编码方式,使系统对数据传输过程中的偶发性差错具有自动检错、纠错功能。而信道的自动检错、纠错能力取决于两个不同码字之间的最小距离,即汉明(Hamming)距,用 HD 来表示。为保证系统具备足够的检错、纠错能力,HD 应足够大(通常大于4)。

(3) 当数据在传输过程中发生误码时,系统必须在自动检错的同时,自动纠错或者重发数据。当数据误码的位数超出系统的纠错能力或者将数据重发一次后仍有差错时,系统必须能自动导向安全。

目前,城市轨道交通信号系统的车-地之间的数据信息传递大多数采用第二类封闭式安全数据信息传输系统,对第二类封闭式安全数据信息传输系统的安全要求如下:

(1) 必须通过编码技术来确保发送与接收数码的同步。

(2) 必须通过冗余编码技术来保证数据传输系统具有检错、纠错能力,即对于连续式数据传输系统,其 HD 应该足够大;对于点式数据传输系统,其 HD 应该更大,还要求系统必须具有信息冗余功能,即在进行车-地之间数据传输时,同一组数据至少重复传输 3 次。

2. 开放式安全数据信息传输系统

定义:凡不能满足上述对封闭式传输系统 3 项要求的安全数据信息传输系统,均属于开放式安全数据信息传输系统。基于通信的列车运行控制系统就是最典型的代表,CBTC 中的 DCS(Data Communication Subsystem,数据通信子系统)是一个专用信号系统网络,即网内各种终端、设备均设计为指定用途,与互联网(Interact)不直接相连,信息的内容、流向、格式均有严格的定义和要求。在 CBTC 系统中,所有的列车调度、控制信息都是以无线方式在列车和轨旁网络之间进行传递,但由于无线网络的开放性,容易遭受恶意用户的拦截和袭击,如何采用技术手段将干扰和攻击所造成的影响降到最低,保证安全数据信息的传输是必须要解决的问题。

对开放式安全数据信息传输系统存在以下 7 种安全性的威胁:

(1) 重复。错误源(以下简称 X)复制了即时信息(如最大允许速度),并在非适宜的情况下重发。

(2) 删除。X 删除了一些重要的命令,如"紧急停车"。

(3) 插入。X 插入危及安全的信息。

(4) 乱序。X 破坏了原来的数据协议,使数据失去了原有含义。

(5) 破坏。X 改变了数据内容。

(6) 延迟。X 使数据延迟,如"目标距离"不能及时传递。

(7) 窃取。X 可窃取到本不属于它的数据。

开放式安全数据传输系统应针对 7 种威胁提供有效的数据安全防护墙,以确保信息的真实性、完整性、及时性和顺序准确性。

对开放式安全数据信息传输系统的安全要求如下:

(1) 在一个开放式传输系统中,传输码用于检测位错误或突发性错误,纠错技术用于提高传输的质量。因此,开放式安全数据传输系统的信道编码必须附有安全冗余码,为保证足够的检错、纠错能力,HD 应尽可能大(不小于 15)。

(2) 必须使用带密钥的密码技术。

(3) 当使用密码技术时,推荐使用国际标准 ISO/IEC10116 所规定的操作模式。

二、差错编码控制原理

(一)基本概念

数字信号序列在信道中传输不可避免地会产生差错。当通信系统不能满足对差错率的要求时,就要采用信道编码。信道编码的功能是将规定结构的冗余码人为地注入到信源信号序列中去。从信息论的观点出发,注入的冗余码使原来不相关的数字序列变为相关的序列。于是,在接收端就有可能根据某种规律通过信道译码来识别乃至纠正因信道传输所造成的差错。这种性质的信道编码称为差错控制编码或抗干扰编码。

下面通过一个具体例子来说明差错控制的基本概念。为了区分天气晴或雨这个二元消息,发端可分别用 1(晴)、0(雨)来表示。经过信道传输后,如果发生误码,则晴或雨的情况正好相反。但如果在表示晴或雨的信息码元后面加上一位起监督(检验)作用的码元,构成两个码元组成的码字,即 11(晴)或 00(雨)。此时若产生一位误码,接收到 01 或 10,则在判断晴或雨时由于增加了一位码元,就可以进行"检错",指出信息传输出了差错。如果 11(晴)两个码元全部传错变成 00(雨),

那么接收端就误以为是"雨",而无法检出错误,这称为"错误译码"。在"1"与"0"等概率出现,且在二元对称信道的误码率 $P_e<\frac{1}{2}$ 的条件下,传错两个码元的概率是 P_e^2,它要比传错一个码元的概率 $P_e(1-P_e)$ 小得多,即

$$P_e^2 < P_e(1-P_e) \tag{3-2}$$

因此增加多余码元后构成的码字要比单个码元传输具有较低的误码率,此时付出的代价是增加了传输的码元数,降低了传输有效性。

依次类推,如果再增加一个多余的码元,构成 3 个码元的码字,即 111(晴)、000(雨)。为了提高传输的可靠性,可把 111、000 作为"许用码组(码字)",而其他 001、010、…、110…都作为"禁用码组"。当发送 111(晴),而产生一位误码成为 011、101、110 接收时,虽然它们也可能是发送 000(雨),而产生两个码元差错所致,但其出现概率更低,把上述 3 种码组都纠正为 111(晴)。这样在增加两个码元后,会使得差错控制编码具有纠正一位错误的能力。只有在连续 3 个码元都发生错误的情况下才会构成"错误译码",但这种概率要比单个码元的信息传输的误码率 P_e 低很多。

由此可知,一个码字可由信息码元和监督码元两部分组成,如果信息码元有 k 位,而增加 r 位为监督码元则构成码字长度(简称码长)为 $n(=k+r)$ 的码组(也称码字),这类信道编码就称为"分组码",并写成 (n,k) 分组码。n 位二进制码元可构成 2^n 个码组,而 (n,k) 分组码是从中筛选出 2^k 个许用码组组成的"码集",使分组码具有检错、纠错能力。

设 C_i 和 C_j 是码集中任意两个许用码组(码字)。衡量这两个码字的差别是用它们相应位置上码元不同的个数,这个数值称为两个码字之间的汉明距离,简称码距,并以 d_{ij} 来表示。很明显,对于所有 $i \neq j$ 应满足条件 $0 < d_{ij} \leq n$。在码集中,把集合 $\{d_{ij}\}$ 中的最小值称为编码的最小码距,可用 d_0 来表示。最小码距 d_0 直接关系着这种编码的检错和纠错能力。检验和纠正差错码字的情况有以下 3 种:

(1) 为了检验 e 个错码,要求最小码距为

$$d_0 \geq e+1 \tag{3-3}$$

(2) 为了纠正 t 个错码,要求最小码距为

$$d_0 \geq 2t+1 \tag{3-4}$$

(3) 为纠正 t 个错码,同时检测 e 个错码($e>t$),则要求最小码距为

$$d_0 \geq e+t+1 \quad e>t \tag{3-5}$$

在分组码中,当信息码元位数 k 一定时加大码字长度 n,亦即加多监督码元位数 r,即可增强抗干扰能力。通常采用编码效率 η,它的定义为

$$\eta = \frac{k}{n} = 1 - \frac{r}{n} \tag{3-6}$$

在信道中传送 n 个码元的时间内,传输信息码 k 位所占的比率即编码效率 η,也就是说,η 可以看成是信道传输信息码元的利用率,η 越大编码效率越高。编码效率是衡量抗干扰编码的一个重要参数,希望在满足一定编码效率的条件下,使抗干扰能力尽可能强。

(二)差错编码控制方式及分类

实现差错控制的方式有自动要求重发(ARQ)、向前纠错(FEC)和反馈校验等。不同的控制方式,对编码的要求不同,系统结构及设备的复杂程度也有很大差别。

1. 自动要求重发(ARQ)方式

ARQ 方式也称为检错重发方式,发送的码字是具有一定检错能力的冗余码,接收端通过检错译码发现有错码时,由指令产生器阻止输出,同时经反向信道启动发端的重发控制,将存储的原码字重新发送。如此收端重复检测,直到正确为止。采用该种方式的通信结构如图 3-5 所示。ARQ 方式由于需要大量重发,大大降低了实际的信息传输速率。同时,ARQ 方式必须要有反向信道。再者,它只适用于单个用户之间通信,而不能同时对多个用户进行差错控制。ARQ 系统中冗余码本身只有检错能力,而无纠错能力。ARQ 方式的优点是译码设备简单。

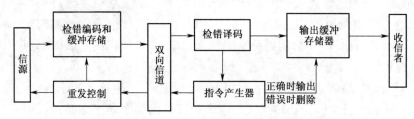

图 3-5 ARQ 方式通信系统结构框图

2. 向前纠错(FEC)方式

FEC 方式不需要反馈重发,因此不必设置反向信道和发送存储器。在接收端不仅能发现错误,而且还能纠正错误。它不存在因反复重发而延误时间的缺点,而且适合一个用户对多个用户的通信(称为"同播")。其缺点是译码设备比较复杂。

3. 反馈校验法

反馈校验法也称为狭义的信息反馈系统,其方法是接收端将收到的信息(信码)原封不动地转发回发送端,并与原发送的信码进行比较。如果发现错误,则发端再进行重发。这种方式从系统上看具有纠错能力,但从原理上看,发送端和接收端并不进行纠错、检错编码,因而原理和设备都比较简单,但需要有双向信道,而且每一信码至少都要传输两次,因而传输效率较低。

上述 3 种差错控制方式可以结合起来使用,如图 3-6 所示,如把 ARQ 方式与

FEC 方式结合起来就能构成一种混合纠错(HEC)方式。此时发送端发送的码字不仅具有检错能力,还具有一定的纠错能力。接收端接收以后,首先检验错误情况,若错误在其纠错能力范围内,则自动纠错;若错误较多,而超出纠错能力,但能检测出来,则收端通过反馈信道,要求发送端重发有错的码字。HEC 方式在一定程度上避免了 FEC 系统要求复杂的译码设备和 ARQ 系统信息连续性差的缺点,但它也存在着要求双向信道和不能用于同播的问题。此外,也有把一组信息码元重发多次(一般奇数次,但多为 3 次),在接收端把收到的多组信息码元进行比较。若全部都相同,则认为无错;若不同,则按多数表决准则,认为多数相同的那一组是正确的,译码器就输出这一组信息码元。这种方式虽然有相当的纠错能力,但是因效率低,较少使用。

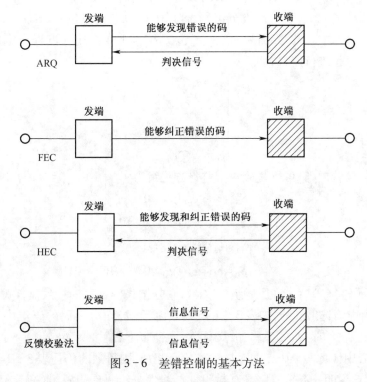

图 3-6　差错控制的基本方法

差错控制编码按照功能可以分为检错码和纠错码两大类。一般地说,能在译码器中发现错误的称为检错码,它没有自动纠错的能力。如在译码器中不仅能发现错误,还能自动纠正错误的,称为纠错码,它是一种最重要的抗干扰码。

差错控制编码按照码字中监督码元和信息码元之间的关系,可以分为线性码和非线性码两类。监督码元与信息码元之间呈线性关系,称为线性码。几乎所有实际运用的都是线性码,非线性码还正在研究中,它实现起来很困难。

差错控制编码按照信息码元与监督码元之间的约束关系,又分为分组码和卷积码两类。(n,k) 分组码由 n 个码元构成的码字中，$r(=n-k)$ 个监督码元仅与本码字中的 k 个信息码元有关。卷积码则本码字的监督码元除了与本码字的信息码元有关外，还与前面 $N-1$ 个码字的信息码元有关。

（三）线性分组码

1. 线性分组码的定义及基本概念

将信息序列中每 k 个码元分成一段，然后由这个信息码元按一定的规则产生 r 个监督码元，两者组成长度为 $n(=k+r)$ 的码字，这样就构成了由 2^k 许用码组（码字）组成的分组码。当分组码中监督码元与信息码元满足模 2 加（一种二进制的运算，等同于"异或"运算）代数方程时，就可将其称为 (n,k) 线性分组码。

下面用一个具体例子来说明 (n,k) 线性分组码的构成原理。

假设要构成一个 $(7,3)$ 线性分组码，这里码长为 7，信息位 c_6、c_5、c_4，共 3 位，则监督位 $r=n-k=7-3=4$，分别为 c_3、c_2、c_1、c_0。按以下 4 个线性方程设定监督码元来对这些信息位进行监督，即

$$\begin{cases} c_3 = c_6 \oplus c_4 \\ c_2 = c_6 \oplus c_5 \oplus c_4 \\ c_1 = c_6 \oplus c_5 \\ c_0 = c_5 \oplus c_4 \end{cases} \quad (3-7)$$

按偶数校验规则，可以写成 4 个监督方程组为

$$\begin{cases} S_3 = c_3 \oplus c_6 \oplus c_4 = 0 \\ S_2 = c_6 \oplus c_5 \oplus c_4 \oplus c_2 = 0 \\ S_1 = c_6 \oplus c_5 \oplus c_1 = 0 \\ S_0 = c_5 \oplus c_4 \oplus c_0 = 0 \end{cases} \quad (3-8)$$

$(7,3)$ 码共有 $2^3=8$ 许用码组（码字），它是按式 $(3-7)$ 的一致监督关系从 $2^7=128$ 个编组中筛选出来的，如表 3-1 所列。由于 $(7,3)$ 分组码的码集中全部码字都必须受此监督方程组的检验，故又称"一致监督方程"。

若把表中任意两个码字的对应位按模 2 相加，则得到的仍是表 3-1 所列码集中的码字，这说明这 8 个码字具有封闭性。线性分组码许用码组（码字）构成的码集具有封闭性是一个非常重要的特点。由于码重是一个码字中 1 码的总数，而线性分组码的码集中任意两个码字的模 2 加仍是码集中的码字，因此线性分组码的最小码距 $d_0=4$，而最小码距是该种编码检错、纠错能力的度量。

由表 3-1 可见，在所编出的码字 $(c_6,c_5,c_4,c_3,c_2,c_1,c_0)$ 中，前面 c_6、c_5、c_4 为原来的信息元，后面 c_3、c_2、c_1、c_0 为由这 3 个信息元求得的监督元。这种由信息元以不变形式出现在码字前面的构成方式所组成的线性分组码，称为线性系统码。

表 3-1 (7,3)线性分组码示例

信息字	许用码字						
	c_6	c_5	c_4	c_3	c_2	c_1	c_0
000	0	0	0	0	0	0	0
001	0	0	1	1	1	0	1
010	0	1	0	0	1	1	1
011	0	1	1	1	0	1	0
100	1	0	0	1	1	1	0
101	1	0	1	0	0	1	1
110	1	1	0	1	0	0	1
111	1	1	1	0	1	0	0

2. 循环码

循环码(CRC 又称循环冗余码)是轨道交通信号系统的安全数据传输运用最为普遍的一种安全冗余编码方式。它的特点是编、译码设备较为简单,用具有反馈的移位寄存器即可实现,且有较强的检错、纠错能力。从本质上说,它属于线性分组码,是线性分组码的一个重要子类。

就循环码而言,它除了具有线性分组码的封闭性外,还具有循环性,即循环码中任一码字(许用码组)经过循环一位后所得到的码组仍为许用码组。换句话说,任一码字不论左移还是右移,不论移多少位,其结果仍属于该码集。从表 3-2 可以看出循环码的循环性。

表 3-2 一种(7,3)循环码

序号	信息码	(7,3)循环码	左移位数
0	000	000 0000	
1	001	001 1101	0
2	010	010 0111	5
3	011	011 1010	1
4	100	100 1110	6
5	101	101 0011	4
6	110	110 1001	3
7	111	111 0100	2

(1) 码多项式及其运算。为了便于用代数式来研究循环码,可引入码多项式的概念。把码长为 n 的循环码码字 $C=(c_{n-1}c_{n-2}\cdots c_1 c_0)$,与幂次不大于 $n-1$ 的多项式 $C(x)$ 联系起来,可建立以下的对应形式,即

$$C(x) = c_{n-1}x^{n-1} + c_{n-2}x^{n-2} + \cdots + c_1 x^1 + c_0 \tag{3-9}$$

$C(x)$ 称为循环码的码多项式,它是以 x 为基,系数只取"0"或"1"两个值的多项式,x 的幂次表示码元在循环码中的位置。它与只取"0"或"1"两个元素的二进制有着一一对应的关系。

例 3-1 长度为 3 的二元码序列与相应的码多项式为

000,001,010,011,100,101,110,111

$0,1,x,x+1,x^2,x^2+1,x^2+x,x^2+x+1$

例 3-2 码多项式为 $C_1(x)=x^3+x+1$ 和 $C_2(x)=x^2+1$,其和、积、商与因式分解为

$$C_1(x)+C_2(x)=(x^3+x+1)+(x^2+1)=x^3+x^2+x$$

$$C_1(x)\oplus C_2(x)=(x^3+x+1)\cdot(x^2+1)=(x^5+x^3+x^2)\oplus(x^3+x+1)=x^5+x^2+x+1$$

$$\frac{C_1(x)}{C_2(x)}=\frac{x^3+x+1}{x^2+1}=x+\frac{1}{x^2+1}$$

$$C_1(x)=x^3+x+1=x(x^2+1)+1$$

定义 3-1 若一个码多项式 $F(x)$ 除以最高次幂位 n 的另一多项式 $N(x)$,其商式为 $Q(x)$、余式为 $R(x)$,则称码多项式 $F(x)$ 与 $R(x)$ 为同余[模 $N(x)$]。用公式表示为

$$\frac{F(x)}{N(x)}=Q(x)+\frac{R(x)}{N(x)} \tag{3-10}$$

$$F(x)=N(x)\cdot Q(x)+R(x) \tag{3-11}$$

$$F(x)\equiv R(x) \quad [模 N(x)] \tag{3-12}$$

式中:"≡"表示同余。

定理 3-1 一个长度为 n 的循环码的码多项式 $g(x)$,$x^i g(x)$ 按模 (x^n-1) 运算的同余式必为对应于该循环码字之一的码多项式即 $c(x)$,即

$$c(x)\equiv x^i g(x) \quad [模 N(x^n-1)] \tag{3-13}$$

将表 3-2 按位移次数重新排行为表 3-3 所列。读者可以验证表中多项式之间的关系符合式(3-13)。

表 3-3 (7,3)循环码及其码多项式

位移	(7,3)循环码	码多项式 $c(x)$ [模 $N(x^7-1)$]
0	001 1101	$g(x)=x^4+x^3+x^2+1$
1	011 1010	$x\cdot g(x)=x^5+x^4+x^3+x$
2	111 0100	$x^2\cdot g(x)=x^6+x^5+x^4+x^2$
3	110 1001	$x^3\cdot g(x)=x^6+x^5+x^3+1$
4	101 0011	$x^4\cdot g(x)=x^6+x^4+x+1$
5	010 0111	$x^5\cdot g(x)=x^5+x^2+x+1$
6	100 1110	$x^6\cdot g(x)=x^6+x^3+x^2+x$

（2）循环码的生成多项式与生成矩阵。由上可知,如果码多项式 $g(x)$ 已知,则循环码就可以由 $x^i g(x)$ 按模 (x^n-1) 运算的同余式来求出。

设 (n,k) 循环码的码字 C,有

$$C = (\underbrace{c_{n-1} c_{n-2} \cdots c_{n-k}}_{k} \underbrace{c_{n-k-1} \cdots c_i \cdots c_1 c_0}_{r=n-k}) \quad (3-14)$$

在循环码码集中,除了全零码字外,绝不会有连续 k 个均为"0"的码字。因为如出现 k 位"0",则经若干次位移后将使信息位出现 k 位全为"0",而监督位不全为"0"的情况,显然这是不合理的。这是因为监督码元应由信息码来确定,而当 k 位信息码元皆为"0",则其监督位亦将为全"0",即全零码。由此可见,循环码中连续"0"的长度最多只有 $k-1$ 位(全零的除外)。

取 (n,k) 循环码的码集中连续位为"0"而末位为"1"的码字,以码多项式来表示,可记做 $g(x)$,则 $g(x)$ 的最高幂次为 $n-k$ 次。可以证明,$g(x)$ 是循环码码集中幂次最低的唯一码多项式。将循环码前 k 位按自然二进制数排列,除了全零,就是数值最小(为1)的信息码元构成的码字,当然其多项式的幂次是最低的。$g(x)$ 又是唯一的,因为若有两个最低幂次为 $n-k$ 的循环码码字,则根据线性分组码的封闭性,此两者模2加所构成的码字也该落在此码集中,而两者模2加所构成的码字的最高幂次必小于 $n-k$[因 $1+1\equiv 0$]。这样又会出现连续零的个数大于 $k-1$ 个的情况,显然这是不合理的。

为此将循环码的码集中这个唯一的幂次最低(为 $n-k=r$)的码多项式称为循环码的生成多项式。由 $g(x)$ 得 $x^i g(x)(i=0,1,\cdots,n-1)$,再按模 (x^n-1) 运算的同余式,就能得到循环码的全部码字(另加一个全零码)。

为了定义 (n,k) 循环码的生成矩阵 G,先来确定与生成矩阵 G 对应的多项式列矩阵的元素分别为 $G(x)$。$G(x)$ 的元素分别为

$$G_i(x) = x^i \cdot g(x) \quad (3-15)$$

式中:$i=0,1,\cdots,k-1$;$g(x)$ 为循环码的生成多项式。

于是,多项式列矩阵 $G(x)$ 为

$$G(x) = \begin{bmatrix} x^{k-1} \cdot g(x) \\ \vdots \\ x \cdot g(x) \\ g(x) \end{bmatrix} \quad (3-16)$$

例3-3 写出表3-3中 $(7,3)$ 循环码的多项式列矩阵:

$$G(x) = \begin{bmatrix} x^6+x^5+x^4+x^2 \\ x^5+x^4+x^3+x \\ x^4+x^3+x^2+1 \end{bmatrix}$$

从多项式列矩阵出发,列出每一元素的系数,从 1、0 元素组成的 $(k \times n)$ 阶生成矩阵 G 为

$$G = [g_{ij}] \quad (3-17)$$

式中:g_{ij} 为第 i 个多项式中的 $x^{(n-j)}$ 的系数。

例 3-4 写出表 3-3 中 (7,3) 循环码的生成矩阵:

$$G = \begin{bmatrix} 1 & 1 & 1 & 0 & 1 & 0 & 0 \\ 0 & 1 & 1 & 1 & 0 & 1 & 0 \\ 0 & 0 & 1 & 1 & 1 & 0 & 1 \end{bmatrix}$$

(3) 循环码生成多项式的确定。由以上讨论可知,生成多项式 $g(x)$ 是构成循环码的关键。下面讨论如何确定生成多项式 $g(x)$。

由于 $g(x)$ 是 (n,k) 循环码的生成多项式,它是 (n,k) 循环码码集中唯一的,幂次为最低(为 $n-k=r$ 次)的码多项式,则 $x^k g(x)$ 将是一个幂次为 n 的码多项式,按模 (x^n-1) 运算,此时

$$x^k g(x)/(x^n-1) = Q(x) + R(x)/(x^n-1) \quad (3-18)$$

即 $x^k g(x) \equiv R(x)$,且因 $x^k g(x)$ 也是 n 阶幂,其余式 $C(x)$ 也是一个码字,由于它是循环码,$x^k g(x)$ 按模 (x^n-1) 运算后的"余式" $R(x)$ 也是一个循环码的一个码字,它必能被 $g(x)$ 除尽,即

$$\frac{R(x)}{g(x)} = f(x) \quad (3-19)$$

由式(3-18)和式(3-19),得

$$x^k g(x) = Q(x)(x^n-1) + R(x) = (x^n-1) + f(x)g(x) \quad (3-20)$$

$$x^n - 1 = [x^k - f(x)]g(x) = h(x)g(x) \quad (3-21)$$

由于 $g(x)$ 是 $n-k$ 次,故 $h(x)$ 是 $n-(n-k)=k$ 次幂的码多项式,称 $h(x)$ 为监督多项式,由式(3-21)可知,(n,k) 循环码的生成多项式 $g(x)$ 是 x^n-1 的一个因式,这一性质为寻找 (n,k) 循环码的生成多项式提供了途径。对 x^n-1 进行因式分解(注意:在二进制条件下进行分解),可由计算机来完成。

例 3-5 当 $n=7$ 时,$x^7-1=(x-1)(x^3+x^2+1)(x^3+x+1)$,即 x^7-1 共有 3 个既约多项式,为了找 (7,3) 循环码的生成多项式 $g(x)$,要从上式找到一个 $(n-k)=4$ 的因子。不难看出,这样的因子有两个,即

$$g_1(x) = (x-1)(x^3+x+1) = x^4+x^3+x^2+1$$

$$g_2(x) = (x-1)(x^3+x^2+1) = x^4+x^2+x+1$$

选用的生成多项式不同,产生的循环码也不同。当选择 $g_1(x)$ 时构成的 (7,3) 循环码即如表 3-4 所列。

表 3-4 由 x^7-1 因式分解构成的码多项式 $g(x)$

生成多项式 $g(x)$	$G(x)$ 的最高次幂	监督多项式 $h(x)$
$x-1$	1	$(x^3+x+1)(x^3+x^2+1)$
x^3+x+1	2	$(x-1)(x^3+x^2+1)$
x^3+x^2+1	3	$(x-1)(x^3+x+1)$
$(x-1)(x^3+x+1)$	4	x^3+x^2+1
$(x-1)(x^3+x^2+1)$	5	x^3+x+1
$(x^3+x+1)(x^3+x^2+1)$	6	$x-1$

(4) 循环码的码字。要得到循环码的码字,首先将 (x^n-1) 进行因式分解,并选定一个幂次为 $n-k$ 的循环码生成多项式 $g(x)$,相应的生成矩阵为 G。下面讨论从信息码 $\overbrace{m_{k-1}m_{k-2}\cdots m_1m_0}^{k位}$ 求得循环码码字(即对信息码进行 CRC 编码)的方法。

将由信息码组成的行矩阵 $(1×k)$ 与生成矩阵 $G(k×n)$ 相乘,即

$$(m_{k-1}m_{k-2}\cdots m_1m_0) \cdot G = (c_{n-1}c_{n-2}\cdots c_1c_0) \qquad (3-22)$$

式(3-22)所求得的行矩阵 $(n×1)$ 即为相应循环码的编码集合,根据不同的 m_i 取值组合可求出全部循环码的码字。

例 3-6 求出 (7,3) 循环码的全部码字,设 $g(x)=x^4+x^3+x^2+1$。按式(3-15)可求得与信息码相对应的循环码字,列于表 3-5 中。

表 3-5 由式(3-15)求得的(7,3)循环码字

序号	信息码	(7,3)循环码
0	000	000 0000
1	001	001 1101
2	010	011 1010
3	011	010 0111(011 1010)
4	100	111 0100(100 1110)
5	101	110 1001(101 0011)
6	110	100 1110(110 1001)
7	111	101 0011(111 0100)

由以上讨论可知,按式(3-22)所求得的循环码字并不与信息码一一对应,这是因为矩阵 G 不是典型的结构,即 G 的 $(k×k)$ 子矩阵并不是单位矩阵。为使所求得的循环码与信息码一一对应,可先将生成矩阵 G 作变换,构成典型矩阵 G',即

$$G' = [l_k Q] \qquad (3-23)$$

例 3-7 对例 3-4 中的生成矩阵作矩阵变换,以构成式(3-23)所示的典型矩阵,即

$$G' = \begin{bmatrix} 1 & 0 & 0 & 1 & 1 & 1 & 0 \\ 0 & 1 & 0 & 0 & 1 & 1 & 1 \\ 0 & 0 & 1 & 1 & 1 & 0 & 1 \end{bmatrix}$$

将信息码与 G' 相乘后即可求得全部循环码的码字,如表 3-5 中括号内所列。

3. 循环码的译码

按照接收端译码的目的是检错还是纠错,其译码方式也有所不同。由于任一码字多项式 $C(x)$ 都应能被生成多项式 $g(x)$ 整除,所以接收端可以将接受码组的多项式 $R(x)$ 用原生成多项式 $g(x)$ 去除。当传输中未发生错误时,则 $R(x)$ 必能被 $g(x)$ 整除。若传输时产生差错,$R(x)$ 不能被 $g(x)$ 整除,即

$$\frac{R(x)}{g(x)} = q'(x) + \frac{r'(x)}{g(x)} \tag{3-24}$$

式中:$q'(x)$ 为商式。

因此,检错译码就可用余项 $r'(x)$ 是否为零来判断接收码组是否有差错。当然,有时还可通过反馈重发(ARQ 方式)来纠错。

有时,有错的接收码组可能错成另一个码字,它也能被 $g(x)$ 整除,这样的错误就不能被检查出来。这种错误称为不可检错误,不可检错误中的错码必定超出了这种编码的能力。

为纠错而采取的译码方法要比检错时复杂。不难理解,为了能够纠错,要求每个可纠正的错误图样必须与另一个特定的余式有一一对应关系。因为只有存在上述对应关系时,才有可能按余式唯一地确定错误图样,从而纠正错误。所以,纠错方法可以按以下步骤进行:

(1) 用生成多项式 $g(x)$ 去除接收码组 $R(x) = C(x) + E(x)$,得出余式 $r'(x)$。
(2) 按余式 $r'(x)$ 用查表的方法或通过某种运算得错误图样 $E(x)$。
(3) 从 $R(x)$ 中减去 $E(x)$,得到已纠正错误的原发送码字 $C(x)$。

在上述步骤中,步骤(1)与检错译码的运算相同,步骤(3)亦很简单。只是步骤(2)需要较复杂的运算设备,并且在计算余式和决定 $E(x)$ 时需把接收码组 $R(x)$ 暂时存储起来。

一种编码通常会有几种不同的纠错译码方法。例如,接收码字 $R(x) = C(x) + E(x)$,以 $g(x)$ 去除,得

$$\frac{R(x)}{g(x)} = \frac{C(x)}{g(x)} + \frac{E(x)}{g(x)} \tag{3-25}$$

即 $R(x) = E(x) [\text{模 } g(x)]$。

可以证明,用生成多项式 $g(x)$ 去除 $E(x)$ 后可得余式 $S(x)$,并称为伴随多项

式,其幂次至多为 $n-k-1=r-1$。所以 $S(x)$ 共有 $2r=2n-k$ 个可能组合,它伴随错误图样而产生。

例 3-8 仍以上述(7,3)循环码为例,$g_1(x) = x^4 + x^3 + x^2 + 1$ 设发送码字为 $C = (0111010)$,发生一位错误,错误图样为 $E = (0000001)$,则接收码组为 $R = (0111011)$。由于 $R(x) = x^5 + x^3 + x + 1$,则

$$\frac{R(x)}{g_1(x)} = x + \frac{1}{g_1(x)}$$

即 $E(x) = 1$。因为 $E(x) \equiv S(x)[模 g_1(x)]$,故 $S(x) = 0x^3 + 0x^2 + 0x + 1$ 差错被检出,并且由于(7,3)循环码的最小码距为 $d_0 = 4$,它具有纠正一位错误的能力,故可以纠正为 $R + E = (0111010)$。

如果错了两位,错误图样为 $E = (0010001)$,则接收码组 $R = (0101011)$。由于 $R(x) = x^5 + x^4 + x^3 + x + 1$,故

$$\frac{R(x)}{g_1(x)} = x + \frac{x^4 + 1}{g_1(x)}, E(x) = x^4 + 1$$

$$S(x) = 1x^3 + 1x^2 + 0x + 0$$

它能被检出,但是不能纠错。

第三节　列车定位技术

列车定位技术是实现城市轨道交通列车运行控制的关键技术之一,几乎每个子系统都需要列车位置信息作为其实现功能的重要参数。因此列车定位是列车控制系统中一个非常重要的环节,它的引入使得调度指挥、行车控制一体化的综合自动化系统的实现成为可能,能够更加有效地提高行车效率和安全度。

列车定位技术在列车运行控制系统中的主要作用包括以下几点:

(1) 为保证安全列车间隔提供依据。

(2) 为列车自动防护子系统提供准确位置信息,作为列车在车站停车后打开车门及站内屏蔽门的依据。

(3) 为列车自动驾驶子系统提供列车精确位置信息,作为列车计算速度曲线、实施速度自动控制的主要参数。

(4) 为列车自动监控子系统提供实时列车位置信息,作为显示列车运行状态的基础信息。

(5) 在某些自动控制系统中,提供区段占用、出清信息,作为转换轨道检测信息和速度控制信息发送的依据。

因此,列车定位技术在列车运行控制系统中占有非常重要的地位,列车定位技术的精度和可靠度是影响列车安全防护距离的重要因素之一,关系到列车运行间

隔,直接影响轨道交通的效率。

目前,在世界各国城市轨道交通列车运行控制系统中使用的列车定位方式主要有轨道电路定位、计轴器定位、应答器定位、测速定位、编码里程计定位、交叉感应环线定位、卫星定位、无线扩频定位、IPS 惯性定位、航位推算系统定位、地图匹配定位和漏泄波导管定位等。

1. 轨道电路定位

轨道电路是最传统、粗精度检测列车位置的方式。

目前城市轨道交通系统中普遍采用 S 形棒进行电气隔离的数字音频轨道电路作为列车定位的技术手段。在线路设计时,根据列车运行密度的要求,将整个线路用 S 形棒分割成若干个轨道区段,在每个轨道区段的始端和终端加上发送/接收器,经轨道构成一个信息传输回路。当无列车占用,轨道继电器励磁吸起,代表区段空闲;当列车占用该轨道区段,列车轮对将两根钢轨短路实现分路效应,接收端继电器失磁落下,表明该区段有列车占用,达到检测列车定位的目的。

轨道电路定位方式的优点是经济、方便、可靠性高,既可以实现列车的定位,检测轨道的完好情况,还能传递行车信息,而且无需对当前设备做大的改动即可实现列车定位。但是它的缺点也很明显,如定位精度低、无法实现移动闭塞。

2. 计轴器定位

计轴器定位是一种特殊的列车定位装置,适用于某些无法采用轨道电路的场合,由于不依赖轨道电路,对环境的适应性更强。近年来,我国城市轨道交通在各线已广泛使用该技术。

在轨道区段的分界点安装计轴点。当车轮驶过计轴点时,在计轴点中形成脉冲信号通过电缆传输到控制中心,由控制中心计轴主机依据脉冲对车轮计数。根据列车的运行方向,当通过轨道区段的终端计轴点与始端计轴点的数目相同时说明列车出清此区段,因此可以通过列车对区间的占用情况来判断列车位置。计轴器定位继承了轨道电路的定位功能,但不能作为车-地信息传输的通道,也无法检测断轨故障。总体来说,计轴器定位是一种安全性较高、经济方便的粗精度定位方式,实际常与测速装置结合使用。

3. 应答器定位

应答器由地面应答器、车载查询器和轨旁电子单元组成,是目前广泛采用的一种点式定位技术。

地面应答器安装在站内或区间线路上,列车经过地面应答器无需与任何设备相连,车载查询器就会读取地面应答器中存储器上的数据信息,通常利用移频键控方式将列车当前的绝对点物理位置信息回传至列车,车载设备则会得到新的列车位置起点。

应答器定位技术,维护费用低、使用寿命长且能在恶劣条件下稳定工作,适应性强、可靠性高、定位精度为 1~2m，具有很高的定位精度。不足在于只能给出点式定位信息，存在地面应答器设置间距与投资规模的矛盾。目前一般与其他定位法组合使用，即用其他定位方式测距，当出现轮径变化、打滑或空转及累计误差较大时，以应答器纠正累计误差，实现列车较为精准的定位。

4. 测速定位

测速定位法是先测出列车运行的即时速度，对其进行数学处理获得列车运行距离，从而实现列车的定位。由于测速定位获取列车位置的方法是通过对速度的积分或求和得到的，所以其误差是累积的，而且测得的速度值误差直接影响最终距离值误差，因此利用该种定位方法的关键在于速度测量的准确性和求位移算法的合理性。

目前测速方法主要有两大类：一类是利用轮轴旋转信息的测速方法，主要是测速电机和脉冲转速传感器方式（主要采用后者）；另一类是利用无线通信方法，直接测出列车运行的速度，包括多普勒雷达测速等。

但是测速定位方式属于相对定位，它无法获取列车的初始位置，要获得列车的绝对位置仅靠这种方法是不够的。因此，测速定位可以作为提高定位精度的辅助定位方式与其他定位方式组合使用。

5. 编码里程计定位

编码里程计是 ATP/ATO 用来测量列车位移，通过列车车轮在两个连续周期的角位移实现列车相对位移的测量。由于列车运行的轨道线路是一维的，即根据列车在线路上的里程，可以确定列车的具体位置。所以，里程计可以用做列车的定位系统，并且用里程作为列车定位系统时，没有数据冗余，不会增加数据处理及通信的额外负担。但是，要考虑由于列车行驶过程中在起动、制动、上坡和下坡等情形下空转、打滑、滑行等造成的计数误差和轮径磨损对测量带来的影响。

因此，在实际的地铁工程应用中，简单、经济的编码里程计必须配合采用应答器（信标）、轨道电路分界点、电缆环线等方法传送给列车绝对位置标识，才能进行列车绝对位置的定位和测距误差的修正。

6. 交叉感应环线定位

由于轨道电路在实现车-地通信时受钢轨、道床条件的限制较大，成为制约列车提速、提高密度的"瓶颈"，于是人们在轨间敷设电缆作为车-地通信的信道。通常采用的方法是在两根钢轨之间敷设交叉感应环线，一条线固定在轨道中央的道床上，另一条线固定在钢轨的颈部下方，它们每隔一定距离（25m 或 50m）做交叉，如图 3-7 所示。当列车每驶过一个电缆交叉点，车载设备就会检测到环线内信号相位发生变化，并对相位变化次数进行计数，从而计算出列车行驶距离，确定地理位置，并对列车转速转化的里程记录进行误差修订。

交叉感应环线定位方式成本低,实现也比较简单,但只能实现列车的相对定位,每隔一段距离就要对列车的位置进行修正,而且定位精度受交叉区长度的限制,如果交叉区比较窄,位置脉冲漏计的可能性将增大。

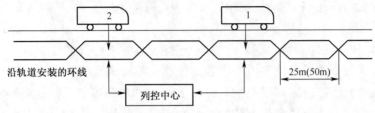

图 3-7 交叉感应环线定位技术

7. 卫星定位

GPS(Global Positioning System)是基于卫星发射信号的定位系统,它向全球开放,大多属于美国军方,是一种比较成熟的技术。系统由导航卫星、地面检测站和用户接收机组成,只要在列车两端安装 GPS 接收机和差分误差信息接收器,接收多颗(4 颗以上)导航定位卫星发送来的定位信息,就可以计算出自己确切的位置。其显著优点就是定位精度高,实现连续定位,对于用户来说没有地面设备,省去了大量的安装维护工作。但它的缺点也削弱了其优势,首先 GPS 定位受环境影响较大,在周围阻挡物多的地方如城市、树林、山区、隧道其定位精度受到影响,甚至无法定位。对于列车的运动定位精度远低于静止定位精度,并行线路上易发生认错线路的情况。另外,该系统由美国国防部操纵,过分依赖它就受制于人。因此在列车运行控制系统这类安全苛求系统中采用基于 GPS 的列车定位方法应当慎重。

目前,我国自主研制的"北斗一号"卫星导航系统已正式投入使用,系统定位精度为 20m,定位数据响应时间小于 2s,捕获时间小于 2s。利用"北斗一号"进行定位的优点是具有我国自主知识产权,不受制于国外卫星;缺点是目前定位精度低,定位响应时间较慢,且采用交互式定位,保密性不理想。

总体来说,无论是美国的 GPS 定位系统还是我国的"北斗一号"卫星导航系统,在城市轨道交通中,由于列车处于林立的高楼之间,并且大部分线路位于地下隧道,使卫星定位的精度受到很大影响,甚至根本无法接收到卫星信号,致使卫星定位技术在城市轨道交通特别是在地铁的列车定位系统中无法充当主要角色。

8. 无线扩频定位

无线扩频列车定位的基本原理是在地面沿线路设置无线基站,无线基站不断发射带有其位置信息的扩频信号。列车接收到由无线基站发送的扩频信息后,求解列车与信息之间的时钟差,并根据该时钟差求出与无线基站的距离,同时接收 3 个以上无线基站的信息就可以求出列车的即时位置。可以看出,无线扩频定位与 GPS 定位原理几乎一样,只不过将"卫星"挪到了地面,由无线基站实现 GPS 卫星功能。

无线扩频列车定位的特点是抗干扰性强、易于实现码分多址和抗多径干扰,定位比较精确,但投资较大。

9. IPS 惯性定位

IPS(Inertial Positioning System,惯性列车定位系统)根据牛顿力学定律通过测量列车的加速度,将加速度一次积分后得到列车的运行速度,再进行一次积分就得到列车的位置(包括经度、纬度和高度),从而实现对列车的定位。

IPS 定位的显著优点是环境适应性强,不受天气、电磁场的影响,是一种高安全性的定位方式。它可以随时采集列车的位置信息(连续采集、连续积分),在小范围内其测量精度较高,而且该种方法获取的信息种类较多,如列车的方向、位置、速度等。但它必须获得列车的初始位置信息后方可得到列车的即时位置,是一种相对定位方式,存在误差积累的缺陷,通常与其他定位方式结合使用来提高定位精度或解决某些定位方法的缺陷。

10. 航位推算系统定位

航位推算定位基于相对位置修正,由于列车的运动可以看做在二维平面上的运动,因此如果已知列车的起始点坐标和初始航行角,通过实时测量和递增积累列车的行驶距离和航向角的变化,就可以实时推算列车的位置。

航位推算系统由测量航向角的传感器和测量距离的传感器构成。一般采用惯性传感器作为航向传感器和位移传感器,与外界不发生任何光电联系,因此不受气候条件限制。利用航位推算系统传感设备测量正在行驶的列车的运行距离、速度和方位,在短时间内这些传感器的精度较高,但时间长也会积累误差,要采取措施进行误差纠正。

11. 地图匹配定位

地图匹配定位是一种基于软件技术的定位修正方法,其基本思想是将列车定位轨迹与数字地图中的道路网信息联系起来,由此确定列车相对于地图的位置。该项技术的应用以两项假设为基础:用以匹配的数字化地图包含高精度的道路位置坐标以及被定位的列车正在道路上行驶。当条件满足时,就可以将定位数据和列车运行轨迹与数字地图中的道路位置信息相比较,通过适当模式识别和匹配,确定出列车最可能的行驶路段,以及列车在该路段中的最可能所处的位置。因此,采用地图匹配技术可以利用较高精度的道路信息修正定位系统的误差,其精度取决于地图的精度和地形变化的情况。

12. 漏泄波导管定位

在基于通信的列车运行控制系统中,采用漏泄波导管实现车-地双向信息通信是目前的一种新型技术方法。在轨道沿线铺设波导管,波导管顶部固定距离有裂缝实现漏泄,通过波导管裂缝通信计数,即列车运行距离=波导裂缝间距×相对起始点开始检测到的裂缝数,既能传递相关的列车控制信息,也能精确计算列车位置,实现列车定位功能,如图3-8所示。

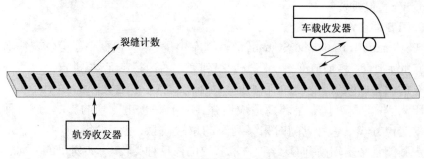

图3-8 漏泄波导管定位技术

除上述常用定位方法外,科技工作者还不断研究出新型、有特色的列车定位方法,如利用接触网定位器辅助列车定位、通过电涡流传感器检测铁路线路沿线由钢轨扣件和道岔产生的非均质特性随机信号进行列车的测速和定位等。

随着城市轨道交通向高密度、高自动化的方向发展,列车自动控制技术越先进,对列车定位技术的精密度也就提出了越高的要求。原有的、单一的定位技术已无法胜任行车安全和指挥系统对它的要求,因此先进的列车控制系统可结合多种列车定位技术来弥补各自固有的缺陷提高定位的精确度,以适应城市轨道交通的发展趋势。在实际应用中,固定闭塞和准移动闭塞由轨道电路或计轴器等设备作为闭塞分区列车占用的检查,就能粗略地进行列车定位,再配合测速测距就能实现精度较高的列车定位,还可以加上查询应答器进行累积误差校准。而针对目前城市轨道交通发展的主要趋势CBTC系统中的移动闭塞,经过闭塞制式、投资成本、抗干扰性能、定位精度、实时性综合分析,以及其所处环境的特殊性,采用基于测速的列车定位方法,并用查询应答器的定位方法对测速定位进行校正的方案比较理想。同时,为了兼具列车完整性检查功能,最好的方法是列车头、尾部均安装无线通信设备,一旦头、尾的通信中断,则认为列车完整性出现了问题。

第四节 无线通信技术

目前,城市轨道交通的通信系统是指挥列车运行、公务联络和传递各种信息的桥梁,是保证列车安全、快速、高效运行不可缺少的综合通信系统。通信系统不仅是内部公务和内、外部联络的主要通道,更重要的是通信系统要与信号系统共同完成行车调度指挥,并为其他各子系统提供信息传输通道和时标信号(标准时间),使构成城市轨道交通内部的各个子系统能够紧密联系,提高整个系统的运行效率。

通信系统按传输介质分类,可分为有线通信和无线通信。

(1)有线通信的传输介质为光缆、电缆。有线通信包括光纤传输、程控交换、广播、闭路电视等,能够保证在固定地点的工作人员和设备相互之间的通信联络便捷、可靠。

(2)无线通信利用空间电磁波进行传输。无线通信包括无线集群通信、无线局域网(WLAN)、移动电视和公众移动通信网等。为了使运动状态的列车以及列车上的工作人员能够与车站、控制中心保持实时可靠的通信联络,必须采用无线通信系统。

一、无线局域网

目前,无线局域网 WLAN 主要应用于城市轨道交通系统中车-地之间信息数据通信,包括列车运行控制系统、PIS(Passenger Information System,乘客信息系统)系统及车载闭路电视监控(CCTV)系统。

1. 列车运行控制系统

在列车运行过程中,需要车-地之间实时的通信,交换来自控制中心、车站的命令信息,列车运行的速度、位置信息、线路状况以及前行列车的相关信息等。从图 3-9 中可以看出,系统中车载 ATC 单元与轨旁 ATC 单元之间的数据传输通道需要由相应的无线通信子系统来提供,而且要实现在移动中的车载单元与轨旁单元的通信以及在移动中的车载单元在不同位置与不同轨旁单元的通信。

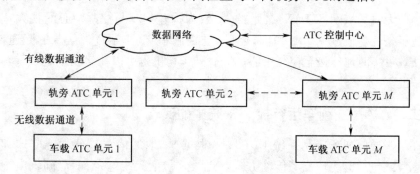

图 3-9 列车运行控制系统 WLAN 的应用

2. 乘客信息系统

乘客信息系统(PIS)是城市轨道交通"以人为本"运营理念的体现,它采用网络技术和多媒体技术进行信息多样化显示,为乘客提供各类服务。在指定的时间,将指定的信息显示给相关的人群,即通过监视器将车厢内、站台上乘客乘车、候车情况的视频信息实时上传给相应的工作人员进行编辑、制作、传输,并通过车站和车载显示器,为乘客提供以列车到、离站信息、多媒体信息为主,商业广告为辅的综合信息显示,为乘客创造优质的乘车服务,并且实现安全、高效的运营目标。

乘客信息系统一般由中央控制中心、信息制作中心、车载子系统、车站子系统和数据网络组成，如图 3-10 所示。

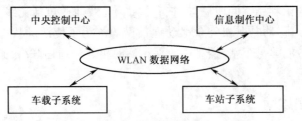

图 3-10　乘客信息系统 WLAN 的应用

系统中车载子系统与其他部分的车-地实时传送数据通道必须由无线通信子系统来实现，而且随着列车沿轨道运行，车载系统与地面设备的一些重要信息的通信需要连续进行，不得中断。

3. 车载闭路电视监控（CCTV）系统

城市轨道交通闭路电视（Closed Cricuit TV，CCTV）监控系统为控制中心调度管理人员、车站值班员、列车司机及站台工作人员等对所管辖车站的站厅、站台、出入口、机房等主要区域提供实时视频监控服务，以确保城市轨道交通系统正常、安全地运行。

当前无线局域网（WLAN）技术的发展，为构建列车与控制中心的视频宽带传输创造了条件。通过 WLAN 可实现列车与控制中心、车站宽带信息的互通，使得车内图像可实时地传送至控制中心、车站；列车司机也可以在驾驶室观察乘客上下车的情况。

二、WLAN 在列车运行控制系统中的实现

在基于通信列车控制系统 CBTC 中，根据车-地通信方式分为感应式和无线式。感应式包括电缆环线等传输方式。无线式包括无线电台、漏泄同轴电缆以及漏泄波导管（也有称为裂缝波导管）3 种传输实现方式，如图 3-11 所示。

图 3-11　无线电台、漏泄电缆、漏泄波导管应用（由左到右）

(一) 无线电台

1. 工作原理

无线电台是城市轨道交通 WLAN 最常见的传输实现方式。根据 IEEE 802.11 无线局域网的标准,目前广泛采用的是基于 2.4GHz 的 ISM(工业、科学和医用)频带,无线电台传输的最大距离约 400m。由于城市轨道交通线路多穿行于城市区域,其弯道和坡度较多,增加了无线场强的覆盖难度。为了保证场强覆盖的完整性,保证通信的质量和可靠性,无线电台一般在地下线路 200m 左右设置一套,在地面和高架线路 300m 左右设置一套。基于无线电台实现的 WLAN 车-地无线通信系统框图如图 3-12 所示。

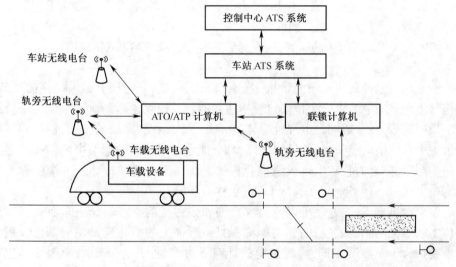

图 3-12 基于无线电台实现的 WLAN 车-地无线通信系统框图

基于无线电台实现的 WLAN 车-地无线通信系统,通过在车站和轨道线路旁相隔一定距离设置无线电台 AP 箱和天线(多装在高架立柱或隧道侧壁),实现 WLAN 的可靠覆盖,从而完成地面设备(或系统)与列车之间的双向、实时的数据通信。

2. 工作特点

无线电台的传输距离较短,为了保证在一个无线接入点(AP)故障时通信不中断,往往需要在同一个地点设置双网覆盖,进一步缩短了 AP 布置间距。但这样使列车在各个 AP 之间的漫游和切换特别频繁,大大降低了无线传输的连续性和可靠性,同时造成电缆使用量的增加。

无线电台在隧道内传输受弯道和坡道影响较大,同时隧道内的反射比较严重,需要考虑多径干扰等问题,而在地面和高架线路安装比较容易,但无法做到一次性预先设计,容易受周围无线环境的影响和同频干扰。线路周围有高大密集的建筑物,也会产生反射和衍射,从而导致传输质量下降和通信速率降低。

然而，无线电台的体积较小，安装比较灵活，精度要求低又相对独立，受其他因素的影响较小，可以根据现场条件和无线电场强覆盖需要进行设计和安装，且安装和维护容易、成本低、便于升级改造，是目前城市轨道交通实现 CBTC 车-地通信中广泛使用的方式。

（二）漏泄同轴电缆

20 世纪 90 年代，CBTC 系统成为各国研究的热点。采用无线基站接入、漏泄同轴电缆传输的无线传输方式，在设计上简单、费用较为低廉、技术先进，同时施工简便而且能容纳所有体系，如 GSM、PCS、CDMA 以及当前流行的 3G 通信方式，甚至还涵盖了 FM、DAB 等广播频段和视频信号等，因此凭借其在大型封闭空间的诸多优势，在城市轨道交通尤其是地铁系统越来越多的被使用。目前，我国上海轨道交通 1 号线、2 号线以及 3 号线二期、深圳地铁 3 号线、天津地铁 2、3 号线信号系统等均采用漏泄同轴电缆实现无线网络的覆盖，从而完成双向、大容量的车-地信息传输。

1. 工作原理

普通同轴电缆是将射频能量从一端传输到另一端，并希望有最大的横向屏蔽，使信号不能穿透电缆以避免传输过程中射频能量的损耗。而漏泄同轴电缆是特意减小横向屏蔽，在普通同轴电缆外导体上开有一定形状和间距的槽孔，使电磁场的能量集中在同轴电缆的内、外导线之间，部分能量可以从同轴电缆中的槽孔泄漏到空间中，并和附近的移动电台天线耦合构成无线通道。这种特殊的电缆就称为漏泄同轴电缆（Leaky Coaxial Cable，LCX）也称为漏缆。

按漏泄机理不同，漏缆可以分为耦合型和辐射型两类。耦合型漏泄是漏缆外导体上表面波的二次效应，而辐射型漏泄是由导体上的槽孔直接辐射产生。耦合型电缆适合于宽频谱传输，漏泄的电磁能量无方向性，并随着距离的增加迅速减小。辐射型漏缆与工作频率密切相关，漏缆的电磁能量有方向性，相同的漏泄能量可在辐射方向上相对集中，并且不会随着距离的增加而迅速减小。因此，根据不同的应用场合可选择不同类型的漏缆。在城市轨道交通车-地无线通信中，大多数使用辐射型漏缆。

根据城市轨道交通列车运行控制系统的通信要求和漏缆传输特点，可根据现场条件将其安装在隧道侧墙（仅适用于全地下线路）或隧道顶部（仅适用于全地下线路，且三轨供电），并有两条漏缆分别负责上行和下行的车-地通信，车上天线和漏缆之间的距离很近，在 40cm 左右，漏缆还需要与无线接入点连接。通过漏缆，各种安全调度信息和话音信息可以在地面和车辆之间双向传输，如图 3-13 所示。

2. 工作特点

在城市轨道交通特别是全封闭的地铁系统车-地无线通信中，利用漏缆具有众多优势。

（1）一根超宽频带漏缆可以在多个频率上同时实现调频、消防、报警、移动通

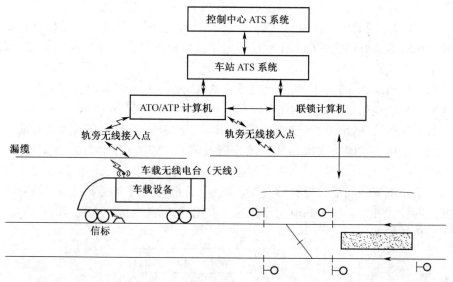

图 3-13 基于漏缆实现的 WLAN 车-地无线通信系统框图

信等多种通信功能。

（2）漏缆的截面积很小，不会侵入地铁运行限界。

（3）从场强分布来看，通过漏缆辐射的信号场强在隧道区间内分区较为均匀，其信号场强衰减受传输损耗、耦合损耗及空间路径损耗的影响较大，受车体侧面穿透损耗和阴影效应的影响较小。通过选择适合的漏缆参数及输入功率，在地铁隧道内能够保证较高的通信效率。

（4）在地铁列车运行控制系统中使用漏缆可以实现车-地之间双向大容量实时通信，从而实现移动闭塞，缩短列车运行间隔，提高运行效率。

由于漏缆传输特性和衰减性能较好，传输距离较远，最大传输距离达到 600m，且沿线无线电场强覆盖均匀，呈现良好的方向性分布，抗干扰能力较强，适合于狭长的地下隧道内使用。相较于基于无线电台的传输方式，减少了列车在各个 AP 之间的漫游和切换，提高了无线传输的连续性和可靠性。另外，漏泄同轴电缆的安装要求不高，施工实现方便，调试后维护量很小。但是漏泄同轴电缆对于地面和高架线路安装比较困难，且美观效果较差。因此在实际应用中，多采用漏缆与无线电台混合组网的方式，对于地下线路部分采用漏缆覆盖，地面及高架线路部分采用无线电台进行覆盖，解决了漏泄同轴电缆在地面及高架区段安装的问题。

（三）漏泄波导管

1. 工作原理

漏泄波导管作为微波传输的一种介质，其本质上是一种连续性的加长型天线。漏泄波导管采用一种长方形铝合金材料，在其表面每隔一段距离（约 6cm）刻有一条 2mm 宽、3cm 长的裂缝。通过裂缝,波导管内传输的电磁波可以辐射到外部空间,同时外部空间的电磁波也可以耦合到波导管内。漏泄波导管可以根据现场条件安装在隧道底部钢轨旁(适用于地下、地面、高架或混合线路)、隧道侧墙(仅适用于全地下线路)或隧道顶部(仅适用于全地下线路,且三轨供电)。列车通过时,车载天线与漏泄波导管之间通过电磁感应耦合可实现信息的实时传递、双向通信,以构成列车和地面轨旁设备的闭环通信数据系统,如图 3-14 所示。

基于漏泄波导管实现车-地无线通信技术,于 2003 年首次在新加坡东北线信号工程中采用。我国首次应用漏泄波导管技术是在 2006 年北京地铁 2 号线"消隐"改造工程的信号系统中,采用了隧道顶部安装的设计方案,同时这也是世界上首条隧道顶部安装漏泄波导管的线路。同年,首都机场线全线采用漏泄波导管地面安装的设计方案。由于漏泄波导管的技术优势,因此也成为实现 CBTC 系统车-地无线传输的新型方式。

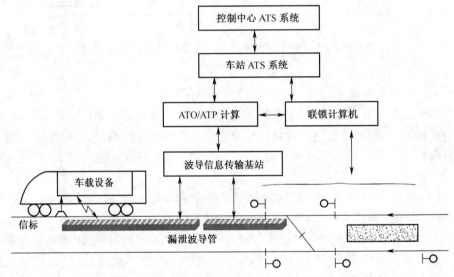

图 3-14 基于漏泄波导管实现的 WLAN 车-地无线通信系统

2. 工作特点

相比无线电台传输方式,漏泄波导管方式由于无线电波主要在波导管中传输,从波导管中漏泄出来的信号弱,并且只局限在一个很小的范围,因此漏泄波导管的物理特性和衰减性能很好,传输距离较远(最大传输距离可达 1600 m),且沿线无线电场强覆盖均匀,呈现良好的方向性分布,抗干扰能力较强。同时,具有漏泄同轴电缆的优点,适合于狭长的地下隧道内使用;但其传输距离要优于漏泄同轴电缆,减少了列车在各个 AP 之间的漫游和切换,大大提高了无线传输的连续性和可靠性。

但是漏泄波导管传输系统结构复杂、工艺繁琐,安装位置必须与车载天线位置对应,安装精度要求较高,对于波导管内部和表面的维护量较大,工程施工技术性强,同时需要解决好防水、热胀冷缩、防止沙尘侵入和污物覆盖等问题,后期对线路的维护量较大。

以上 3 种传输方式各有优点。无线电台由于造价低、维护方便,在我国较多地铁线路的地上部分使用(地下部分也有使用);漏泄电缆价格适中,场强覆盖均匀,较多在地下及隧道使用。在具体的工程设计中采用哪种方式,要结合城市轨道交通线路的具体情况,综合考虑方案造价、安装维护、整体性价比、线路信息容量和场强充分覆盖等因素进行选择。

第五节 速度控制模式

一、测速技术

城市轨道交通中,列车的速度信息起着至关重要的作用。已知列车即时速度信息,可以计算列车位置信息,并将速度信息和位置信息送到控制中心,根据全线的列车运行情况,控制中心生成相应的控制命令下达给各列车和沿线地面设备;列车根据接收到的控制命令,结合列车的速度信息、位置信息、线路地理条件和列车自身状况等信息,对列车进行具体控制,从而保证最佳的运行状态。同时,车辆系统的稳定性也在很大程度上取决于它所采集到的速度信号的可靠性和精度。在列车的牵引控制、车轮滑动保护、列车控制、车门控制过程中都要涉及速度信号的采集问题。可见,速度信息的测量和反映精确与否直接关系到列车运行的质量,因此城市轨道交通中的测速技术就显得尤为重要。

随着科学技术的发展,测速技术也不断发展完善,从一开始的机械式速度表、测速发电机型速度表到磁感应式速度表,再到脉冲式转速传感器型测速系统,再到雷达测速。衡量一种测速方式的优劣要从测速精度、系统可靠性、小型化和成本价格等诸多方面考虑,同时还要考虑其应用环境。

在城市轨道交通中,根据速度信息的来源,可以将测速方式分成两大类:利用轮轴旋转方式和利用无线方式。轮轴旋转方式测速的主要方法是轮轴脉冲传感器,无线式测速方法主要是多普勒雷达测速。

1. 轮轴脉冲速度传感器

目前在轨道交通中,基于轮轴脉冲速度传感器的列车测速方法是比较常用的方法。轮轴脉冲速度传感器是通过测量测速轮对的转速脉冲来计算列车的速度。设测速轮对转一圈速度传感器输出 N 个脉冲,测速轮对的直径为 d,这样只需测量输出脉冲的频率 f 就可以计算测速轮对的轮周线速度,如果轮对与钢轨接触面上的点与钢轨之间没有相对运动,那么轮周线速度 v 就是列车沿轨道方向的线速度。

$$v = \pi df/N \quad \text{km/h} \tag{3-26}$$

轮轴脉冲速度传感器是通过在轴承盖上安装信号发生器,对车轮旋转计数。车轮每旋转一周,发生器输出一定数量的脉冲或方波信号,对信号发生器输出信号计数,测出脉冲或是方波的频率即可得出列车运行的速度,图 3-15 所示为轮轴脉冲速度传感器。

图 3-15 轮轴脉冲速度传感器

当列车的轮对产生磨损、空转、滑行等情况时,采用轮轴脉冲速度传感器测速的误差较大,而且不能区别列车前进还是后退。但是这种方法简便、易于实现,可以配合其他测速技术组合使用,达到更好的测速效果。

2. 多普勒雷达测速

多普勒效应(Doppler Effect)是为纪念奥地利物理学家及数学家克里斯琴·约翰·多普勒(Christian Johann Doppler)而命名的,他于1842年首先提出了这一理论。多普勒认为,物体辐射的波长因为光源和观测者的相对运动而产生变化。在运动的波源前面,波被压缩,波长变得较短,频率变得较高(蓝移,Blue Shift)。在运动的波源后面,产生相反的效应。波长变得较长,频率变得较低(红移,Red Shift)。波源的速度越高,所产生的效应越大。根据光波红/蓝移的程度,可以计算出波源循着观测方向运动的速度。

根据多普勒效应理论,运载体发出的超声波由于运载体运动就会产生频率变化 Δf_1,又称为多普勒频移,其大小为

$$\Delta f_1 = f_1 - f_0 = \frac{v}{c} f_0 \tag{3-27}$$

式中:f_0 为信号发射原频率(Hz);f_1 为接收频率(Hz);v 为运载体运动速度(m/s);c 为声波在空气中传播的速度(m/s)。

装在列车上的多普勒计程仪地面发射超声波,该波到达地面后又反射回多普勒计程仪,故来回二次都发生多普勒效应。可以推导得往返来回二次产生的频移为

$$\Delta f_2 = f_2 - f_0 = \frac{2v}{c} f_0 \qquad (3-28)$$

式中:Δf_2 为二次多普勒频移(Hz);f_2 为反射回来的信号频率(Hz);v 为运载体运动速度(m/s);c 为声波在空气中传播的速度(m/s)。

由于声波是以俯角 θ 向前下方发射,故式(3-28)应改写为

$$\Delta f_2 = \frac{2f_0 v \cos\theta}{c} \qquad (3-29)$$

式中:$\cos\theta$ 为声波传播方向的列车水平速度分量。

故式(3-29)可写为

$$v = \frac{c}{2f_0 \cos\theta} \Delta f_2 \qquad (3-30)$$

因此,由式(3-30)可知,已知声速 c、发射频率 f_0 和声波速发射角 θ,则测得多普勒频移 Δf_2,就可以确定列车的速度。

基于多普勒效应的雷达测速装置在城市轨道交通中是一种直接测量列车即时速度的方法。在列车底部安装多普勒雷达,始终向轨面发射电磁波,由于列车和轨面之间有相对运动,根据多普勒频移效应原理,在发射波和反射波之间产生频移,通过测量频移就可以计算出列车的运行速度。近年来,多普勒雷达技术发展日趋成熟、测速精度不断提高,雷达趋于小型化和实用化,为实际应用提供基础,图3-16所示为多普勒雷达测速装置。

图3-16 多普勒雷达测速装置

由于列车在运行过程中会产生多普勒效应,所以检测到的信号反射频率与发射信号频率必然存在一定的差异。如果列车在前进状态,反射信号频率会高于发射信号频率;反之,则低于发射信号频率。而且列车运行的速度越快,两个信号之间频率差就越大。通过测量两个信号之间的频率差就可以获取列车的运行方向和即时运行速度。

多普勒雷达测速技术的精度和频率比较高,但是由于设备通常比较复杂,容易受到地面(轨面)条件的制约,如地面(轨面)不够光滑会导致电波散射较为严重,加大测量难度,同时影响测量准确性。但是与其他测速方法相比,多普勒雷达测速能成功克服车轮磨损、空转、打滑等造成的误差,而且可以持续测速。

因此,在城市轨道交通中,广泛采用轮轴脉冲速度传感器和多普勒雷达测速组合使用实现测速。此外,还可以通过编码里程计、加速度计等车载测量设备,推算出列车运行速度。

二、速度控制模式

城市轨道交通中,对列车运行的控制不仅需要掌握列车运行的即时速度信息,还需要结合来自地面设备、前行列车的信息和控制中心的命令,科学、合理地控制列车的速度,确保在安全的前提下实现列车运行最小间隔。

从列车速度控制的方式可以将速度控制模式分为两种:分级速度控制和目标距离速度控制。

(一) 分级速度控制

分级速度控制是以一个闭塞分区为单位,根据列车运行的速度分级,从而实现对列车的速度控制。分级速度控制的列车追踪间隔主要与闭塞分区的划分、列车性能和速度有关,而闭塞分区的长度是以最坏性能的列车为依据,并结合线路参数来确定的。因此,不同速度列车混合运行的线路采用这种控制模式,列车运行能力将要受到较大影响。分级速度控制又可分为阶梯式和曲线式。

1. 阶梯式分级速度控制

阶梯式分级速度控制方式不需要距离信息,只要在停车信号与最高速度间增加若干中间速度信号,即可实现阶梯控制方式。每个闭塞分区设置一个固定数值的目标速度(常数),在闭塞分区中无论列车在何处都按照设置的目标速度判定是否超速,因此需要传输的信息量较少,设备相对比较简单。

阶梯式分级速度控制又可以分为超前式和滞后式。一个闭塞分区的进入速度称为入口速度,驶离速度称为出口速度。

(1) 超前式速度控制方式。超前式速度控制方式,又称为出口速度控制方式。事先给出各闭塞分区列车的出口速度值,控制列车行驶至该闭塞分区出口前不得超过该出口速度。该速度控制方式采用设备控制优先的方法,即列车驶出每个闭塞分区前均必须"超前"将速度降至出口限制速度控制线以下,否则设备就会自动起动制动,所以"超前"对出口速度进行了控制,不会冒进闭塞分区。如图3-17所示,阶梯式实线为超前式速度控制线虚线为列车实际减速运行线,从最高速至零速的列车实际减速为分段曲线组成的一条不连贯曲线组合。

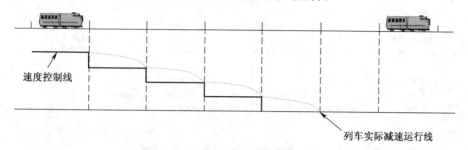

图3-17 超前式阶梯式分级速度控制方式

（2）滞后式速度控制方式。滞后式速度控制方式,又称为入口速度控制方式。事先给出进入某个闭塞分区入口的速度值,监控列车在本闭塞分区运行的速度不得超过给定的入口速度值。该速度控制方式采用人控优先的方法,即在每个闭塞分区列车速度只要不超过给定的入口速度值,就不会触碰滞后式速度控制线。但是考虑一旦列车失控,在本闭塞分区的出口,即下一个闭塞分区入口处的速度超过了给定的入口速度值,碰撞了滞后式速度控制线,即撞墙,此时触发设备自动制动,列车必然会越过第一个红灯进入下一个闭塞分区,因此有必要增加一个闭塞分区作为安全防护区段,俗称双红灯防护。如图3-18所示虚线为列车实际减速运行线,从最高速至零速的列车实际减速运行线为分段曲线组成的一条不连贯曲线组合;点划线为撞墙后的紧急制动曲线。

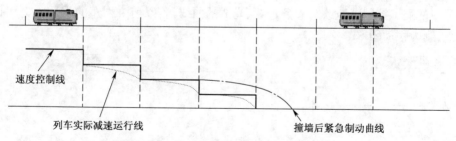

图3-18 带后式阶梯式分级速度控制方式

2. 曲线式分级速度控制

曲线式分级速度控制根据列车运行的速度分级,将每一个闭塞分区的入口速度和出口速度用曲线连接起来形成一段连续的速度控制曲线,对列车运行进行速度控制。如图3-19所示,粗实线为曲线式分级速度控制线,从最高速至零速的列车控制减速线为分段曲线组成的一条不连贯曲线组合(但为连续的)。列车实际减速运行线只要在控制线以下就可以了,万一超速碰撞了速度控制线,设备自动引发紧急制动。因为速度控制是连续的,所以不会超速太多,紧急制动的停车点不会冒出闭塞分区,可以不增加一个闭塞分区作为安全防护区,但是设计时应当考虑留有适当的安全距离。

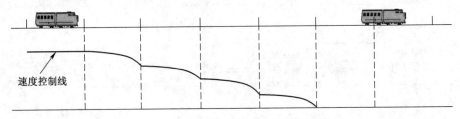

图 3-19 曲线式分级速度控制方式

列车控制设备给出的分段制动速度控制曲线是根据每一个闭塞分区的线路参数和列车自身的性能计算而定,闭塞分区的线路参数可以通过地对车信息实时传输,也可以事先在车载信号设备中存储通过核对取得。若采用地对车传输形式,地面设备传给车载设备的信息是下一个闭塞分区的速度、距离和线路条件数据,没有提供目标点的全部数据,所以系统生成的数据是分级连续制动模式。由于制动速度控制曲线是分段给出的,每次只需一个闭塞分区线路参数,因此对车-地传输的要求不高。

(二) 目标距离速度控制

目标距离速度控制采取的制动模式为连续式一次制动速度控制的方式,根据目标距离、目标速度及列车本身的性能确定列车制动曲线,不设定每个闭塞分区速度等级。连续式一次速度控制模式若以前方列车占用的闭塞分区入口为追踪目标点,则为准移动闭塞。如图 3-20 所示,粗实线为目标距离速度控制线,从最高速到零速的列车控制减速线为一条连续、光滑的曲线;若以前方列车的尾部为追踪目标点,则为移动闭塞。

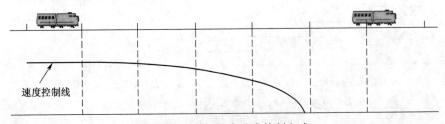

图 3-20 目标距离速度控制方式

列车实际减速运行线只要在速度控制线以下就可以了,一旦列车实际速度超过速度控制线容许速度时,自动实施制动,列车减速。列车速度低于容许速度后,制动缓解。与分级速度控制相比,闭塞分区滞后式控制方式需增加保护区段;而闭塞分区超前式速度控制方式在每一个闭塞分区必须考虑制动空走距离,分区长度要增加。因此,采用目标距离速度控制方式,可以提高区间通过能力,但需要从地面向列车传输更多的信息,除了目标点速度信息外,还要分区长度、坡度信息等。线路参数可以通过地对车信息实时传输,也可以事先在车载信号设备中存储通过核对取得。因为给出的制动速度控制曲线是一次连续的,需要一个制动距离内所有线路参数,地对车传输的信息量相当大,因此对车-地信息传输要求很高,一般采用无线通信、数字轨道电路、轨道电缆、应答器等传输设备。

采用目标距离速度控制列车制动的起始点是随线路参数和列车本身性能不同而变化的,两列车空间间隔的长度不固定,比较适用于不同性能和速度列车的混合运行,其追踪运行间隔要比分级速度控制小,减速比较平稳,旅客的舒适度也更高,是目前城市轨道交通实现速度控制的主要应用趋势。

思 考 题

1. 故障-安全原则的定义是什么?常用的安全侧分配方法有哪些?
2. 安全数据信息传输如何分类?其安全要求分别是什么?
3. 城市轨道交通中列车的位置信息对其运行有哪些重要作用?常用的定位方式有哪些?优、缺点如何?
4. 举例说明 WLAN 在城市轨道交通中的应用。
5. 城市轨道交通中实现车-地无线传输的主要方式有哪些?优、缺点如何?
6. 目前城市轨道交通中常用的测速技术有哪些?优、缺点如何?
7. 列车运行速度控制模式如何分类?目前速度控制主要发展应用方向是哪种?相比于其他控制模式,具有哪些优势?

第四章 闭塞系统

区间是指两个车站之间的轨道交通线路。为保证通过能力和行车安全,轨道交通线路以车站为分界点划分成若干个区间。列车在区间内运行时不能避让,必须采取技术措施确保在同一区间只允许一列列车运行。

在规定区间、同一时间内,只允许一列列车运行的方式称为闭塞,实现闭塞方式的设备叫做闭塞设备。闭塞设备是保证列车在区间运行安全的重要信号设备。

第一节 闭塞的基本概念

为了保证列车在区间内行车安全,列车由车站驶向区间运行的条件:一要验证区间空闲;二要有进入区间的凭证;三要实行区间闭塞。

列车要占用区间,一方面必须验证区间空闲,才能向区间发车。另外,要防止列车在区间内运行有可能发生列车分离事故,列车司机到站不能说明区间一定空闲。因此,在没有检查区间状态的信号设备时,靠接车站的值班员确认列车整列到达后,才能认为区间已经空闲。当装有检查区间状态的信号设备时,则可由信号设备来检查区间是否空闲,不必再由车站值班员检查和确认。检查区间状态的设备一般有轨道电路、计轴设备。

允许列车占用区间的凭证,通常为车站的出站信号机显示"允许信号",即绿灯或黄灯。当列车越过出站信号机,进入出站信号机内方轨道区段时,该信号自动关闭。

在同一区间只允许一列列车运行,一旦列车占用区间,即实行了"闭塞",在该闭塞解除之前,不允许其他列车驶入。在单线区段还必须防止两个车站同时向一个区间内发车,所以闭塞设备必须杜绝列车发生追尾或正面冲突的事故。

一、实行区间闭塞的基本方法

1. 时间间隔法

列车按照事先规定好的时间由车站发车,使先行列车和追踪列车之间必须保持一定时间间隔的行车方法。当先行列车发出以后,间隔一段时间才发出后续列车。由于先行列车在运行途中有可能遇到停车或晚点等非正常情况,而后续列车依然按照既定时间间隔发车,容易发生追尾事故,不能保证列车在区间运行的安全。因此,时间间隔法不可靠。

2. 空间间隔法

把轨道交通线路分成若干个区间(或分区),在每个区间(或分区)、同一时间内只允许一列列车运行,使先行列车和追踪列车之间必须保持一定距离的行车方法。空间间隔法能保证行车安全,是我国轨道交通普遍采用的闭塞方法。

二、实现区间闭塞的制度

为保证列车运行安全,城市轨道交通根据各条线路的站间距离、行车密度等因素,采用不同的闭塞设备。各条线路在基本闭塞设备正常时所使用的闭塞方法,叫做基本闭塞法;当基本闭塞设备故障或由于其他原因不能使用时,为保证列车运行安全,达到区间在同一时间内只允许一列列车运行的目的,而临时采用的闭塞方法,叫做代用闭塞法。

目前,我国行车基本闭塞方法有半自动闭塞、自动闭塞和自动站间闭塞3种。当基本闭塞方法不能使用时,根据调度命令用电话闭塞作为代用闭塞方法。

1. 半自动闭塞

人工办理两个车站之间的闭塞手续,列车凭出站信号机的允许信号显示(绿灯或黄灯)作为发车凭证,列车进入出站信号机内方后,出站信号机自动关闭,这种闭塞制度称为半自动闭塞。

在半自动闭塞的情况下,发车站要发车,值班员必须与接车站相配合,办理好闭塞手续,才能开放出站信号机;列车进入出站信号机内方的轨道区段,出站信号机因该轨道电路分路而自动关闭信号,使区间实现闭塞;也就是,列车在区间运行过程中,两站处于"闭塞状态",不允许其他列车再进入该区间,而当列车到达接车站后,由接车站值班员确认列车整列到达,才能向发车站发送闭塞复原信息,使区间闭塞解除。这种方法,既要值班员办理手续、开放出站信号,又依靠列车占用轨道电路,自动关闭信号,而解除闭塞还需要值班员参与,所以将这种闭塞制度称为半自动闭塞。

2. 自动闭塞

自动闭塞是将站间区间划分为若干闭塞分区,以闭塞分区作为列车追踪运行的空间间隔,根据列车运行及有关闭塞分区状态,自动变换信号显示和发送列车移动授权信息,列车凭地面信号或车载信号行车的闭塞方法。

在自动闭塞制度下,可以自动地向列车发送运行"指令",而且可以允许多次列车在站间区间运行,不仅可以确保行车安全,也提高行车效率。站间区间各个闭塞分区的轨道电路发送端所发送的"信息",通过钢轨传送至轨道电路的接收端,从而控制通过信号机的显示。同时,该信息也通过钢轨的感应传送至车上,控制车载信号的显示。在城市轨道交通尽管不设地面信号，但也同样利用自动闭塞这个原理，将地面信息传送至车上，当然城市轨道交通向列车传送的信息量要比自动闭塞的信息量多。

在列车运行过程中，信号机的显示根据列车运行及闭塞分区的状态自动变换，闭塞作用自动完成，不需要人工操纵，所以叫自动闭塞。

3. 自动站间闭塞

自动站间闭塞是在半自动闭塞基础上发展起来的一种闭塞方法，区间两端车站的出站信号机和轨道检查设备构成联锁关系，采用轨道检查设备自动检查区间状态，列车以站间区间为间隔运行，通过办理发车进路和检查列车出清区间的方式，自动实现区间闭塞。它与自动闭塞相比，两站间不划分闭塞分区，也不设通过信号机，两站之间作为一个闭塞分区。

4. 电话闭塞

电话闭塞是指当基本闭塞设备发生故障不能使用时，区间两端车站值班员用电话办理行车联络手续，由发车站填制路票，发给司机作为列车占用区间凭证的行车闭塞法。

通过发车站和接车站之间的电话联系，在证实区间空闲的前提下，由调度员下达"签发路票"指令给发车站值班员，发车站填写"路票"，并交给司机，列车司机根据路票的指令，允许占用区间；列车运行至接车站，司机将路票交还给接车站值班员，这样一种闭塞制度在交接凭证和检查区间空闲状态都是依靠人来完成的，所以也称为人工闭塞。

第二节 半自动闭塞

利用继电器电路，实现区间联系的半自动闭塞，叫做继电半自动闭塞。继电半自动闭塞是我国铁路上一种主要的信号设备，目前还在使用。有些城市的轨道交通线路在运行初期，也采用半自动闭塞系统作为过渡。

继电半自动闭塞主要有3种标准类型：64D型（用于单线区段）；64Y型（用于单线区段，具有预办功能）；64F型（用于复线区段）。它们都是以继电器电路的逻辑关系来完成两站间的闭塞作用。

一、半自动闭塞的基本要求

继电半自动闭塞设备在相邻两站间各设置一台半自动闭塞机（BB），并通过两站间的闭塞线连接起来，在进站信号机内方及出站信号机内方，设置一段轨道电路，用于检测列车的到达与出站，如图4-1所示。在城市轨道交通中由于站间距离短，当采用半自动闭塞时，要求列车间隔两站（两区间），而且车站只设出站信号

第四章 闭塞系统   103

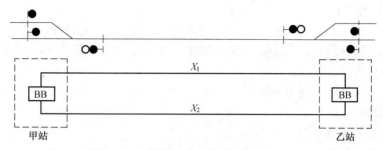

图 4-1　单线继电半自动闭塞示意图

机,而不设进站信号机。

半自动闭塞必须满足以下基本要求:

(1) 单线区段甲站要求向乙站发车,必须征得乙站同意后,甲站的出站信号机才能开放(复线不需要接车站同意)。

(2) 列车由甲站出发进入区间后,出站信号机自动关闭,实现区间闭塞,两站都不能再向该区间发车。

(3) 列车到达乙站后,车站值班员确认列车完整到达后,方可解除闭塞,也就是说,在列车没有被证实已经全部到达接车站前,任何一方的出站信号机都不可能开放。

(4) 当设备发生故障,不能正常解除闭塞时,在证实列车已全部到达接车站,经双方同意后,可用事故复原方式解除闭塞。

二、半自动闭塞设备

64D 型继电半自动闭塞设备由半自动闭塞机、半自动闭塞用的轨道电路、控制台上的操纵和表示设备、闭塞电源及闭塞外线等部分组成。此外,在控制电路中还包括了车站的进、出站信号机的控制条件。为了实现闭塞设备之间的相互联系与控制,在相邻两车站上属于同一区间的两台闭塞机之间,用两条外线连接。64D 型继电半自动闭塞设备之间的联系如图 4-2 所示。

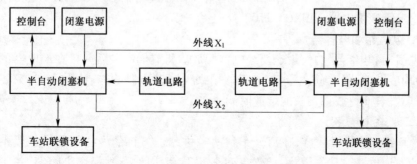

图 4-2　64D 型继电半自动闭塞设备之间的联系

(一) 闭塞机

闭塞机是闭塞设备的核心,由继电器和电阻、电容器等元器件组成。在电气集中联锁车站,采用组合式,即将插入式继电器和电阻、电容器安装在组合架上。

1. 继电器

64D 型继电半自动闭塞机有 13 个继电器,它们构成继电电路,完成闭塞作用。它们的名称和作用如下:

(1) 正线路继电器 ZXJ,接收正极性的闭塞信号。

(2) 负线路继电器 FXJ,接收负极性的闭塞信号。

(3) 正电继电器 ZDJ,发送正极性的闭塞信号。

(4) 负电继电器 FDJ,发送负极性的闭塞信号。

(5) 闭塞继电器 BSJ,监督和表示闭塞机的状态。闭塞机在定位状态时它吸起,表示区间空闲;作为发车站当列车占用区间时它落下,作为接车站发出同意接车信号后它落下,表示区间闭塞。

(6) 选择继电器 XZJ,选择并区分自动回执信号和复原信号;在办理发车时,监督出站信号机是否开放。

(7) 准备开通继电器 ZKJ,记录对方站发来的自动回执信号。

(8) 开通继电器 KTJ,记录接车站发来的同意接车信号,并控制出站信号机的开放。

(9) 复原继电器 FUJ,接收复原信号使闭塞机复原。

(10) 回执到达继电器 HDJ,和 TJJ 一起构成自动回执电路发送回执信号以及记录列车到达。

(11) 同意接车继电器 TJJ,记录对方站发来的请求发车信号并使闭塞机转入接车状态,与 HDJ 一起构成自动回执电路。

(12) 通知出发继电器 TCJ,记录对方站发来的列车出发通知信号。

(13) 轨道继电器 GDJ,是现场轨道继电器的复示继电器,监督列车出发和到达。

这 13 个继电器中,除了 ZXJ 和 FXJ 采用偏极继电器(JPXC - 1000 型)外,其余均为直流无极继电器(JWXC - 1700 型)。

2. 电阻器和电容器

电阻器和电容器的作用是使继电器缓放。将它们串联后并接在继电器的线圈上,即构成继电器的缓放电路。电阻器用来控制电容器的充、放电电流,只要适当选择其数值,便可获得较长的缓放时间。

(二) 轨道电路

64D 继电半自动闭塞,在每个车站两端进站信号机的内方需装设一段不小于 25m 的轨道电路。其作用:一是监督列车的出发,使发车站闭塞机闭塞;二是监督列车的到达,由接车站值班员办理到达复原。

(三) 操作和表示设备

单线继电半自动闭塞的操作和表示设备有按钮、表示灯、电铃和计数器等,安装在信号控制台上。

1. 按钮

(1) 闭塞按钮 BSA。二位自复式按钮,办理请求发车或同意接车时按下。

(2) 复原按钮 FUA。二位自复式按钮,办理到达复原或取消复原时按下。

(3) 事故按钮 SGA。二位自复式按钮,平时加铅封。当闭塞机因故不能正常复原时,破封按下使闭塞机复原。

2. 表示灯

车站的每一个接发车方向各设两组继电半自动闭塞表示灯。

(1) 发车表示灯 FBD。由黄、绿、红 3 个光点式表示灯组成。表示灯经常熄灭,黄灯点亮表示本站请求发车,绿灯点亮表示对方站同意发车,红灯点亮表示发车闭塞。

(2) 接车表示灯 JBD。由黄、绿、红 3 个光点式表示灯组成。表示灯经常熄灭,黄灯点亮表示对方站请求接车,绿灯点亮表示本站同意接车,红灯点亮表示接车闭塞。当接、发车表示灯同时点亮红灯时,表示列车到达。

3. 电铃

电铃 DL 是闭塞机的音响信号,在闭塞电路中采用直流 24V 电铃,它装在控制台里。

当对方站办理请求发车、同意接车或列车从对方站出发时,本站电铃鸣响;当对方站办理取消复原或到达复原时,本站电铃也鸣响。此外,如果接车站轨道电路发生故障时,当列车自发车站出发后,接车站电铃一直鸣响,以提醒接车站及时修复轨道电路,准备接车。

4. 计数器

计数器 JSQ 用来记录车站值班员办理事故复原的次数。每按下一次事故按钮,计数器自动转换一个数字。因为事故复原是在闭塞设备发生故障时的一种特殊复原方法,当使用事故按钮使闭塞机复原时,行车安全完全由车站值班人员保证,因此必须严加控制。

使用时要登记,用后要及时加铅封,而且由计数器自动记录使用的次数。

(四) 闭塞电源

闭塞电源应连续不间断地供电,且应保证继电器的端电压不低于工作值的 120%,以保证闭塞机的可靠动作。64D 型继电半自动闭塞采用直流 24V 电源,可用交流电源整流供电。

继电半自动闭塞的电源分为线路电源和局部电源,前者用于向邻站发送闭塞信号,后者供本站闭塞电路用。当站间距离较长,外线环线电阻超过 250Ω 时,允许适当提高线路电源电压。

(五) 闭塞外线

继电半自动闭塞的外线原是与站间闭塞电话线共用的。为了防护外界电源对闭塞机的干扰,提高闭塞电话的通话质量,应采用两根外线。当采用电缆作为闭塞外线时,应将闭塞机外线和闭塞电话线分开。

闭塞外线的任一处发生断线、接地、混线、混电以及外电干扰故障时,均不应使闭塞机发生危险侧故障。

三、半自动闭塞电路构成原理

1. 电路设计原则

为了保证行车安全,64D 型继电半自动闭塞电路按以下原则进行设计:

(1) 为了防护外界电流的干扰,采用"+""−""+"3 个不同极性的直流脉冲组合构成允许发车信号。即发车站要发车时,先向接车站发送一个正极性脉冲的请求发车信号;随后由接车站自动发回一个负极性的回执信号;并且要求接车站发来一个正极性脉冲的同意接车信号后,发车站的出站信号机才能开放。

(2) 列车自发车站出发,进入发车站轨道电路区段时,使发车站的闭塞机闭塞,并自动地向接车站发送一个正极性脉冲的列车出发通知信号。这个信号断开接车站的复原继电器电路,保证在列车未到达接车站之前,任何外界电流干扰或发车站错误办理,既不能构成发车站允许发车条件,也不能构成接车站闭塞机的复原条件,从而保证了列车在区间运行的安全。

(3) 只有列车到达,并出清接车站轨道电路区段,车站值班员确认列车完整到达,并发送一个负极性脉冲的到达复原信号后,才能使两站闭塞机复原,区间才能解除闭塞。

(4) 闭塞机的开通和闭塞等控制电路,以闭路式原理构成,并采用安全型继电器,当发生瞬间停电或断线等故障时,均能满足故障-安全要求。

2. 闭塞信号

根据单线继电半自动闭塞电路构成原理的要求,并考虑到当发车站办理请求发车后的取消复原,以及当闭塞设备发生故障时的事故复原,两站之间应传送以下 7 种闭塞信号:

(1) 请求发车信号 +。
(2) 自动回执信号 −。
(3) 同意接车信号 +。
(4) 出发通知信号 +。
(5) 到达复原信号 −。

(6) 取消复原信号 - 。

(7) 事故复原信号 - 。

在 64D 型继电半自动闭塞中,用正极性脉冲作为办理闭塞用的信号,用负极性脉冲作为闭塞机的复原信号。为了提高安全性,在请求发车和同意接车两个正极性信号之间,增加一个负极性的自动回执信号。因此,构成允许发车条件,必须具有"+""-""+"3 个直流脉冲的组合;而接发一列列车,应在线路上顺序传送"+""-""+""+""-"5 个直流脉冲的组合。所以,如果外来单一极性脉冲或多个不同顺序的脉冲干扰,既不能构成发车条件,也不能完成一列列车的接发车过程。单线继电半自动闭塞两站间传送的闭塞信号如图 4-3 所示。

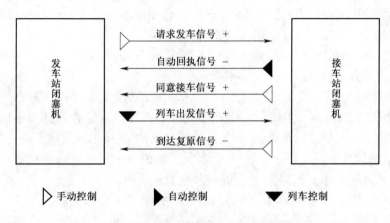

图 4-3 单线继电半自动闭塞两站间传送的闭塞信号

四、办理闭塞手续

单线继电半自动闭塞要求两个车站的值班员共同办理闭塞手续,其办理手续分为正常办理、取消复原和事故复原 3 种。根据列车运行情况和设备状态分别采用。

1. 正常办理

正常办理是指两站间列车的正常运行及闭塞机处于正常状态时的办理方法,共有 5 个步骤。设甲站为发车站,乙站为接车站,办理步骤如下:

(1) 甲站请求发车。甲站要向乙站发车,甲站值班员应先检查控制台上的接、发车表示灯处于灭灯状态,并确认区间空闲后,通过闭塞电话与乙站联系,然后按下闭塞按钮,向乙站发送请求发车信号。此时,乙站电铃鸣响。当甲站值班员松开闭塞按钮后,乙站自动向甲站发送自动回执信号,使甲站发车表示灯亮黄灯,同时电铃鸣响。当发完自动回执信号后,乙站接车表示灯也亮黄灯。这说明甲站办理请求发车的手续已完成。

(2) 乙站同意甲站发车。乙站如果同意甲站发车,乙站值班员在确认接车表示灯亮黄灯后,按下闭塞按钮,向甲站发送同意接车信号。此时,乙站接车表示灯黄灯熄灭,绿灯点亮,甲站发车表示灯黄灯也熄灭,改亮绿灯,同时电铃鸣响。

至此,两站间完成了一次列车占用区间的办理闭塞手续。闭塞机处于"区间开通"状态,表示乙站同意甲站发车,甲站至乙站方向区间开通,甲站出站信号机可以开放。

(3) 列车从甲站出发。甲站值班员看到发车表示灯亮绿灯,即可办理发车进路,开放出站信号机。当列车出发驶入出站信号机内方轨道区段,出站信号机自动关闭。此时,甲站发车表示灯变为亮红灯,并自动向乙站发送列车出发通知信号,使乙站接车表示灯改亮红灯,同时电铃鸣响。

至此,双方站的闭塞机均处于"区间闭塞"状态,表明该区间内有一列列车在运行,此时双方站的出站信号机均不能再次开放。

(4) 列车到达乙站。乙站值班员在同意接车后,应准备好列车进路。当接车表示灯由绿变红及电铃鸣响后(说明列车已从邻站开出),应根据列车在区间运行时分的长短,及时建立接车进路,开放进站信号机,准备接车。当列车到达乙站,进入乙站进站信号机内方第一个轨道区段时,乙站的发车指示灯和接车指示灯都亮红灯,表示列车到达。此时,乙站进站信号机自动关闭。

(5) 到达复原。列车全部进入乙站股道后,接车进路解锁。乙站值班员在确认列车完整到达后,按下复原按钮,办理到达复原。此时,乙站接、发车指示灯的红灯均熄灭,同时向甲站发送到达复原信号,使甲站的发车指示灯红灯熄灭,电铃鸣响。至此,两站闭塞机均恢复定位状态。

2. 取消复原

取消复原是指办理闭塞手续后,列车因故不能发车时,而采用的取消闭塞方法。取消复原有以下3种情况:

(1) 发车站请求发车,收到接车站的回执信号后取消复原。发车站的发车指示灯、接车站的接车指示灯均亮黄灯,如果接车站不同意对方站发车,或发车站需取消发车时,经双方联系后可由发车站值班员按下复原按钮办理取消复原。

(2) 发车站收到对方站的同意接车信号后,出站信号机开放前取消复原。发车站的发车指示灯和接车站的接车指示灯均亮绿灯,如需取消闭塞,需经两站值班员联系后,由发车站值班员按下复原按钮,办理取消复原。

(3) 在电气集中联锁的车站,发车站开放出站信号机后,列车尚未出发之前取消复原。如要取消复原,须经两站值班员电话联系后,确认列车未出发。发车站值班员先办理发车进路的取消或人工解锁(视列车接近的情况)。在出站信号机关闭,发车进路解锁后,再按下复原按钮,办理取消复原。

以上3种情况的取消复原,执行者均为发车站值班员,如由接车站值班员办理取消复原,则无法实现。

3. 事故复原

使用事故复原按钮使闭塞机复原的方法,叫做事故复原。事故复原是在闭塞机不能正常复原时,所采用的一种特殊复原方法。由于事故复原不检查任何条件,行车安全全靠人为保证,因此两站车站值班员必须共同确认区间没有占用(列车没有出发、区间没有车运行、列车整列到达),双方出站信号机均关闭,并应在《行车设备检查登记簿》中登记,然后由发生故障一方的车站值班员打开铅封,按下事故按钮使闭塞机复原。

加封的事故按钮,破封后不准连续使用。装有计数器的事故按钮,破封后可以继续使用。无论装不装计数器,每办理一次事故复原,车站值班员都应在《行车设备检查登记簿》中登记,并在交接班时登记计数器上的数字,以便明确责任。事故按钮使用后,应及时加封。

第三节 自 动 闭 塞

采用半自动闭塞,站间只允许一列列车运行,行车效率低,不能充分发挥轨道交通线路的运输能力。而且,由于没有区间状态检查设备,必须由人工确认列车的整列到达,尤其是事故复原的安全操作得不到保证,所以行车安全程度不高,并影响运输效率。

自动闭塞是根据列车运行及有关闭塞分区状态,自动变换通过信号机的显示,列车凭地面信号或车载信号行车的闭塞方法。自动闭塞将一个区间划分为若干个闭塞分区,在每个闭塞分区的起点装设通过信号机,用以防护该闭塞分区。每个闭塞分区内都装有轨道电路(或计轴器)等列车检测设备,通常轨道电路将列车和通过信号机的显示联系起来,根据列车运行及有关闭塞分区状态使通过信号机自动变换。自动闭塞是在列车运行过程中自动完成的,闭塞作用的完成不需要人工操纵。

一、自动闭塞的优点

自动闭塞不需要办理闭塞手续,并可开行追踪列车,既保证了行车安全,又提高了运输效率。和半自动闭塞相比,自动闭塞有以下优点:

(1) 由于两站间的区间允许列车追踪运行,大幅度提高了行车密度,显著地提高了区间通过能力。

(2) 由于不需要办理闭塞手续,简化了办理接发列车的程序,大大减轻了车站值班员的劳动强度。

（3）通过信号机的显示能直接反映运行前方列车位置及线路状态，确保了列车在区间运行的安全。

（4）自动闭塞能为列车运行超速防护提供连续的速度信息，构成更高层次的列车运行控制系统，保证列车运行安全。

由于自动闭塞具有明显的技术经济效益，所以广泛应用于各国轨道交通。更由于自动闭塞便于和列车自动控制、行车指挥自动化等系统相结合，已成为现代轨道交通不可缺少的基础设备。

二、自动闭塞的基本原理

自动闭塞通过轨道电路自动地检查闭塞分区的占用情况，根据轨道电路的占用和空闲状态，通过信号机自动地变换显示，以指示列车运行。

三显示自动闭塞的基本原理如图4-4所示。当列车从右往左运行进入1G闭塞分区（列车占用1G和3G）时，1G和3G闭塞分区的轨道电路被列车轮对分路，轨道继电器1GJ和3GJ落下，5GJ吸起，通过信号机1和3都显示红灯，通过信号机5显示黄灯；当列车继续往左运行，完全驶入1G闭塞分区，即出清3G闭塞分区时，轨道继电器1GJ落下，3GJ和5GJ吸起，通过信号机1显示红灯，通过信号机3显示黄灯，通过信号机5显示绿灯。

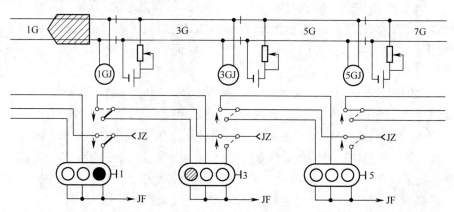

图4-4 三显示自动闭塞基本原理

从三显示自动闭塞的基本原理可以看出，通过信号机的显示是随着列车运行的位置而自动改变。通过信号机具有红色、黄色、绿色3种显示，能预告列车运行前方两个闭塞分区的状态。

（1）当显示红灯时，列车运行前方闭塞分区有车占用。
（2）当显示黄灯时，列车运行前方只有一个闭塞分区空闲。
（3）当显示绿灯时，列车运行前方至少有两个闭塞分区空闲。

三、自动闭塞的分类

1. 按行车组织方法分类

按行车组织方法可分为单向自动闭塞和双向自动闭塞两类。

在双线区段，一般采用列车单方向运行方式，即一条线路运行上行列车，另一条线路运行下行列车。为此对每条线路，在线路的一侧装设通过信号机，这种自动闭塞称为双线单向自动闭塞，如图4-5(a)所示。

在单线区段，只有一条线路，既要运行上行列车，又要运行下行列车。为了调整双方向列车的运行，在线路的两侧都要装设通过信号机，这种自动闭塞称为单线双向自动闭塞，如图4-5(b)所示。

为了充分发挥线路的运输能力，在双线区段的每一条线路上都能双方向运行列车，这种自动闭塞称为双线双向自动闭塞，如图4-5(c)所示。

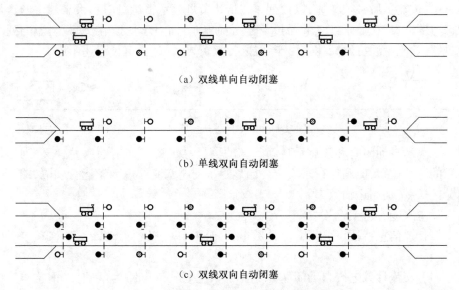

(a) 双线单向自动闭塞

(b) 单线双向自动闭塞

(c) 双线双向自动闭塞

图4-5 按行车组织方法自动闭塞分类

双线单向自动闭塞只要防护列车的尾部，而单线或双线双向自动闭塞必须对列车的尾部和头部两个方向进行防护。为了防止两个方向的列车正面冲突，平时规定一个方向的通过信号机亮灯，另一个方向的通过信号机灭灯，只有在需要改变运行方向，而且在区间空闲的条件下，由车站值班员办理一定的手续后才能允许反方向的列车运行。

2. 按通过信号机的显示制度分类

按通过信号机的显示制度可分为三显示自动闭塞和四显示自动闭塞两类。

(1) 三显示自动闭塞的通过信号机有3种显示，能预告列车运行前方两个闭塞分区的状态。三显示自动闭塞能使列车经常按规定速度在绿灯下运行,并能得到前方一架通过信号机显示的预告,基本上能满足运行要求,又能保证行车安全,因此得到广泛的应用。

列车运行在三显示自动闭塞区段,越过显示黄灯的通过信号机时开始减速,至次架显示红灯的通过信号机前停车,因此要求每个闭塞分区的长度绝对不能小于列车的制动距离。随着列车速度和密度的不断提高,在一些繁忙的客货混运区段,各种列车运行的速度和制动距离相差很大,如市郊列车等需经常停车,且制动距离短,要求实现最小运行间隔,闭塞分区长度越短越好;而高速客车、重载货车制动距离长,闭塞分区长度又不能太短。三显示自动闭塞不能解决这一矛盾,提高区间通过能力的最好方法是采用四显示自动闭塞。

(2)四显示自动闭塞是在三显示自动闭塞的基础上增加一种绿、黄显示,如图4-6所示。它能预告列车运行前方3个闭塞分区的状态,规定列车以规定的速度越过绿、黄显示后必须减速,以使列车在抵达黄灯显示下运行时不大于规定的黄灯允许速度,保证在显示红灯的通过信号机前停车;而对于低速、制动距离短的列车越过绿、黄显示后可不减速。由于增加了绿、黄显示,就化解了上述矛盾。

图4-6 四显示自动闭塞

三显示自动闭塞和四显示自动闭塞的信号显示具有一定的速差含义,列车按规定的速度运行,能确保行车安全。四显示自动闭塞能缩短列车运行间隔,缩短闭塞分区长度,提高运输效率。

3. 按传递信息特征分类

按传递信息特征可分为交流计数电码自动闭塞、极频自动闭塞和移频自动闭塞等。

(1)交流计数电码自动闭塞以交流计数电码轨道电路为基础,以钢轨作为传输通道传递信息,不同信息的特征靠电码脉冲和间隔构成不同的电码组合来区分。

(2)极性频率脉冲自动闭塞(简称极频自动闭塞)以极性频率脉冲轨道电路为基础,以钢轨作为传输通道传递信息,不同信息的特征靠两种不同极性和每个周期内不同数目的脉冲来区分。

(3)移频自动闭塞以移频轨道电路为基础,用钢轨传递移频信息,它选用一种频率作为信息的载频,利用调制方法将低频信息调制到载频,构成上下边频交替变化的移频波形。

目前,我国城市轨道交通基本上采用移频自动闭塞(前提是列车运行控制系统采用基于轨道电路的列车运行自动控制系统)。

4. 按有无机械绝缘分类

按有无机械绝缘可分为有绝缘自动闭塞和无绝缘自动闭塞。

(1) 传统的自动闭塞在闭塞分区分界处,即在两个轨道电路的分割点处将长钢轨锯断,并在其中加入绝缘节实现两个轨道电路之间的绝缘。在实际运用中,有绝缘轨道电路的绝缘节是最薄弱环节,故障率比较高,并且加大了列车振动、噪声、线路钢轨和车辆车轮的磨耗等,尤其在电气化区段,牵引电流为了通过钢轨绝缘,必须安装扼流变压器,缺点更显著。

(2) 无绝缘自动闭塞以无绝缘轨道电路为基础。无绝缘轨道电路按原理可分为电气隔离式(又称谐振式)和自然衰耗式(又称叠加式)两类。目前我国在城市轨道交通采用的轨道电路基本上都是谐振式无绝缘轨道电路。

四、移频自动闭塞的信息传递

移频自动闭塞以移频轨道电路为基础。在轨道电路中传输的信号是两种频率,它们做近似突变性的变化,好像频率在移动,因此叫做移频信号,如图 4-7 所示。

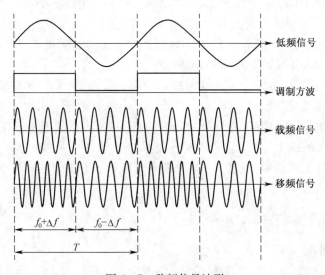

图 4-7 移频信号波形

从图 4-7 中可以看出,移频信号的变化规律是以载频信号 f_0 为中心,做上、下频率的偏移,当有调制信号脉冲时,中心频率向上偏移 Δf,即为 $f_0+\Delta f$;当无调制信号脉冲时,中心频率向下偏移 Δf,即为 $f_0-\Delta f$。在移频信号的传输中,中心频率 f_0 实际上不存在。

Siemens 公司的 FTGS917 型轨道电路采用报文式数字轨道电路,其载频频率为 9.5~16.5kHz,间隔为 1kHz,共有 8 种频率,由 15 个不同的位模式进行频率调制,频偏为 64Hz。如上行线路选用 10.5kHz、12.5kHz、14.5kHz、16.5kHz 4 种中心载频频率，下行线路选用 9.5kHz、11.5kHz、13.5kHz、15.5kHz 4 种中心载频频率，频偏为 64Hz，用某一种位模式进行频率调制。相邻的轨道电路区段采用不同的频率和位模式，轨道电路区段只能收到与本区段相同的频率与位模式的信息才会响应，大大提高了轨道电路的抗干扰能力。

第四节　装备 ATC 系统的自动闭塞

一、闭塞制式的发展

城市轨道交通的信号闭塞制式基本上沿袭了大铁路的制式。从 20 世纪 80 年代至今，随着城市轨道交通 ATC 系统技术的不断发展，闭塞制式主要经历了固定闭塞、准移动闭塞和移动闭塞 3 个阶段。

（1）固定闭塞 ATC 系统属 20 世纪 80 年代技术水平，如西屋公司、GRS 公司分别用于北京地铁、上海地铁 1 号线的 ATC 系统。

（2）准移动闭塞 ATC 系统在 20 世纪 90 年代开始大量采用，如广州地铁 1、2 号线采用德国 Siemens 公司的 LZB-700M 列车运行控制系统，上海地铁 2 号线采用美国 US&S 公司的 MicrolokⅡ列车运行控制系统，上海地铁 3 号线采用法国 Alstom 公司的 SACEM 列车运行控制系统等。

（3）随着通信技术特别是无线电技术的飞速发展，人们开始研究以通信技术为基础的列车运行控制系统，Alcatel、Siemens、Alstom 等公司相继推出了基于通信的列车运行控制系统（CBTC），即移动闭塞 ATC 系统。移动闭塞 ATC 系统相继开通使用，如武汉地铁 1 号线（感应环线方式），广州地铁 3 号线（感应环线方式）、4 号线和 5 号线（无线通信方式），上海地铁 8 号线（无线通信方式），北京地铁亦庄线（无线通信方式）等。

二、各种闭塞制式

1. 固定闭塞

固定闭塞方式的 ATC 系统采用分级速度控制模式。列车运行的空间间隔是若干个闭塞分区，每一闭塞分区的长度要满足一个速度等级制动距离的要求。闭塞分区的长度按线路条件经牵引计算确定，一旦划定将固定不变。

一般情况下，闭塞分区用轨道电路或计轴装置来划分，具有列车定位和轨道占用的检查功能。固定闭塞的追踪目标点为前行列车所占用闭塞分区的始端，后行列车从最高速度开始制动的计算点为要求开始减速的闭塞分区的始端，这两个点都是固定的，空间间隔的长度也是固定的，所以称为固定闭塞，如图 4-8 所示。

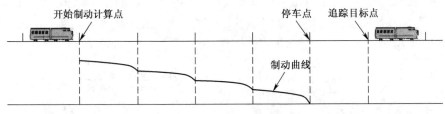

图 4-8 固定闭塞

2. 准移动闭塞

准移动闭塞方式的 ATC 系统采用目标距离控制模式(又称连续式一次速度控制)。目标距离控制模式根据目标距离、目标速度及列车本身的性能确定列车制动曲线,不设定每个闭塞分区的速度等级,采用一次制动方式。

准移动闭塞的追踪目标点是前行列车或限速点所占用闭塞分区的始端,目标速度是目标点的限速值,目标距离是本列车至目标点的距离。本列车从最高速度开始制动的计算点是根据目标距离、目标速度及列车本身的性能计算决定。目标点相对固定,不依前行列车在同一闭塞分区内走行而变化,在前行列车出清原占用闭塞分区时,目标点前移一个闭塞分区,本列车的制动曲线随着目标点的移动而发生跳变。本列车制动曲线的起始点随线路参数和列车本身性能不同而变化,空间间隔的长度不固定,如图 4-9 所示。

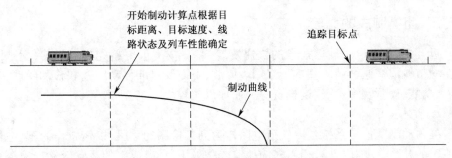

图 4-9 准移动闭塞

由于采用一次制动方式不需设定速度等级,闭塞分区的长度可以等长。追踪目标点是前行列车所占用闭塞分区的始端,所以,闭塞分区的长度在一定程度上也会影响列车的追踪运行间隔。为了与移动闭塞相区别,所以称为准移动闭塞。

3. 移动闭塞

移动闭塞方式的 ATC 系统采用目标距离控制模式。目标距离控制模式根据目标距离、目标速度及列车本身的性能确定列车制动曲线,采用一次制动方式。

移动闭塞的追踪目标点是前行列车的尾部(留有一定的安全距离),后行列车从最高速度开始制动的计算点是根据目标距离、目标速度及列车本身的性能来计算决定,如图4-10所示。

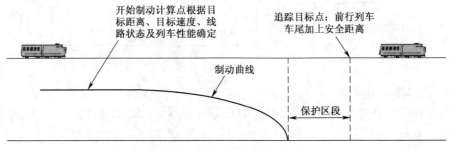

图4-10 移动闭塞

追踪目标点是前行列车的尾部(留有一定的安全距离),与前行列车的运行速度有关,是随时变化的,而制动曲线的起始点随线路参数和列车本身性能不同而变化。列车间的空间间隔长度不固定,所以称为移动闭塞。其追踪运行间隔要比准移动闭塞更小一些。移动闭塞一般采用感应环线或无线通信技术来实现。

移动闭塞缩短了列车的行车间隔,提高了行车密度,从而增加运能、提高服务质量和服务水平。

三、闭塞制式的比较

近几年,随着电子通信技术的快速发展,ATC技术也更趋先进。目前,固定闭塞在城市轨道交通领域已基本不采用。因此,下面仅对准移动闭塞和移动闭塞,从技术、功能、运营及维护、建设投资等方面加以比较。

1. 技术方面

准移动闭塞信号系统是以轨道电路作为列车检测的手段,以钢轨作为车-地信息传输的介质,在国内外有相当多的地铁线路采用,具有成熟的运营经验。但存在列车定位精度不高、地到车单向信息传输、通信能力有限以及易受供电牵引回流干扰等缺陷。

移动闭塞信号系统采用现代通信技术,以感应环线、无线通信等方式作为车-地信息传输的介质,具有列车定位精度高、抗牵引回流干扰能力强的特点。其中感应环线方式的通信能力有限,无线通信方式可实现车-地大容量、实时的数据传输。对于采用开放标准的无线传输系统,有利于系统升级、扩容,但需要应对外界各种无线干扰。

2. 功能方面

准移动闭塞方式的ATC系统采用目标距离控制模式,最小行车间隔一般可做到约 90s。移动闭塞方式的 ATC 系统采用目标距离控制模式,最小行车间隔可做到 80~90s,甚至更小。

移动闭塞 ATC 系统的列车定位和信息传输独立于轨道电路,有利于适应不同性能列车及不同厂商信号系统情况下的混合运营。

3. 运营及维护方面

准移动闭塞 ATC 系统的车-地信息传输基于轨道电路,轨旁设备多,维修工作量大,运营成本高。移动闭塞 ATC 系统如采用感应环线方式的车-地传输系统,轨旁设备可减少,维护工作量可降低。若采用基于开放空间的无线传输系统,其轨旁设备更为简单,系统的维护成本更低。但目前开通运营的项目较少,运营、管理经验相对不足。

移动闭塞 ATC 系统在车-地间提供双向、大容量、实时的数据通信链路,可满足快速、准确的维修要求,实现高质量的运营服务。

4. 建设投资方面

目前,准移动闭塞 ATC 系统已开通使用项目有:广州地铁 1、2 号线;上海地铁 2、3 号线等。对于移动闭塞 ATC 系统已开通使用项目有:武汉地铁 1 号线(感应环线方式);广州地铁 3 号线(感应环线方式)、4、5 号线(无线通信方式);上海地铁 8 号线(无线通信方式);北京地铁亦庄线(无线通信方式)等。

从这几个城市轨道交通线信号系统的投资情况看,移动闭塞系统与准移动闭塞系统的工程造价大致相当。随着电子通信技术的不断发展,以及无线移动闭塞技术的日趋成熟,国产化率的逐渐提高,移动闭塞系统的建设成本和维护成本将低于准移动闭塞。

基于以上原因,目前正在实施或即将实施的城市轨道交通线大多选用基于无线通信的移动闭塞方式 ATC 系统。关于闭塞制式的最终选择,各个城市应根据自己的轨道交通线网规划和具体的运营需求,结合信号系统设备的选型原则,综合考虑系统的成熟、可靠、满足运营要求等因素,在充分考虑与既有线结合和尽量满足线网间互联互通的基础上,通过对系统设备就技术功能、系统维护、设备价格、国产化情况、售后服务等诸方面因素进行综合比较后确定。

思 考 题

1. 什么叫闭塞?列车由车站驶向区间运行有哪些条件?
2. 实行区间闭塞的基本方法有哪些?
3. 什么叫基本闭塞法和代用闭塞法?目前我国行车基本闭塞方法有哪些?
4. 半自动闭塞必须满足哪些基本要求?

5. 如何办理半自动闭塞手续？
6. 说明三显示自动闭塞的基本原理。
7. 自动闭塞如何分类？
8. 装备 ATC 的闭塞系统有哪几种？各有何特征？

第五章 联锁系统

联锁是保证城市轨道交通行车安全的重要技术措施,是指信号设备与相关因素的制约关系。广义的联锁泛指各种信号设备所存在的相互制约关系;狭义的联锁一般指车站信号设备之间的相互制约关系。在城市轨道交通的车站和车辆段,为保证行车安全,联锁关系必须十分严密,并采用技术措施加以保证。

第一节 联锁基本概念

一、联锁与联锁设备

(一)联锁

列车或调车车列在站内运行时所经过的路径称为进路。进路由道岔的位置决定,根据道岔的不同位置可以构成不同的进路。建立进路就是把进路上的道岔转到进路所要求的位置上,然后再将该进路的防护信号机开放。列车或调车车列必须依据信号开放而通过进路。如果进路上道岔的开通位置不正确,或有车占用,或敌对进路已经建立等情况,相应的信号就不能开放;信号一旦开放后,所防护的进路不能变动,即此时进路内的道岔不能再转换,直至信号机关闭或列车、调车车列越过道岔为止。

为了保证行车安全,通过技术方法,必须使车站和车辆段内信号、道岔和进路三者之间存在一定的相互制约关系,这种关系称为联锁关系,简称联锁。

(二)联锁的基本内容与技术条件

联锁的基本内容:防止建立会导致机车车辆相互冲突的进路;必须使列车或调车车列经过的所有道岔均锁闭在与进路开通方向相符合的位置;必须使信号机的显示与所建立的进路相符合。

联锁的基本技术条件如下:

(1)进路上各区段空闲(无车占用)时才能开放信号。如果进路上有车占用,却开放信号,则会引起列车或调车车列与原停留车发生冲突,这是绝对不允许的。所以,防护进路的信号开放前必须检查进路空闲情况。

(2)进路上有关道岔在规定位置时才能开放信号。如果进路上有关道岔开通位置不对,却开放信号,则会引起列车或调车车列进入异线或挤坏道岔,从而造成行车事故。信号开放后,其防护的进路上的有关道岔必须被锁闭在规定位置且不能转换。所以,防护进路的信号开放前必须确保进路上道岔位置正确。

(3) 敌对信号未关闭时,防护该进路的信号机不能开放。信号开放后,与其敌对的信号也必须被锁闭在关闭状态,不能开放;否则列车或调车车列可能造成正面冲突,危及行车安全。所以,防护进路的信号开放前必须检查并确保敌对信号处于关闭状态。

(三)联锁设备

控制车站(或车辆段)的道岔、进路和信号,并实现它们之间的联锁关系的设备,称为联锁设备。

联锁设备是城市轨道交通的重要信号设备,用来在车站和车辆段实现联锁关系,建立进路、控制道岔的转换和信号机的开放以及进路解锁,以保证行车安全。联锁设备分为正线车站联锁设备和车辆段联锁设备。联锁设备有继电集中联锁和计算机联锁两大类设备。随着计算机技术、通信技术和控制技术的快速发展,计算机联锁已经成为联锁设备的主要发展方向。

1. 联锁设备的功能

联锁设备能够响应来自 ATS 的命令,在满足安全的前提下,控制进路、道岔和信号机,并将进路、轨道电路、道岔和信号机的状态信息提供给 ATS 和 ATP/ATO。

联锁设备的功能包括以下内容:

(1) 联锁逻辑运算。接收 ATS 或行车值班员的进路命令,进行联锁逻辑运算,实现对道岔和信号机的控制。

(2) 轨道电路信息处理。处理列车检测功能的输出信息,以提高列车检测信息的完整性。

(3) 进路控制。建立、锁闭和解锁进路。

(4) 道岔控制。解锁、转换和锁闭道岔。

(5) 信号机控制。信号机的开放、关闭。

2. 联锁设备的基本要求

(1) 确保信号、道岔和进路三者之间的联锁,联锁条件不符时,禁止进路开通。敌对进路必须相互照查,不得同时开通。

(2) 装设引导信号的信号机因故不能开放时,应通过引导信号实现列车的引导作业。

(3) 应能办理列车和调车进路,根据需要设置相应的防护进路。

(4) 联锁设备宜采用进路操纵方式。根据需要,联锁设备可实现车站有关进路(包括折返进路)自动排列。

(5) 进路解锁宜采用分段解锁方式。锁闭的进路应能随列车正常运行自动解锁、人工办理取消进路和限时解锁并应防止错误解锁。限时解锁时间应确保行车安全。

(6) 联锁道岔应能单独操纵和进路选动。影响行车效率的联动道岔宜采用同时起动方式。

(7) 车站站台及车站控制室应设站台紧急关闭按钮。站台紧急关闭按钮电路应符合故障-安全原则。

(8) 联锁设备的操纵宜选用单元控制台。控制台上应设有意义明确的各种表示,用以监督线路及道岔区段占用、进路锁闭及开通、信号开放、挤岔、遥控和站控等。

(9) 车站联锁主要控制项目包括列车进路、引导进路、进路的解锁和取消、信号机关闭和开放、道岔操纵及锁闭、区间临时限速、扣车和取消、遥控和站控、站台紧急关闭和取消。

二、进路的种类及划分

(一) 进路的种类

按作业性质,进路大体上可分为列车进路和调车进路两类。列车进路又可分为接车进路、发车进路、通过进路。凡是列车进站所经过的路径叫做列车接车进路;列车由车站发往区间所经过的路径叫做发车进路;列车由车站通过所经过的正线接车进路和正线同方向发车进路组成的进路,叫做通过进路;按方向来区分,调车进路可分为调车接车方向的进路和调车发车方向的进路。

进路的性质取决于作业的性质。一般地,从行车安全的角度来看待这一问题。因为客车上有旅客且行车速度快,故列车进路比调车进路更为重要,在技术要求上更为严格。如以接车进路为例,列车由区间以最大允许速度驶向车站时,为了保证行车安全迫切需要了解列车是否接近车站、是否允许接车、进站后列车经由直股还是弯股等。这些有关信息通知司机的时机越早越好,因为它不仅涉及行车安全,而且直接影响运输效率。

列车进路一般有信号机防护,但列车在进路中的运行安全则由 ATP 系统负责,这为城市轨道交通高密度行车提供了前提和安全保障。在设计中,ATP 系统与计算机联锁功能的结合,使计算机联锁功能得到了加强。

根据城市轨道交通运营特点,城市轨道交通进路可分为以下几种:

1. 多列车进路

进路分为单列车进路和多列车进路,这主要是因为城市轨道交通运行间隔小,车流密度大,列车的运行安全由 ATP 系统保护,所以在一条进路中可能出现多列列车在运行。

图 5-1 所示为多列车进路示意图,S1→S2 为多列车进路,只要监控区空闲,以 S1 为始端的进路便可以排出,S1 信号开放。

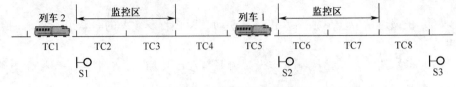

图 5-1 多列车进路示意图

对于多列车进路,当列车 1 离开进路始端信号机内方的监控区后,可以排列车 2 相同终端的进路。列车 2 进路排出,列车 1 通过后进路中的轨道区段直到列车 2 通过后才解锁。

多列车进路排出后,如果是进路中有列车运行,则人工取消进路时,只能取消最后一次排列的进路至前行列车所在位置的进路,其余进路由前行列车通过以后解锁。人工取消多列车进路的前提是进路的第一个轨道电路必须空闲。

多列车进路排列如图 5-2 所示,S5→S6 为多列车进路,列车 1 通过 TC2、TC3、TC4 以后,这 3 个轨道区段正常解锁,这时可以再次排列 S5→S6 进路,S5 开放绿灯信号。

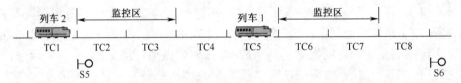

图 5-2 多列车进路排列

如果列车 1 继续前进,则通过区段 TC5、TC6、TC7 后,这 3 个区段不解锁,只有在列车 2 通过这 3 个区段后才解锁。如果第二次排列的进路需要取消,这时只能取消从信号机始端 S5 到列车 1 之间的进路,其余的进路会随着列车通过后自动解锁。

2. 追踪进路

追踪进路是联锁系统本身的一种自动排列进路功能。这种进路的防护信号机具有自动信号属性。当列车接近信号机,占用触发区段时(触发区段是指列车占用区段时引起进路排列的区段,触发进路可能是信号机前方第一个接近区段,也可能是第二个接近区段,触发区段根据信号机布置和通过能力而定),列车运行所要通过的进路自动排出。追踪进路排出的前提除了满足进路排出的条件外,进路防护信号机还必须具备进路追踪功能。

图 5-3 所示为追踪进路示意图,S7、S8 具有追踪功能,TC1、TC5 分别是以 S7、S8 为始端的进路的触发区段,列车占 TC1 时,S7→S8 进路自动排出,S7 开放。列车占用 TC5 时,S8→S9 进路自动排出,S8 开放。

当一信号机被预定具有进路追踪功能时,则对其规定的进路命令便通过接近

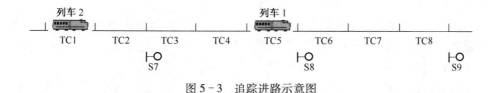

图 5-3　追踪进路示意图

指示自动产生。调用命令被储存,一直到信号机开放为止。接近指示将由确定的轨道区段的占用而触发。

当对一信号机接通自动追踪进路时,也可以实行人工操作。若接收到接近指示之前已人工排列了一条进路,则自动调用的进路被拒绝,重复排列进路也不能被储存。

假如排列的进路被人工解锁,则该信号机的自动追踪进路功能会被切断。

3. 折返进路

列车折返进路作为一般进路纳入进路表。通常,通过列车自动选路、追踪进路或人工排列的折返进路从指定的折返线开始。

4. 连续通过进路

连续通过进路由联锁系统自动排列进路。当信号机被设置为连续通过信号时,该信号机防护的进路将被自动排列出来。当信号机被设置为连续通过信号时,在 ATS 显示界面上,该架信号机图标的前方会出现绿色箭头,如图 5-4 中的 X7F 所示。X7F 是一架连续通过信号机,其所防护的进路范围是绿色光带显示的区段(图中用粗线表示)。连续通过信号机平时点亮允许灯光(绿灯),其所防护的进路处于锁闭状态。当列车进入信号机内方时,信号自动关闭,显示禁止灯光(红灯)。一旦列车离开该进路,则该进路自动锁闭,并使连续通过信号机再次开放允许灯光,指引后续列车进入进路。

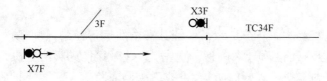

图 5-4　连续通过进路

在城市轨道交通进路中,还涉及一些概念,具体如下:

(1) 联锁监控区段。在装备准移动闭塞的城市轨道交通中,开放信号机前联锁设备不需检查全部区段,只要检查部分区段,这些被检查的区段叫做联锁监控区段。

联锁监控区段即排列进路时信号机开放所必须空闲的区段,一般为信号机内方两个区段,如监控区段内有道岔,则在最后一个道岔区段后加一区段作为监控区段。监控区段的长度,应满足驾驶模式转换的需要。

进路设有监控区段时,只要监控区段空闲,进路防护信号机便可正常开放。列车通过监控区段后自动将运行模式转为 ATO 自动驾驶模式或 SM 模式(ATP 监督人工驾驶模式),列车之间的追踪保护由 ATP 系统来实现。

(2) 保护区段。为了保证列车的安全运行,避免列车由于某种原因不能在信号机前停住而导致事故的发生,充分考虑列车的制动距离及线路等因素,在停车点前设置保护区段,即终端信号机后方的一至两个区段为保护区段。

进路可以带保护区段或不带保护区段排出。如进路短,排列进路时带保护区段;多列车进路无保护区段时,进路防护信号机可以正常开放。

根据设计,保护区段可以在主体信号控制层内受到监督,也可以不在主体信号控制层内受到监督。此外,也有可能在进路排列时直接征用保护区段,或进路先排列,保护区设置延时直至进路内的接近区段被占用,延时的保护区段设置是一种标准方式,为多列车进路内的每个列车提供保护区段条件。

当排列的运行进路无法成功地进行保护区段设置或延时保护区段设置没有成功时,保护区段可稍候设置。只要到达线和指定保护区段的轨道区段空闲,并且设置保护区段的条件得以满足,便可重新设置。

在设定的时间(预设值为 30s)截止以后,保护区段便解锁。延时解锁从保护区段接近区域被占用时开始。在列车反向运行情况下,保护区段的延时解锁仍将继续。

(3) 侧面防护。城市轨道交通的道岔控制全部为单动,不设双动道岔,所有的渡线道岔均按单动处理,也不设双动道岔。这些都需要采取侧面防护来防止列车的侧面冲突。

城市轨道交通侧面防护是指为了避免其他列车从侧面进入,与列车发生侧面冲突。根据防护对象的不同,侧面防护可分为两种:主进路的侧面防护和保护区段的侧面防护。

列车进路需要侧面防护是为了保证其安全的运行径路,侧面防护由防护道岔确保,或通过显示红色信号来确保。道岔为一级侧面防护,信号机为二级侧面防护。排列进路时先找一级侧面防护,再找二级侧面防护。侧面防护必须进行超限绝缘的检查。

侧面防护的任务是通过操作、锁定和检测邻近分歧道岔,使通向已排进路的所有路径均不能建立。侧面防护也可通过具有停车显示,和位于有侧面防护要求的运行进路方向的主体信号机来获得。在进路表中已经为每条运行进路设计了侧面防护区域。

如果采用了一个道岔的侧面防护,而道岔的实际位置和所要求的位置不一致时,应发出转换道岔位置的命令。当命令不可执行(如道岔因封锁而禁止操作)

时,该操作命令被存储直到要求的终端位置达到为止;否则通过取消或解锁该运行进路,来取消该操作命令。

排列进路时,除检查始端信号机外,还检查终端信号机和侧面防护信号机的红灯灯丝,只有这两种信号机的红灯功能完好,信号机才可开放。

当要求侧面防护的运行进路解锁时,运行进路侧面防护区域也将解锁。

(二)进路的划分

进路的划分即确定各种进路的始端和终端。将进路的范围划分明确,信号机所防护的范围也就明确了。进路的始端处应设置信号机加以防护,而其终端处,也多以同方向的信号机为界,在进路的终端处无信号机时,以车挡、站界标或警冲标(不设出站信号机的车站)为界,具体划分进路方法,如图5-5所示。

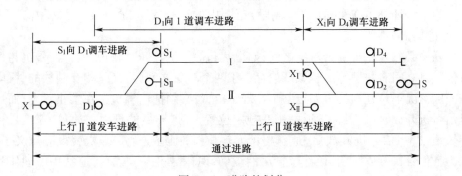

图 5-5 进路的划分

图5-5所示的进路划分说明以下几点:

(1)上行Ⅱ道接车进路的始端是上行进站信号机S,终端是上行Ⅱ道上的出站信号机$S_Ⅱ$,接车进路的范围是从S至$S_Ⅱ$,其中包括Ⅱ道。

(2)上行Ⅱ道发车进路的始端是$S_Ⅱ$,终端是X,上行Ⅱ道发车进路的范围是由$S_Ⅱ$至X(不包括股道)。

(3)上行通过进路的始端是S,终端是X,通过进路的范围是从S至X(包括股道)。

(4)由D_1向1道调车进路的始端是D_1,终端为下行1道的出站兼调车信号机X_1,调车进路的范围为D_1至X_1,其中包括1道。

(5)由X_1至D_4信号机的调车进路的始端是X_1(出站兼调车信号机),终端是车挡,该调车进路的范围是从信号机X_1至车挡,其中包括牵出线。

(6)由S_1向D_1的上行调车发车方向进路的始端是S_1(出站兼调车信号机),终端是下行进站信号机X,其中包括无岔区段。

(三)列车进路的划分原则

(1)进路的始端一般是信号机。

(2) 进路范围内包括道岔和道岔区段。

(3) 一架信号机同时可防护几条进路,即它可作为几条进路的始端(如进站信号机等)。

(4) 发车进路的终端可以是信号机、站界标及警冲标。

(5) 调车进路和列车进路一样,也要有一定的范围(与列车进路相比较短),才能对它进行防护。调车进路的始端是防护该调车进路的调车信号机或出站兼调车信号机,终端则视具体情况而定。

第二节 联锁内容

为了保证列车在车站(或车辆段)范围内的运行安全,在进路、道岔和信号之间存在某种联锁关系。

联锁必然存在于两个对象之间,如道岔和信号机之间有联锁、上行信号机与下行信号机之间有联锁等。联锁既然存在于两个对象之间,且又是相互制约的,所以在一般情况下是互锁的。如道岔不在规定位置,必须把信号机锁在禁止状态,而一旦信号机开放,信号机又把道岔锁在规定位置上,这样做的理由很简单,若信号机不锁道岔,在信号机开放后,道岔仍可变换位置,则道岔锁信号机就没有意义了。因为在信号机开放以前,道岔位置虽然正确,但信号机开放以后,道岔仍可动作到错误的位置上去。

也有不是互锁的情况,如进站信号机红灯灯丝不完好,不允许它开放。但进站信号机开放以后,却不能把红灯锁在点亮的位置上,而是要求红灯灭灯,才能改点绿灯或黄灯。这里的进站信号机的红灯,与进站信号机开放的关系,即是单面锁而不是互锁关系。不过单面锁的联锁关系存在的较少。因此所说的基本联锁内容都是互锁的。

下面谈谈存在于道岔、进路和信号机之间的基本联锁的内容。

一、道岔与进路之间的联锁

道岔有定位和反位两个工作位置,进路有锁闭和解锁两个状态。道岔位置正确,进路才能锁闭,进路解锁后,道岔才能改变其工作位置。这就是存在于道岔和进路之间的基本联锁关系,这种关系可以用图5-6和表5-1来表示。

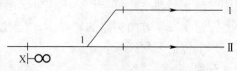

图5-6 道岔与进路之间的联锁

表 5-1 道岔与进路之间的联锁

进路号	进路名称	道岔	含 义
1	1道下行接车进路	(1)	进路1与道岔1之间有反位联锁关系
2	Ⅱ道下行接车进路	1	进路2与道岔1之间有定位联锁关系

从表 5-1 中可以看出：

（1）进路 1 是 1 道下行接车进路，道岔带括号表示道岔在反位，进路 1 与道岔 1 之间有反位联锁关系，即道岔 1 不在反位，进路 1 就不能锁闭，反过来进路 1 锁闭后，把道岔 1 锁在反位位置上，不准道岔 1 再转换位置。

（2）进路 2 是 Ⅱ 道下行接车进路，道岔不带括号表示道岔在定位，进路 2 与道岔 1 之间有定位锁闭关系，即道岔 1 不在定位，进路 2 就不能锁闭，反过来进路 2 锁闭后，把道岔 1 锁在定位位置上，不准道岔 1 再转换位置。

有时，进路范围以外的道岔也与该进路有联锁关系，把这样的道岔叫做防护道岔，如图 5-7 和表 5-2 所示。

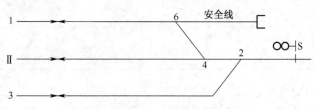

图 5-7 防护道岔与进路之间的联锁

表 5-2 防护道岔与进路之间的联锁

进路号	进路名称	道岔	含 义
1	1道上行接车进路	2,(4/6)	进路1与道岔2之间有定位联锁关系，与道岔4/6之间有反位联锁关系
2	Ⅱ道上行接车进路	2,4/6	进路2与道岔2、4/6之间有定位联锁关系
3	3道上行接车进路	(2),[4/6]	进路3与道岔2之间有反位联锁关系，与防护道岔4/6之间有定位联锁关系

图 5-7 所示的安全线是为 1 道下行接车进路而设置，因下行进站信号机前方制动距离内有较大的下坡道（6‰以上），列车进站后可能停不住车，防止与上行 Ⅱ 道（或 3 道）接车进路上的列车发生侧撞事故。

道岔 4/6 虽不在 1 道下行接车进路上，但如果允许道岔 4/6 反位的情况下，建立上行 3 道接车进路的话，当列车进站，行驶在 2 号道岔期间，有可能与下行 1 道的列车（列车进站后可能停不住车）相撞，这是很危险的。因此，道岔 4/6 虽属上行

3道接车进路以外的道岔,也要求道岔4/6与上行3道的接车进路发生联锁关系,即道岔4/6不在定位,禁止进路3锁闭(即禁止防护进路3的信号机开放),一旦进路3锁闭后,禁止道岔4/6转换位置,即把道岔4/6锁在定位位置上。很显然,把道岔4/6锁在定位后,就使进路1与进路3隔离开来,消除了可能的危险性。

防护道岔与进路的联锁关系,表5-2中用中括号表示,[4/6]表示防护道岔4/6与进路3之间为定位锁闭关系,若是反位锁闭,则用[(4/6)]表示。

二、道岔与信号机之间的联锁

因为进路是由信号机防护的,故道岔与进路之间的联锁,也可以用道岔与信号机之间的联锁来描述。

在图5-6所示的信号机X防护着两条进路:一条是1道下行接车进路,要求1号道岔在反位;另一条是Ⅱ道下行接车进路,要求1号道岔在定位。因此信号机X与道岔1之间的联锁关系,既有定位锁闭关系,又有反位锁闭关系,叫做定、反位锁闭,记做"1,(1)",如表5-3所示。

表5-3 道岔与信号机之间的联锁

信号机	信号机名称	道岔	含 义
X	下行进站信号机	1,(1)	信号机X与道岔1之间有定、反位联锁关系

定、反位锁闭意味着道岔1在定位时,允许信号机X开放,在反位时也允许信号机X开放,那么可否不采取锁闭措施呢?不是的,因为道岔除定位和反位以外,还有一种非工作状态,既不在定位也不在反位的状态,即四开状态。就是说,道岔在非工作状态,不允许信号机开放。

三、进路与进路之间的联锁

进路与进路之间存在着两种不同性质的联锁关系:一是抵触进路;二是敌对进路。

1. 抵触进路

在图5-8中,下行接车进路有3条,即进路1、进路2和进路3。这3条进路因为要求道岔位置各不相同,且在同一时间只能建立起一条进路。任何一条进路锁

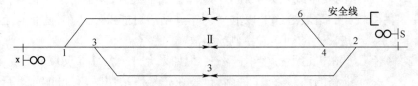

图5-8 进路与进路之间的联锁

闭以后,在其未解锁以前,因为把有关的道岔锁住了,不可能再建立其他两条进路了。把这样互相抵触的进路叫抵触进路,如表5-4所示。

表5-4 进路与进路之间的联锁

进路号	进路名称	抵触进路	迎面敌对进路	有条件敌对进路
1	1道下行接车进路	2,3	6	无
2	Ⅱ道下行接车进路	1,3	5	4,6
3	3道下行接车进路	1,2	4	5,6
4	3道上行接车进路	5,6	3	2
5	Ⅱ道上行接车进路	4,6	2	3
6	1道上行接车进路	4,5	1	2,3

既然抵触进路不能同时建立,那么在抵触进路之间,要不要采取锁闭措施呢?回答应该是肯定的,不需要。不需要采用锁闭措施的联锁内容,没有必要列在联锁表内。

但是,也有一种例外的情况,若信号机与道岔均由扳道员在两个咽喉区分别操纵,车站值班员仅仅用电话指挥,那么肩负行车安全责任的车站值班员无法对扳道员进行有效地控制和监督。因此,在上述情况下值班员室,需安装一种用来发送建立进路命令的设备。当值班员操纵一个操纵元件,发出一个电信号。这样扳道员只能按照车站值班员的意图(即按照接收到的电信号)来建立进路,从而受到了控制和监督。但是设在值班员室内的设备必须具备一种功能,即不允许值班员有可能同时发出两个有抵触的进路命令。因为车站值班员若能同时发出两个有抵触进路的命令,如建立进路1和进路3,则最后决定权还取决于扳道员,这就失去了设置此设备的目的。因此,在值班员室内的设备上要求在抵触进路之间,应采取一定的锁闭措施,实施抵触进路之间的联锁,这时在联锁表中必须把抵触进路也列出来。

2. 敌对进路

用道岔位置不能间接控制的两条进路,这两条进路又存在着敌对关系,称为敌对进路。在图5-8中,进路2是Ⅱ道下行接车进路,进路5是Ⅱ道上行接车进路,它们是同一股道不同方向的接车进路,不能用道岔位置间接控制,允许同时接车有正面冲撞危险,所以很明显进路2和进路5是敌对进路。有时把进路2和进路5这两条敌对进路叫迎面敌对进路。

进路5和进路3虽不属于同一股道的接车进路,但从1股道的上行端设有安全线这一点上来看,可知下行列车进站后,因为下坡道的坡度大(6‰以上),有可能到达股道后停不住车,因此,当考虑进路 5 与进路 3 是否是敌对进路时应涉及上述不安全因素。很明显,若下行进 3 股道的列车停不住车,势必与进入 Ⅱ 道的上行列车相撞。因此,进路 5 和进路 3 也是敌对进路,称它们为有条件敌对进路。

四、进路与信号机之间的联锁

进路与进路之间的联锁关系,可用进路与信号机之间的联锁关系来描述。因为进路较多时,这样描述较明显,不需要从进路号码中查找进路名称。如图 5-9 和表 5-5 所列,进路 1 是从 D_{21} 信号机至无岔区段 W 的调车进路,D_{23} 信号机所防护的进路与上述进路为敌对进路,所以把 D_{23} 称为进路 1 的敌对信号,在联锁表进路 1 的敌对信号栏内记做"D_{23}"。

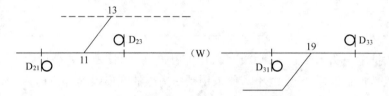

图 5-9 进路与信号机之间的联锁

表 5-5 进路与信号机之间的联锁

进路号	进路名称	敌对信号
1	D_{21} 至 W 调车进路	D_{23},<19>D_{33}
2	D_{33} 至 W 调车进路	D_{31},<11/13>D_{21}

D_{33} 信号机防护两条进路:一条经由道岔 19 反位;另一条经由道岔 19 定位至无岔区段 W。由于无岔区段一般较短,故禁止同时由两个方向向该无岔区段内调车,即 D_{21} 至 W 的调车进路,与 D_{33} 至 W 的调车进路是敌对进路。但这两条敌对进路,只有当道岔 19 在定位时才能构成;反之则构不成。这种有条件的敌对进路,在进路 1 的敌对信号栏中记做"<19>D_{33}"。如果记做"<(19)>D_{33}",则说明是反位条件。

同理,进路 2 与调车信号机 D_{21} 也存在着条件敌对关系,故在进路 2 的敌对信号栏内,记有"<11/13>D_{21}"。凡是两对象间存在着一个或几个条件才构成锁闭关系,就是条件锁闭,而这里的条件一般指道岔位置。

既然进路与进路之间联锁,可以用进路与信号机之间的联锁关系来描述,当然也可以用信号机与信号机之间的联锁关系来描述。若以图 5-9 中的 4 架调车信号机为例,则这 4 架信号机之间的联锁关系可这样描述:D_{21} 与 D_{33} 之间的关系是条件联锁,条件是道岔 11/13 定位和道岔 19 定位,如表 5-6 所示。

表 5-6　信号机与信号机之间的联锁

信号机	信号机名称	敌对信号	
		条件(道岔位置)	锁闭
D_{21}	调车信号机		D_{23}
		19	D_{33}
D_{23}	调车信号机		D_{21}
D_{31}	调车信号机		D_{33}
D_{33}	调车信号机		D_{31}
		11/13	D_{21}

第三节　进路控制过程

一、进路状态

根据进路是否建立,可以将进路状态分为锁闭和解锁两种状态。进路锁闭是指进路已经办理,进路上的所有道岔都被锁闭在规定位置不能转换,且敌对信号机被锁闭在未建立状态;进路解锁是指进路没有办理,或使进路上的所有道岔都处于位置可以转换且敌对信号机处于未被锁闭的状态。

建立了进路,即指利用某一路径排列了进路,此时进路处于锁闭状态。没有建立进路,即指没有利用该路径排列进路,此时进路将处于解锁状态。

进路处于锁闭状态时,进路上的所有道岔都被锁闭在规定位置上且不能转换位置,之后,防护该进路的始端信号机开放,随后列车或调车车列才能在该进路上运行。进路锁闭,且防护该进路的始端信号开放后,该进路处于安全状态。

当列车或调车车列运行并通过锁闭的进路后,该进路将被解锁而处于解锁状态。解锁状态下,进路上道岔随时有转换位置的可能,处于不安全状态,列车在其上运行将处于不安全状态,因而不允许列车或调车车列在没有锁闭的进路上运行。

二、进路控制过程

进路控制过程是指一条进路从办理到列车或调车车列通过进路的全过程。进路控制过程是信号、道岔和进路之间的联锁过程,体现了对安全控制的要求,反映了联锁逻辑关系。无论是列车进路还是调车进路,它们的控制过程基本一样。

进路控制过程可分为进路建立和进路解锁两个过程。进路建立过程是指从车站值班人员开始办理进路到防护该进路的信号开放,进路由解锁状态变为锁闭状态;进路解锁过程是指列车或车列驶入进路到越过进路中全部道岔区段,或值班员解除已建立进路,进路由锁闭状态变为解锁状态。

(一)进路建立过程

进路建立过程可进一步分解为进路选择、进路锁闭和开放信号3个阶段,每个阶段应完成的基本任务如下:

1. 进路选择

在办理进路时,车站值班员按压进路的始端和终端按钮,确定进路的范围、性质和方向;根据已确定的进路范围,从许多进路中自动选出一条要办理的进路,选择进路中所有的道岔;当选出的道岔实际位置不符合进路要求,且道岔处于解锁状态时,将道岔转换到所需的规定位置。

2. 进路锁闭

当与进路有关的道岔位置符合进路要求、进路处在空闲状态以及没有建立敌对进路等条件满足时,实现进路锁闭,为下一步开放信号创造条件。

3. 开放信号

在进路锁闭后,通过检查开放信号有关联锁条件,使防护进路的信号机开放,指示列车或调车车列驶入进路。当列车一旦驶入进路后,信号立即自动关闭。在信号保持开放期间,需要不断检查进路空闲、道岔位置正确等开放信号的联锁条件,如果出现有非法车辆进入进路,或道岔位置发生变化等危及行车安全的因素,信号应立即关闭。

(二)进路解锁过程

进路解锁是指对已建立的进路进行解除锁闭。当列车或调车车列通过道岔区段后,应解除对道岔和敌对进路的锁闭。

进路的锁闭和解锁是一个问题的两个方面,两者比较起来,进路解锁尤为重要。因为进路因故不锁闭,信号不开放,这是安全的。而进路解锁过程一般是在信号开放之后进行的,被锁闭的进路一旦错误解锁,意味着进路上的道岔可以转换,敌对进路可建立。如果在信号开放后,在列车或调车车列已接近进路的情况下,出现进路错误解锁,这是非常危险的。另外,当列车或调车车列正在进路中运行时发生了错误解锁事故,同样是非常危险的,都将危及行车安全。因此,对于进路解锁的重点是防止错误解锁。

进路解锁与列车或调车车列是否接近进路有密切关系。为了反映列车或调车车列是否接近进路,原则上在每架信号机的前方都应设置一段轨道电路作为进路的接近区段。列车进路的接近区段长度不小于制动距离(如800m),调车进路的接近区段长度不小于一节钢轨的长度25m。

根据进路的解锁条件和时机的不同,有5种解锁方式:取消进路、人工解锁、正常解锁、调车中途折返解锁及故障解锁。

1. 取消进路

当进路锁闭,且信号机开放后,如果列车未驶入接近区段,这时进路锁闭称为预先锁闭。如果采取措施关闭信号机,锁闭的进路可立即解锁。因为列车远离进路,即使道岔和敌对进路解锁,也不至影响行车安全。

进路建立后,由于某种原因需要解锁时,只要进路在预先锁闭状态且进路空闲,操作人员可办理取消手续,立即解锁进路。

2. 人工解锁

当进路锁闭,且信号开放后,如果列车已驶入接近区段,这时进路锁闭称为接近锁闭。进路在接近锁闭的状态下,由于某种原因需要解锁时,在操作人员的人工解锁规范操作后,首先关闭信号机,从信号机关闭时算起,延时一定时间且进路在空闲状态下才能解锁。延时的目的在于使司机看到禁止信号后,能够在延时期间将车停在信号机前(车未进入进路),停车后再使进路解锁是安全的。延时的时间不小于制动时间,一般规定接车进路和正线发车进路的延时时间为3min,侧线发车进路和调车进路的延时时间为30s。在城市轨道交通中,由于列车运行速度较慢,因此延时时间一般采用30s或1min。

在人工解锁时,由于司机突然看到禁止信号而采取紧急制动措施,可能造成行车事故,因此不应轻易办理人工解锁。为了引起操作人员的重视和防止因误操作而引起严重后果,对人工解锁需要采取一定的限制和记录措施。

3. 正常解锁

正常解锁是指列车或调车车列通过进路中的道岔区段后,进路自动解锁。正常解锁分为一次解锁和逐段解锁两种方式。

一次解锁是指列车或调车车列出清了进路中全部道岔区段后,各个道岔区段和敌对进路同时解锁的形式;逐段解锁是指列车或调车车列每驶过一段道岔区段,该道岔区段以及与该道岔区段有关的敌对进路自动解锁的形式。一次解锁能减少设备投资,逐段解锁有利于提高线路的利用率,在我国广泛采用逐段解锁方式。

无论是一次解锁还是逐段解锁方式,都必须检查列车或调车车列确实通过了被解锁的区段后才能解锁。在采用逐段解锁方式时,目前广泛采用三点检查法构成区段解锁条件。

以图5-10所示区段B为例,要想解锁区段B,必须检查:列车占用并出清前方区段A;列车占用并出清本区段B;列车占用后方区段C。

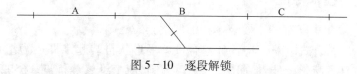

图5-10 逐段解锁

4. 调车中途折返解锁

调车中途折返解锁是调车进路的一种自动解锁方式。在进行转线调车作业时,整个调车作业过程可分为牵出作业和折返作业两个过程。为牵出作业而建立的进路称为牵出进路,为折返作业而建立的进路称为折返进路。

当调车车列驶入牵出进路后,往往在牵出的中途根据折返进路信号开放而使调车车列折返。由于车列没有完全通过牵出进路上的所有道岔区段而中途折返,以至牵出进路上的部分道岔区段不能按正常解锁方式解锁。因此,需要用一种特殊的解锁方式,使牵出进路上未能正常解锁的区段予以自动解锁,这种特殊的自动解锁方式称为调车中途折返解锁。

5. 故障解锁

随着列车或调车车列通过进路,各道岔区段应按正常解锁方式自动解锁,然而由于轨道电路故障等原因,工作不正常,破坏了三点检查自动解锁的条件,而使进路因故障不能自动解锁,需采用特殊的由操作人员介入使进路解锁。故障解锁是以道岔区段为单位实施故障解锁。

在故障解锁时,必须判断解锁是否会危及行车安全,需要对故障解锁的操作加以限制,以避免发生行车事故。

第四节　6502 电气集中联锁系统

用电气方式集中控制和监督全站的道岔、进路和信号,并实现它们之间联锁关系的设备称为电气集中联锁。6502 电气集中联锁系统是通过电磁继电器及其电路来实现车站联锁逻辑控制功能的控制系统,由于实现联锁的元件是继电器,故又称为继电集中联锁。

电气集中联锁把全站的道岔、进路和信号集中起来控制和监督,在一定程度上实现了站内行车指挥的自动控制,能准确、及时地反映现场行车情况,具有操作简便、办理迅速、表示完善、安全可靠等优点。

电气集中联锁电路曾有过多种制式,但经使用并几经改进和完善,6502 电气集中联锁(1965 年开发的第二代产品)被认为是较好的定型电路,并且在我国铁路车站中得到广泛应用。上海地铁 1 号线车辆段、北京地铁 1 号线车辆段、广州地铁 1 号线车辆段等均采用 6502 电气集中联锁系统。

一、主要技术特征

6502 电气集中联锁的主要技术特征如下:

(1) 采用组合式电路。将各种组合按站场形状拼装起来即成为组合式电路。组合式电路具有简化设计、加速施工、工厂预制、便于维修等优点。6502 电气集中联锁几乎都是用定型组合拼成的,只需设计少量零散电路。

(2) 采用双按钮选路方式。排列进路时只需按压两个进路按钮就能转换道岔、开放信号,而且不论进路中有多少组道岔均能一次转换,简化了操作手续,提高了效率。

（3）采用逐段解锁方式。6502电气集中联锁把进路分为若干段,列车或调车车列出清一段就解锁一段。

（4）电路动作层次清晰,各网路线和继电器用途明确。

二、设备组成

6502电气集中联锁分为室内设备和室外设备两大部分,其组成如图5-11所示。室内设备有控制台、区段人工解锁按钮盘、继电器组合及组合架、电源屏、分线盘等。室外设备有信号机、转辙机、轨道电路以及连接室内外设备的电缆线路等。

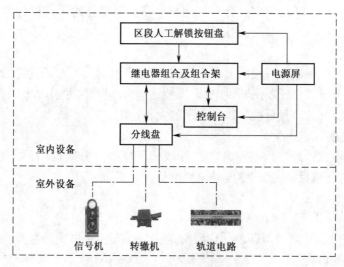

图5-11　电气集中联锁的设备组成

1. 控制台

控制台是车站值班员指挥列车运行和调车作业的控制中心,用来控制和监督全站的道岔、进路和信号机,并供信号维修人员分析、判断控制系统的故障。控制台设在信号楼车站值班员室。

控制台采用单元拼凑式,由各种定型的标准单元拼装而成,便于生产和站场变更时的改建。控制台的盘面按照车站站场的实际情况布置,模拟站场线路、接发车进路方向、信号机和道岔,与站场实际位置相对应。控制台上设置有各种按钮和表示灯。

2. 区段人工解锁按钮盘

在离开控制台一定距离的室内墙面上,装设有区段人工解锁按钮盘。在区段人工解锁按钮盘的盘面上,对每个道岔区段和无岔区段均设置一个带铅封的事故按钮。操作时需一人按控制台上的按钮,另一人按区段人工解锁按钮盘的按钮,以免单人操作而危及行车安全。

区段人工解锁按钮盘是控制台操作时的辅助设备,当区段因故障不能正常解锁时,用它实现区段的故障解锁;当更换继电器或停电后恢复时,可用它恢复设备正常状态;当用取消进路办法不能关闭信号时,可用它关闭信号。

3. 继电器组合及组合架

继电器组合及组合架是6502电气集中实现联锁处理功能的主要设备。6502电气集中联锁需要大量继电器,这些继电器以组合的形式放置在组合架上,组合架设置在继电器室内。把具有相同控制对象的继电器按照定型电路环节组合在一起,叫做继电器组合,简称组合。

6502电气集中定型组合根据车站信号平面布置图上的道岔、信号机和轨道电路区段设计,共有12种定型组合。采用继电器定型组合的形式设计电路,不仅简化了设计、加快了设计过程,而且组合可在工厂预制,从而缩短了工期。

4. 电源屏

电源屏是电气集中联锁的供电设备,一般要求有两路可靠的电源,即主电源和副电源。电源屏要保证不间断供电,电压波动能自动调整,并且要有短路和过载保护措施。电源屏的容量可根据车站规模的大小选用。

5. 分线盘

电气集中联锁的室内与室外联系导线都必须经过分线盘端子。分线盘是室内、外设备的连接设备,实现室内外电缆汇接。

三、工作原理

6502电气集中联锁电路的动作层次是:先选择进路,再锁闭进路,然后开放信号,最后解锁进路。

6502电气集中联锁电路是继电逻辑电路,包括网路电路和局部电路。网路电路的形状与站场形状相似。6502电气集中联锁的主要电路由15条网路线构成,其中1~7线为选路电路,8~15线为执行电路。据此,可将6502电气集中联锁电路分为选择组电路和执行组电路两大部分。

1. 选择组电路

选择组电路由记录电路和选路网路组成,主要用来记录车站值班员按压按钮的动作,按要求自动选通所需进路,并将操作意图传给执行组电路。

在记录电路中,由按钮继电器电路记录按压进路按钮的动作,由方向继电器根据所按压进路的顺序来区分进路的性质和运行方向。

选路网路包括选岔电路和开始继电器电路。在7条网路线中,1~6线是道岔操纵继电器动作网路线,组成六线制选岔电路,用来在排列进路的过程中自动选出进路上的各有关道岔所需的位置;第7线是开始继电器励磁电路,用以检查所选进路和所排进路的一致性。

进路选定后,即将车站值班员的操作意图传达到执行组电路,构成执行组的动作条件。

2. 执行组电路

执行组电路的作用是检查所有联锁关系,包括检查进路中的道岔位置、区段空闲、未建立敌对进路,实现道岔区段锁闭和开放信号,以及检查各种解锁条件完成进路的解锁。执行组电路可分为信号检查、区段检查、信号开放、锁闭及解锁等环节。

执行组电路主要由 8 条网路线组成。

(1) 8 线是信号检查继电器电路,用来检查开放信号的可能性,即进路空闲、没有建立敌对进路、道岔位置正确。

(2) 9 线是区段检查继电器和股道检查继电器电路,用来检查区段空闲,实现进路锁闭。

(3) 10 线是区段检查继电器自闭电路,用来防止进路迎面错误锁闭。

(4) 11 线是信号继电器电路,用来检查开放信号的联锁条件,即检查进路上各区段空闲、道岔位置正确且锁闭、敌对进路未建立且锁在未建立状态,符合条件即可开放信号。

(5) 12、13 线是进路继电器电路,用来实现进路的锁闭,完成进路的正常解锁、取消、人工解锁、调车中途折返解锁及引导锁闭等。

(6) 14、15 线是控制台光带表示灯电路。

除了 8 条网路线外,执行组电路还包括一些局部电路,如道岔控制电路、信号灯点灯电路、取消继电器电路、接近预告继电器电路、照查继电器电路、传递继电器电路、锁闭继电器电路以及控制台的各种表示灯电路、报警电铃电路等。

第五节 计算机联锁系统

一、计算机联锁系统概述

随着计算机技术的迅速发展,尤其是对可靠性技术和容错技术的深入研究,计算机联锁逐步取代继电集中联锁。根据各国对计算机联锁的研究和试用情况来看,计算机在逻辑功能和信息处理方面具有很强的功能,非常适用于车站联锁。

计算机联锁系统是以计算机技术为核心,综合采用通信、控制、容错、故障-安全等技术,实现车站联锁要求的实时控制系统。计算机联锁利用计算机对车站作业人员的操作命令及现场表示的信息进行逻辑运算,从而实现对道岔、进路和信号机进行集中控制与监督,使其达到相互制约的目的。

计算机联锁安全可靠,处理速度快,与继电集中联锁相比具有十分明显的优势,无论在安全性、可靠性还是在经济性等方面都是继电集中联锁无法比拟的,而且在设计、施工、维修和使用上大为方便,大大提高了车站自动化程度和作业效率。

1. 计算机联锁系统的发展概况

车站联锁设备是一个很复杂的自动控制系统,它经历了从机械联锁到继电联锁,再到计算机联锁的发展过程。随着电子技术的飞速发展,20世纪60年代,人们开始尝试采用电子器件取代继电器来构成铁路信号电子联锁控制系统。1978年,由瑞典ABB公司研制的世界上第一套计算机联锁控制系统在瑞典哥德堡站成功应用,掀起了车站联锁控制系统研究与应用的新篇章。

20世纪80年代,铁道科学研究院、通信信号总公司研究设计院等单位相继展开了计算机联锁控制系统的研制工作。1984年,通信信号总公司研究设计院研制生产出了国内第一套计算机联锁控制系统,并成功地应用于地方铁路(南京梅山铁矿地下运输线),填补了我国计算机联锁控制系统的空白。1989年,铁道科学研究院研制生产的计算机联锁控制系统在郑州北编组站开通使用,使计算机联锁控制系统首次应用于国有铁路。20世纪90年代,计算机联锁控制系统逐步在车站推广使用。

计算机联锁是车站联锁设备的发展方向,在城市轨道交通正线绝大部分都采用计算机联锁系统。目前,铁道科学研究院通号所研制的TYJL-Ⅱ型计算机联锁已经运用于北京、广州、南京等地铁,卡斯柯公司研制的VPI型计算机联锁已经运用于上海地铁,通信信号总公司研究设计院研制的DS6-11型计算机联锁已经运用于大连快速轨道交通3号线。另外,广州地铁1号和2号线正线、深圳地铁1号线正线、南京地铁1号线正线等采用德国Siemens公司的SICAS型计算机联锁系统,上海2号线正线采用美国US&S公司的MicrolokⅡ型计算机联锁系统。

2. 计算机联锁系统的特点

计算机联锁系统与传统的继电集中联锁系统的主要区别在于以下几点:

(1) 利用计算机对车站值班员的操作命令和现场监控设备的表示信息进行逻辑运算后,完成对信号机、道岔及进路的联锁和控制。

(2) 计算机发出的控制信息和现场发回的表示信息,均能由传输通道串行传送,可节省大量的干线电缆,并使得采用光缆成为可能。

(3) 用CRT、LCD屏幕显示代替继电联锁的表示盘,大大缩小了体积,简化了结构,方便了使用,提供了比较友好的人机交互环境,可提供比继电集中更丰富的信息和表现形式(如光带、图形、音响和语音等)。

(4) 采用积木式的模块化软件和硬件结构,便于站场变更,并容易实现故障控制、分析等功能。

与继电集中联锁系统相比,计算机联锁具有以下显著优点:

（1）进一步提高了安全性和可靠性。继电集中联锁只能在元器件的可靠性上下工夫，系统的可靠性就受到限制。例如，轨道电路不良，只能对轨道继电器提出种种要求，而系统仅能做到三点检查。而计算机联锁就灵活得多，它能连续检查列车头部和尾部的位置，可以防止由于轨道电路分路不良造成的错误动作和漏解锁。计算机联锁采用冗余技术，增加了系统的安全性和可靠性。

（2）增加和完善了联锁系统的功能。继电集中联锁系统虽然不断改进和完善，但受到继电器电路的限制或由于费用昂贵等原因，在联锁功能方面仍然存在不足。例如，由于轨道电路的误动而造成进路错误解锁的可能性仍然存在，以至于妨碍进路的预排。再如，当一条进路在人工解锁延时时，本咽喉其他进路就无法进行人工解锁，即使对正在延时解锁的进路，剩余的延时时间也无法显示在控制台上，只能靠值班人员自己看表来掌握。这些缺点，在计算机联锁系统中，可以用较少的硬件投资和发挥软件的作用加以克服。

因为计算机联锁具有工作速度快、信息量大的特点，所以计算机联锁系统很容易实现自动控制功能，还能安全地实现自动选路和储存进路等继电集中联锁无法完成的功能。计算机联锁不仅适合于中、大规模车站，而且可以扩大控制范围，实现区域联锁，即将本站周围的一个或几个小站纳入本站来实现集中控制。同时，还可以利用计算机进行站内行车业务管理，以提高工作效率。

计算机联锁系统还能简化操作手续和减少人工直接干预，以减少和防止操作失误，提高作业效率。例如，继电联锁系统在预排进路后，进路道岔在一定时间内转换不到位情况下，值班人员想反转该道岔时必须先办理取消该进路的手续，然后才能反转该道岔，而在计算机联锁系统中则可以简化该手续。计算机联锁系统为提高办理列车进路的自动化程度创造了条件，较方便地与 ATC 系统相结合。

在行车信息管理和运营调度方面，计算机联锁系统可以向旅客服务系统（如广播、车次到发显示牌等）、列车运行监视系统以及行车指挥系统提供信息。由于这类系统日趋计算机化，系统之间很容易结合。

计算机联锁系统还能很方便地进行自身的管理，包括对操作人员的操作、设备工作情况实现实时记录和打印等，对系统中的电子器件、信号设备进行故障检测、诊断和定位等，并具有保存、查询、打印记录信息和站场历史运行的再现等功能，有助于站内信号设备的维护和维修，借助于广域网后能实现远程诊断功能。

（3）方便设计和站场的改扩建。计算机联锁系统一般采用模块结构，同时引入各种联锁辅助软件，这些都使得联锁设计标准化程度高，设计方便。

同时，投入使用的计算机联锁系统在采集/驱动层上大多有一定的预留空间，在站场进行小规模的改建和扩建时，对系统中硬件和软件只需做少量扩充即可满足联锁要求，使得站场改造更为方便。

（4）省工省料且降低造价。继电集中联锁全部采用继电器，组合间配线复杂，而计算机联锁采用微机及其电子器件取代了继电集中联锁中的大量继电器,其价格日益低廉。计算机联锁室内设备的体积小于继电联锁,可大大节约占地面积,也降低了工程造价。计算机联锁减少了设计、施工和维修的工作量,也降低了造价。计算机联锁易于实现标准化,可缩短设计和施工周期,降低了设计、施工和维护费用,且由于施工、改建和故障修复时间的缩短,也有助于减少对运输的干扰。

最重要的是,计算机联锁系统为铁路信号向网络化、信息化和智能化方向发展创造了条件。例如,通过与调度集中系统的接口与信息交互,为调度指挥系统的实现提供了可能。再如,通过与区间闭塞设备、调度集中系统和列车运行控制系统的接口与信息交互,为调度集中、车站联锁、区间闭塞和列车运行控制的一体化管理和控制提供了发展空间。

二、计算机联锁系统的基本结构

根据计算机联锁系统各主要部分的功能和设置位置的不同,硬件上一般采用分层结构形式,分为人机对话层、联锁运算层、执行表示层和室外设备层,其基本结构如图 5-12 所示。

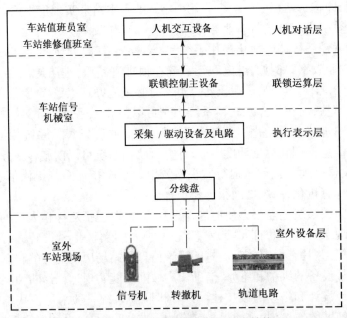

图 5-12 计算机联锁系统的基本结构

人机对话层的设备,一部分设置于车站值班员室,另一部分设置于车站维修值班室内。人机交互层的功能是接收车站值班员下达的进路操作命令,并将操作命令传送到联锁运算层,接收联锁运算层输出的反映设备工作状态和行车作业情况的表示信息,进行车站站场的动态实时显示。此外,对车站联锁设备的运行情况和故障情况进行显示、记录和回放,以便车站维修人员对故障设备进行及时维修。

联锁运算层是车站联锁系统的核心,联锁运算层设备设置在车站信号楼的机械室内。联锁运算层的基本功能是实现联锁逻辑控制。联锁运算层接收来自人机交互层的操作命令,依据从执行表示层接收到的反映室外信号机、道岔和轨道电路实时状态的信息,并结合内部的中间信息,进路联锁逻辑运算,产生相应的输出信息,以实现联锁逻辑控制功能。

执行表示层为联锁运算层和室外设备层的中间层,在二者之间起信息交互、硬件电路的转换等功能,同时在硬件上进行隔离,以保证室内设备的安全性。例如,接收从联锁运算层来的操纵道岔到定位的信息后,控制继电器动作,为室外转辙机电路提供电源以接通转辙机电路,驱动室外道岔向定位转换;并实时检测道岔是否转换到定位,转换到定位后向联锁运算层反馈相应的道岔位置信息。联锁运算层和执行表示层是联锁控制的实际执行机构,必须具有故障-安全性。

室外设备层包括室外的信号机、转辙机和轨道电路等设备及其相应的动作电路,用于驱动室外信号设备的直接动作。例如,信号机的室外点灯电路,转辙机的电缆盒及转辙机内部接点电路等。

三、计算机联锁系统的冗余结构

计算机联锁系统是保证列车或调车车列在站内安全、稳定运行的关键设备,一旦出现故障就会对行车安全和运输效率产生不利影响,因此,计算机联锁系统必须具有高度的可靠性和故障-安全性。

为了保证计算机联锁系统的高度可靠性和故障-安全性,计算机联锁系统的核心硬件结构一般都采用冗余结构。冗余结构是指为了提高系统的可靠性、安全性而增加的结构。

图 5-13 所示为可靠性冗余结构,模块 A 和模块 B 经或门输出,两个模块只要有一个模块正常输出即可保证整个系统不停机,提高了系统工作的可靠性。在实际应用中,对安全性要求不高、处理人机对话信息的上位机一般采用可靠性冗余结构。

图 5-14 所示为安全性冗余结构,模块 A 和模块 B 经与门输出,两个模块同步工作,只有两个模块输出一致才能保证整个系统不停机,只要有一个模块故障,系统将不能正常输出。这种结构提高了系统工作的安全性,减少了危险侧输出的概率。在实际应用中,对安全性要求较高的联锁控制机采用安全性冗余结构。

目前,计算机联锁为了提高可靠性和安全性,主要采用了 3 种冗余方式:双机热备冗余、三取二冗余、二乘二取二冗余。

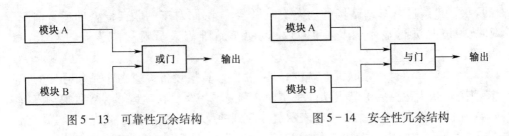

图 5-13 可靠性冗余结构　　　　　　图 5-14 安全性冗余结构

1. 双机热备冗余

双机热备冗余的基本结构如图 5-15 所示,它由两台计算机同时进行逻辑运算,但仅有一台能向输出电路输出控制命令。在双机热备系统中,一台为主机,另一台为备机。平时由主机工作,备机处于待机状态,主机执行故障检测、逻辑运算和系统输出。当主机出现故障时,通过人工或自动方式切换到备机,备机将升为主机(原来的主机降为备机),继续执行故障检测、逻辑运算和系统输出。

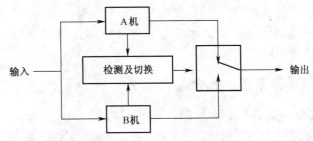

图 5-15 双机热备冗余的基本结构

双机热备冗余结构虽然能保证系统的不间断运行,有助于提高系统的可靠性,但主机必须频繁地进行故障检测,尤其是要检测自身是否出现故障,而且要完全检测出所有部件是否出现故障是一件非常困难的事情。

2. 三取二冗余

三取二冗余的基本结构如图 5-16 所示,它由 3 台计算机同时工作,并对运行结果进行表决,当 3 台计算机中任意两台计算机的运行结果一致(包括 3 台结果一致),则认为系统工作正常。当任何一台计算机发生故障时,它将从系统中被隔离出来(此时,系统将采用双机表决,即相当于一个二取二系统)进行维修,维修好后重新加入到系统中,系统又重组成三取二形式。从这个意义上讲,三取二冗余在没有降低系统安全性的前提下提高了系统的可靠性。

三取二系统在保证安全的前提下,使计算机故障对行车几乎没有影响(两台计算机同时发生故障的概率极低),因此,三取二冗余构成的安全型计算机在城市轨道交通信号系统中得到了普遍的应用。

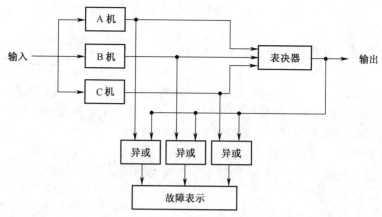

图 5-16 三取二冗余的基本结构

3. 二乘二取二冗余

二乘二取二冗余的基本结构如图 5-17 所示,它采用 4 台计算机,一般分为系统 I 和系统 II,两个系统互为热备关系。两个系统中的每一单系统均包括两台计算机实时校核工作,只有双机工作一致才能对外输出。当处于主用地位的系统发生故障时,备用系统自动替换故障系统,其替换机理与双机热备系统基本相同。

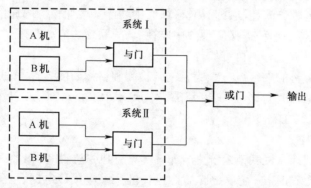

图 5-17 二乘二取二冗余的基本结构

二乘二取二冗余系统通过"单系保安全,双系提高可靠性",实现整体系统的安全性和可靠性。

四、计算机联锁系统举例

(一) TYJL-II 型计算机联锁系统

TYJL-II 型计算机联锁系统是铁道科学研究院通号所研制的,为双机热备系统。目前,已经投入运用的项目包括北京地铁 1 号线四惠车辆段、广州地铁 2 号线车辆段、深圳地铁车辆段、南京地铁 1 号线车辆段、大连轻轨车辆段、重庆单轨交通、北京地铁 13 号正线车站计算机联锁以及车辆段计算机联锁等。

1. 系统特点

(1) 系统具有高安全性

为提高系统的安全性,系统采用闭环控制,对输出控制命令分层双重回读;信息采集采用动态检查方式,动态输出;采用软件冗余技术。采用专用的、无任何"黑箱"部分的软件平台和全部软件固化后"就地运行"的工作方式,提高系统软件的安全性。联锁总线采用专门研发的安全信息通道。

(2) 系统具有高可靠性

为提高系统的可靠性,系统采用基于总线和网络通信的分布式计算机集中控制方式、双套联锁软件。

(3) 系统具有很好的可用性

系统采用成熟的工业总线、双机热备结构。双机热备时,任何一套故障,均不影响正常使用。故障设备在脱机状态下进行维修,系统的维修不影响使用。软件采用模块化结构,只要改变相应数据,而联锁软件不做任何变动,就能适应不同站场的需要。

(4) 系统具有可扩充性和远程控制能力

系统采用专门开发的联锁总线,可根据系统容量方便地增加执行表示机,并可通过光缆实现远程分布控制,即具有区域联锁功能。增加相应的通信模块,可以通过广域网、局域网的通信连接实现集中监视、场间联系功能。

(5) 系统具有良好的可维修性

系统具有完善的在线、快速、完备的自检测和自诊断能力,能及时发现故障,快速做出反应。故障时有语音、文字和故障代码提示。系统具有完善的记录和复现功能及远程诊断功能。

2. 系统结构

TYJL-Ⅱ型计算机联锁系统为分布式多计算机系统,主要由监控机(又称上位机)、控制台、联锁机、执行表示机(简称执表机)、继电接口电路、电务维修机、电源屏和室外设备组成,系统框图如图 5-18 所示,其中控制台和维修终端是单套配置,监控机、联锁机、执表机均为双套。联锁机、执表机具有热备和自动切换功能,监控机是双机工作、人工切换。各备用计算机构成备用子系统,与工作子系统同步工作,也可脱离工作子系统独立工作(备用子系统对继电部分永远无控制权),故备用子系统还可作为软件修改时模拟联锁试验用。

(1) 监控机

监控机是监控系统的核心,采用标准的通用工业控制计算机。监控机一般安装在计算机房的机柜中,通过引出的视频线、语音线等线缆与车站值班室内的控制台相连。系统的人机界面软件安装在监控机中。

第五章　联锁系统　145

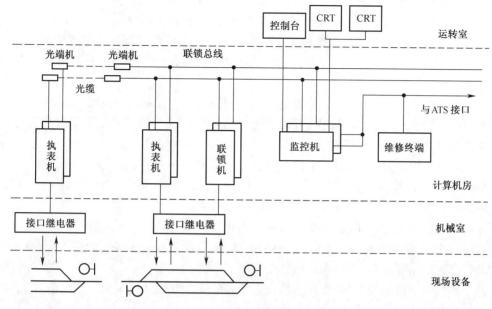

图 5-18　TYJL-Ⅱ型计算机联锁系统框图

监控机的主要功能如下：

① 接收车站值班员的有效操作命令，提供站场图像显示和语音、文字提示与时钟信息，以及系统的工作状态、报警和故障信息。

② 与联锁机进行通信，向联锁机传送初选的进路控制命令及其他操作命令信息，接收联锁机发送的道岔、信号机、轨道电路等表示信息。

③ 自动存储信息，将车站值班员所有操作、道岔、信号、轨道表示信息及联锁系统的工作状态等信息，自动存盘，形成以日期为文件名的信息记录文件。

④ 同 ATS 通信，为控制中心提供站场信息。

（2）控制台

控制台是系统使用的直接人机界面部分。主要功能有：显示站场状态，接受操作命令；将站场表示、进路状态、操作结果用彩色监视器或单元表示盘的光带显示给操作人员；将操作人员的操作命令传输给监控机。

控制台的操作方式有数字化仪操作盘、鼠标操作、单元按钮控制台 3 种；表示有两种，即彩色监视器和单元表示盘。当前计算机联锁制作控制台，均采用多种操作并用，以防操作设备故障造成系统瘫痪。

（3）联锁机

联锁机的主要功能：实现与监控机和执表机的通信；实现信号设备的联锁逻辑处理功能；采集现场信号设备状态；输出动态控制命令等。

联锁机主要由计算机层、电源层、采集层、驱动层、零层等组成。

计算机层采用 STD 总线标准的工业控制计算机，由 CPU 板、通信板、I/O 板等构成。各板有各自固定的安装位置，机柜上已标明，槽位不能互换。联锁程序固化在 CPU 板的两个 Flash 芯片上，是系统的中枢神经，负责联锁关系检查及联锁运算。

电源层由计算机用电源、采集电源、驱动电源等组成。系统对计算机电源的要求很高，其电压不能低于 4.9V，否则可能会出现死机或无故脱机。采集和驱动电源要求其直流电压的输出值大于 10V，一般在 11V~12V 之间。

采集层用来安装采集板，采集板包含有电源测试板及 32 芯采集端子，每块采集板可以采集 32 位信息，并以红色采集指示灯指示，红灯亮表示有采集信息送到采集板。

驱动层用来安装驱动板，驱动板包含有电源测试板及 32 芯采集端子，每块驱动板有 32 位驱动信息，对应每一个驱动信息，驱动板上有一个绿色的指示灯，有驱动信息时指示灯应以 3Hz~6Hz 的频率闪烁。

零层位于机柜最下层，主控系统最为重要的连接线缆从这里引入和引出。

(4) 执表机

执表机只负责表示信息的采集和控制命令的执行，不参与联锁运算，类似于简单的逻辑系统。执表机柜结构与联锁机柜相似，只是没有计算机层。不是所有的车站都有执表机，只有当联锁机柜的容量不能满足车站监控对象数量的需要时才设执表机。

(5) 接口系统

接口系统可分为两大部分：一是基本上保留了 6502 继电集中联锁对室外设备的控制和表示电路(如道岔控制电路、信号点灯电路等)；二是计算机联锁所特有的，分为采集电路、驱动电路和专用防护电路。接口电路必须符合故障-安全原则。

(6) 电务维修机

为了方便电务维修人员更好地维护计算机联锁系统，系统中增加了电务维修机(简称维修机)。维修机通过与主、备监控机连接，接收计算机联锁系统中的实时信息，储存记录系统的全部运行信息。电务维修机是计算机联锁系统的重要辅助设备，为维修人员提供人机界面，与其他系统的连接一般也是通过维修机实现的。

维修机采用标准的工业控制计算机，配备维修网卡、远程诊断通信时终端、彩色监视器、键盘和打印机。

(7) 电源

TYJL-Ⅱ型联锁系统计算机部分所使用的电源主要由机柜电源、动态电源两部分组成。计算机房内的设备采用两路各自独立的供电方式。当设计有应急台时,该电源与应急台的工作电源互切换。

计算机系统的电源由配电柜提供,配电柜的输入来自电源屏,经 UPS 电路稳压,再分配到计算机系统中的各种设备。

(8) 应急台

应急台作为计算机联锁系统的附属人机界面设备,在计算机联锁系统失效时,用以控制道岔和引导信号。应急台有直观、清晰的站场图形表示,并有道岔位置及引导信号开放的表示。应急台没有联锁条件,安全要由人来保证。

3. 系统软件

TYJL-Ⅱ型计算机联锁系统的软件按照硬件的结构划分为 3 个层次:人机对话层、联锁逻辑运算层和执行层,每层又可以根据功能划分为几个模块,系统软件的结构如图 5-19 所示。各种软件包之间由专用通信软件实现沟通。

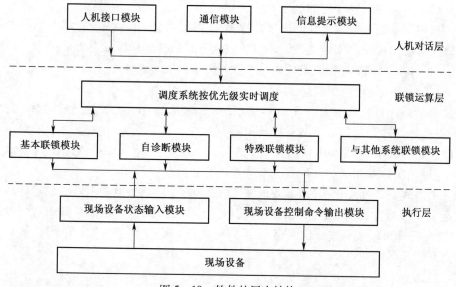

图 5-19 软件的层次结构

人机对话软件主要包括按钮命令处理和进路初选软件、屏幕显示软件和联锁系统实时信息记录、存储、打印等软件,这类软件因不涉及行车安全,可采用单套程序。

联锁逻辑运算软件分成操作输入及控制命令形成模块、控制命令执行模块、进路处理模块、表示输出模块。联锁软件设计必须满足故障-安全,系统内两套独立版本的联锁程序同时运行,联锁逻辑运算结果在控制命令输出级进行比较,若一致,则向外发出驱动命令。

执行表示软件主要包括现场设备状态信息输入和控制命令输出执行等程序模块。在程序设计中,同样要求具有相当高的可靠性和故障-安全性。

4. 与其他设备的结合

（1）与 ATS 系统的结合

联锁系统可与 ATS 设备互联，以便向 ATS 系统提供车辆段的进路状态、信号机状态、道岔位置、轨道电路状态、股道状态等信息。

计算机联锁系统与 ATS 设备之间，采用可靠的隔离措施，以确保不影响联锁设备正常工作。

（2）与试车线设备的结合

试车线的联锁受车辆段计算机联锁设备统一控制，当需要对列车进行动态试验时，计算机联锁设备按非进路调车方式下放对试车线的控制权；试车完毕后，经试车线控制室交权，信号楼控制室重新收回对试车线的控制权，有关信号机关闭，道岔延时 30s 解锁。

（3）与正线联锁设备的结合

正线车站与车辆段之间的出、入段按列车方式办理；车辆段与正线车站间的接口电路考虑出段和利用转换轨调车时的联锁敌对照查条件以及对方防护信号机的状态；进、出段作业（转换轨至段内停车库）按列车方式办理。

（二）VPI 型计算机联锁系统

安全型计算机联锁（Vital Processor Interlocking, VPI）系统是一种故障-安全的、以多处理器为基础的车站联锁信号控制系统。该系统是中法合资卡斯柯信号有限公司（CASCO）从阿尔斯通信号（美国）公司引进，结合中国铁路运营技术条件，经过二次开发而成的一种安全型计算机联锁产品。

上海地铁 2 号线车辆段、上海地铁 3 号线车辆段、上海地铁 1 号线北延伸线均采用了 VPI 型计算机联锁系统，而上海地铁 3 号线正线也采用了其升级替代产品 VPI2 型计算机联锁系统。同时，VPI 系列产品也广泛应用于国铁、停车场、港口等需要联锁设备的站点。

1. 系统特点

（1）高安全性

安全型计算机联锁系统的逻辑电路是由安全型逻辑组成的。能把传统的由继电器实现的联锁逻辑和控制逻辑"写"成一系列逻辑表达式（即布尔表达式），这些逻辑表达式的正确实施是通过一个设计过程和原则来得到保证的。这个设计过程和原则称为"数字集成安全保证逻辑"，这个"数字集成安全保证逻辑"确保联锁逻辑按要求实现，并使系统具有"故障-安全"特性。

（2）高可靠性和高可用性

VPI 系统具有很高的可靠性，从人机界面（MMI）、网络系统、电源系统到联锁机等设备均按冗余设计，在主机发生故障的情况下，将自动无缝地切换到备机工作。VPI 系统实现了软件标准化、硬件模块化，采用开放的系统结构，能与调度集中系统(CTC)、超速防护系统(ATP)、数字轨道电路等信号系统接口,并能与其他信息管理系统交换数据。系统能保证在各种恶劣的环境下长时间稳定可靠地工作。

(3) 高防雷性能和抗干扰能力

系统采用多处理器、相互独立的计算机电源、防浪涌和双重电源防雷、机箱屏蔽接地分区滤波等技术,使设备具有较高的防雷和抗干扰能力。

(4) 系统维护简便

VPI 联锁机具有全面的自诊断功能。电务维修人员可以通过系统维护台查询错误信息,更换发生故障的模块或插件,在短时间内修复故障。同时,联锁机柜中的各种印制电路板上都设有表示灯,以便及时了解各印制板工作状态。VPI 的系统维护台用户界面友好,能够在线诊断、故障回放、查询联锁运算参数。

2. 系统结构

VPI 系统是在一般的双系热备结构的基础上,增加独立的故障-安全校验模块,实现双系并行控制的热冗余计算机联锁系统。

VPI 的双机热备按照下列原则设计:联锁机双机热备、MMI 双机(多机)热备;UPS 双机热备,双机故障后自动旁路;双网冗余;任一 UPS、网络设备、联锁机和 MMI 正常,应该保证系统自动重组时,系统仍可以继续工作。

VPI 系统由联锁处理子系统(IPS)、人机界面子系统(MMI)、值班员台子系统(GPC)、诊断维护子系统(SDM,含微机检测,可选)、冗余网络子系统(RNET)、电源子系统(PWR)6 个子系统组成,其基本结构如图 5-20 所示。

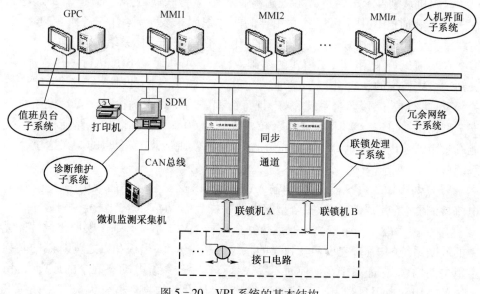

图 5-20　VPI 系统的基本结构

(1)联锁处理子系统(IPS)

① IPS 组成。IPS 是整个 VPI 系统的核心,它由两套"双系热冗余组合故障-安全"加"反应故障-安全"专用联锁机(IPSA 和 IPSB)组成,根据需要可以分中央逻辑控制(CLC)和区域逻辑控制(ZLC)的分层结构。

IPS 包括下列几种印制电路板:安全数据处理板(CPU/PD1)、安全校验板(VPS)、输入输出总线接口板(I/OBUS1)、输入输出总线扩展板(I/OBE)、安全型输入板(VIB)、安全型单断输出板(VOB)、安全型继电器驱动器板(VRD)等。

② 联锁机的故障-安全。VPI 是信号公司设计的专用于铁路信号联锁控制的专利产品,采用了多重故障-安全技术,获得了国际上的安全认可。根据 EN50129 标准的定义,VPI 综合运用了"反应故障-安全"、"组合故障-安全"和"固有故障-安全"技术,如图 5-21 所示。

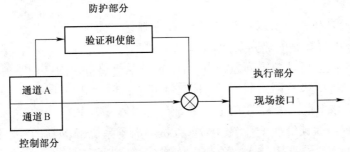

图 5-21 故障-安全结构框图

联锁机从硬件上分通道 A 和通道 B 两部分进行联锁运算。对同一信号设备,在通道 A 和通道 B 中采用了独立相异的两组编码来表示,运行各自独立的软件,使联锁机从硬件到软件均构成二取二的"组合故障-安全"体系结构。

在联锁运算采用二取二模式的基础上,通道 A 和通道 B 每执行一行程序,均分别构成校核字的一部分被实时地送到以 VPS 板为核心的独立的安全防护(校验)部分进行校核,以监督系统完好,且每行程序均得到正确执行。VPS 板还对各安全型输出端口进行实时动态校核(校核周期为 50ms),确保防护电路能在系统可能发生错误输出之前即切断输出通道的电流,以实现故障-安全目的。在这里,VPI 系统应用了"反应故障-安全"技术。

VPI 系统中的 VPS 板、安全型输入、输出板以及安全型输出板中的 AOCD(无电流检测器)等元器件,均像安全型继电器一样具有"固有故障-安全"特性。

③ 带独立故障安全校验的双系热冗余结构。VPI 系统有基于模块化设计的完整的冗余系统的构造,它由两套独立的系统板和输入/输出板和以之为基础的转换逻辑电路构成,保证系统在切换时不丢失信息。由于系统按动态冗余的原则设计,系统的主用和备用只是表明系统的工作状态,与设备的物理概念无关。主系统和

备用系统分别执行同一工作,经同步检查,确保主备系统同步工作,实现真正的热备冗余。联锁机 IPS 的硬件框图如图 5-22 所示。

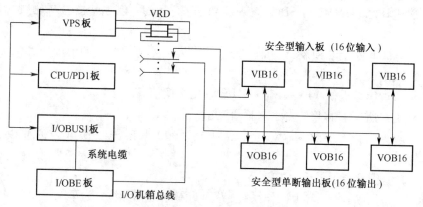

图 5-22 IPS 的硬件框图

VPS 实际上是 IPS 的动态安全监视器,它与 CPU/PD1 板一起,构成 IPS 的安全检查核心。也可以说,VPS 是独立于 CPU/PD1 板以外的、本身具有故障-安全特性的安全校验模块。

VPS 在精确的周期间隔内接收一组经编码的,分别代表系统采集正常、系统 CPU 运行正常、内存刷新正常、安全通信正常、各输出板状态正常的校验信息。当且仅当校验信息均正确时,VPS 才能输出一个安全的数字信号,该信号通过安全型的谐波检查后,作为"系统安全校验继电器"的励磁电源。更为重要的是,这种电源只在每次系统安全校验通过后才能产生,并只能维持 50ms,如下一个 50ms 安全校验周期有任何出错的报警,则立即切断该电源,此时,也就意味着给各个输出端口供电的 KZ-KF 同时被切断。

系统的这种快速的"反应故障-安全"机制,保证了即使输出端口有出错的可能性,VPS 也能在该错误产生实际的效果之前,可靠切断 IPS 的安全输出电源,保证系统输出控制的安全。

④ 并行驱动。在 IPSA 和 IPSB 双系实时同步、安全控制的前提下,两个联锁机采集信息共享,输出并行控制,充分发挥"热系冗余"系统(不同于普通的"双机热备"或其他双系冗余系统)的高可靠性特点。

(2) 人机界面子系统(MMI)

人机界面子系统是 VPI 与用户之间的人机接口模块。通常情况下,MMI 采用彩色显示器作为计算机联锁系统的人机交互界面,用来供操作员通过鼠标办理各种作业,显示站场信号设备,给予明确的语音提示。

MMI 采用 Windows NT 操作系统,对每个车站,采用 $N+1$ 热备工作方式,使用高可靠的工业控制计算机,通过高速网口或串口与其他子系统交换信息。

MMI 完成以下功能：

① 操作员发送控制命令和接收现场表示信息。

② MMI 之间、MMI 与 SDM 子系统和仿真测试系统之间通过高速网络交换信息。

③ 完成非安全联锁逻辑功能（如选路判断、表示等）。

④ 数字式道岔动作电流显示。

⑤ 通过串口提供 VPI 系统与 DMIS 系统交换信息的接口。

⑥ 用户所要求的其他表示与报警功能。

⑦ 较大车站（一般为 25 组道岔以上车站）根据用户需要设置值班员台（GPC）。

(3) 值班员台子系统（GPC）

GPC 采用 Windows NT 操作系统，界面与 MMI 完全相同，为车站值班员提供车站作业情况的实时显示。

(4) 诊断维护子系统（SDM）

系统维护（SDM）模块作为计算机联锁的子系统，主要为计算机联锁完成系统维护及接口设备监测的功能。本模块包括一台工业控制计算机、一台彩色显示器、一台激光打印机、鼠标、键盘。作为联锁计算机系统的模块，它实现对 VPI 设备和接口设备的在线监视和记录，同时也可打印设备操作信息、日期和时间记录。根据顾客的要求，电务维护终端可以与信号维护支持网络联网，具有远程诊断功能。

(5) 网络及电源子系统

VPI 系统采用基于高速交换机的以太网冗余网络结构，进一步加强了网络系统的可靠性。通过网络通信的子系统均安装有两块以太网接口卡，将其接入冗余网络，一条网络故障，各子系统可以自动通过另一条网络通信，并在 SDM 子系统中提出故障诊断信息，便于及时维护。

为了保证联锁系统安全、稳定工作，各子系统的电源均由不间断电源 UPS 供电。VPI 系统采用双 UPS 热备的冗余供电方式。来自电源屏的单相交流电经过二级单元防雷输入在线式 UPS，UPS 输出净化 220V 交流电，经过电源柜配电端子排供给 VPI 各子系统。

正常情况下，整个系统由 UPSA 供电，当 UPSA 不能正常工作时，电源切换电路自动切换至 UPSB 供电，当两个 UPS 均不能正常工作时，电源切换电路自动切换至由电源屏直接供电。当一个或两个 UPS 发生故障时，将同时在 MMI 和 SDM 上给出报警提示，并且 UPS 的工作状态，如电池供电还是外电源供电、电池工作是否正常等，能在 SDM 上方便查看。电源切换不影响系统正常工作。

3. VPI 软件

VPI 是计算机硬件和软件的独特结合，并在故障-安全方式下工作。VPI 软件包括系统软件和应用软件两部分。

VPI 系统软件包含 VPI 的主任务软件和仿真测试接口、系统诊断等软件,这些软件不随具体应用环境和应用对象而改变,即除非选用不同系列的 VPI 系统,否则每个站的系统软件都是相同的。VPI 系统软件有 5 个主要功能:输入、联锁运算、输出、系统校核(主校核)和输出校核。

应用软件能够完成所有的联锁功能,此外,还包括仿真测试数据安全切出、切入设计。

系统软件和应用软件放在不同的、能避免在线擦除或更改的存储介质中,有利于系统软件和应用软件的管理。

4. 与其他系统的接口

VPI 系统可与室外信号设备、区间闭塞设备、场间联系电路等设备接口,联锁机通过驱动普通安全型继电器和采集安全型继电器接点与继电电路接口,实现计算机联锁设备与现场设备的电路衔接和安全隔离。

VPI 系统各站(场)之间的常见联系、站间列车运行方向电路实现完全数字接口,与继电半自动闭塞接口时仅保留个别继电器,简化了场间联系及区间自动闭塞、半自动闭塞的接口设计。

由于 VPI 系统采用 NISAL 专利技术,计算机输出控制只需采用普通安全型继电器,不需要采用昂贵的、其性能得不到计算机系统持续的直接检查的动态继电器或动态组合电路,不仅大大降低了室内接口电路的工程造价,也简化了接口电路结构,确保了输出驱动电路的可靠性,节约了用户的维修成本,更重要的是彻底消除了动态继电器/动态组合电路的安全隐患。

VPI 系统还可以预留与其他系统的接口,如 ATS 系统、DMIS 系统等。可根据用户的需求决定系统的接口功能。

(三) SICAS 型计算机联锁系统

SICAS(Siemens Computer Aided Signalling,西门子计算机辅助信号)型计算机联锁是德国 Siemens 公司研制的计算机联锁系统,是一个模块化的、灵活的联锁系统,可以通过单独操作、进路设置等方式实现对道岔、轨道区段、信号机等室外设备的监督和控制。SICAS 型计算机联锁被广泛地应用在干线铁路、城市轨道交通中。

1. 系统结构

计算机联锁设备普遍分为操作显示层、联锁逻辑层、执行表示层、设备驱动层及现场设备层 5 层,SICAS 型计算机联锁设备分别对应 LOW(现场操作工作站)、SICAS(联锁计算机)、STEKOP(现场接口计算机)、DSTT(接口控制模块)以及现场的道岔、轨道电路和信号机,如图 5-23 所示。

154　城市轨道交通列车运行控制

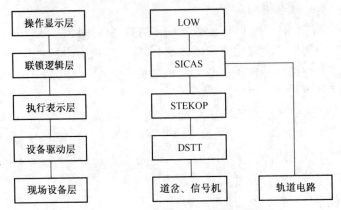

图 5-23　SICAS 型计算机联锁总体结构

(1) LOW(现场操作工作站)。LOW 是人机操作界面,将设备和列车运行情况图形化显示,接受操作人员的操作指令并传递给联锁计算机进行处理。

(2) SICAS(联锁计算机)。SICAS 根据需要可采用二取二结构或三取二结构,主要功能是接收来自 LOW 的操作指令和来自现场的设备状态信息,联锁逻辑运算,排列、监督和解锁进路,动作和监督道岔,控制和监督信号机,防止同时排列敌对进路,向 ATC 发出进入进路的许可,并将产生的结果状态和故障信息传送至 LOW。

(3) STEKOP(现场接口计算机)。STEKOP 采用二取二结构,实现联锁计算机与 DSTT 间的连接,可控制 100km 的范围。STEKOP 的主要功能是:读入轨道空闲表示信息和开关量信息,根据 SICAS 发出的命令和 DSTT 的结构,分解命令,输出并控制 DSTT,实现对转换设备、显示单元的控制,并将开关量信息回传给 SICAS。

(4) DSTT(接口控制模块)。DSTT 是分散式元件接口模块,经由并行线与 SICAS 相连,根据 SICAS 的命令控制现场设备,如道岔、信号机或轨道空闲检测系统。从联锁计算机到 DSTT 的最大距离是 30m,DSTT 与轨旁元件间最大距离为 1km。

系统中联锁计算机对现场设备的控制有 3 种基本配置:

(1) 带 DSTT(接口控制模块)的系统,由 SICAS 直接经 DSTT 控制现场设备。

(2) 带 DSTT(接口控制模块)和 STEKOP(现场接口计算机)的系统,SICAS 经 STEKOP 和 DSTT 控制现场设备。

(3) 带 ESTT(电子元件接口模块)的系统,SICAS 直接经 ESTT 控制现场设备。

2. SICAS 的硬件配置

SICAS 联锁计算机是为了控制联锁而设计的计算机,它基于 Siemens 公司的 SIMIS-3216"故障-安全"微机系统,按三取二的冗余配置。

SICAS 联锁计算机有 3 个完全相同的通道,分别被称为 A、B、C 通道,3 个通道同时进行工作,并进行同步,每个通道所用的电源由独立的供电模块提供。当其中一个通道故障时,另外两个通道继续工作,不影响正常的行车及行车安全,同时在服务与诊断计算机的 MMI 提出报警,提醒工作人员进行维修。

每一个 SICAS 联锁通道由以下设备组成:同步比较板、处理器板、中断板、总线主控模块板、开关量输入模块板和开关量输出模块板。

(1) 同步比较板(VESUV3)

3 个计算机通道内计算的信息要进行同步和比较。同步比较板是 SIMIS-3216 硬件操作系统的组成部分,不同的计算机通道之间的同步由同步比较模块来实现,它使 3 个计算机通道实现同步。它能自动比较本计算机通道与相邻通道的输出数据;监督供电电压在允许误差范围内;协调中断请求的输入;使超时模块完成对计算机的同步校核;通过切断安全相关外设的电源来保证相关计算机通道的安全关闭。

通过输入分配器和中断分配器来协调输入请求和中断。该模块包括了所有必需的监控功能。SIMIS 的关键功能器件之一——硬件比较器也位于该电路板,它自动地执行本通道的输出数据与相邻通道输出数据的比较。监测电路包括过压/欠压继电器、定时器监督单元。过压/欠压继电器进行电压监测,按照允许的范围监督电源电压。定时器进行时间监测,监督单元检查计算机的同步。

发现一项故障后,该模块通过切断与安全有关的外部设备的电源来安全地关闭相应的计算机通道,切断与安全有关的外部设备。

(2) 处理器板(VENUS2)

处理器板包括了中央逻辑处理计算机的中心功能部分,由 CPU、EPROM 和 RAM 等组成。通过输入外围设备的数据在系统中进行处理计算,将处理过的信息(针对轨旁设备的控制命令)输出,并指示状态信息。此外,处理器板还有支持过程功能的单元,如中断控制器和定时器。

(3) 中断板(VESIN)

中断板用作中断控制。中断板最多可以从 32 个中断请求中产生中断,这些中断通过同步比较板产生和重新传输一组中断给 SIMIS-3216 计算机,使其进入同步状态。中断板中包括一套在计算机通道内检测所有电路板寻址故障的测试装置。

(4) 总线控制板(BUMA)

总线控制板作为一种通信模块,有一个连接联锁系统不同层次间的中央位置,每 3 个(三取二计算机中)总线控制板构成一个故障-安全微机系统,也就是说,在计算机联锁中的总线控制板系统本身构成一个独立的故障-安全计算机,可以是二取二计算机或三取二计算机,通过总线控制板前面板的两个接口与相邻的总线控制板连接。

STEKOP 系统的接口模块经由总线控制板与联锁计算机相连。通过总线主控模块,总线控制板可以使其他计算机与联锁计算机相连。ESTT 系统中的元件接口模块与联锁计算机之间通过总线控制板连接,利用光缆作为传输介质,能保证它们之间的电气隔离。

在城市轨道交通信号系统中,用于与列车自动控制系统等设备的连接,系统中一共有 5 块板(根据控制数量可以增加),从左到右为 BUMA0、BUMA1、BUMA2、BUMA3 和 BUMA4,分别连接到 ATP 轨旁计算机、诊断计算机、操作设备(ATS 的车站设备和 LOW)、用于控制道岔的 STEKOP 板和用于控制信号机的 STEKOP 板。

每个总线控制板可控制多达 16 个电子元件接口模块;每个总线控制板通过最多 16 块接口板,可以控制多达 24 个元件。

(5) 开关量输入板(MELDE2)

元件接口模块的信息和轨道空闲检查单元的状态信息通过开关量输入板传输到联锁计算机,传输的最大距离为 30m。由两个前端连接器(2×16 开关量输出)连接多达 64 个开关量输入,开关量输入板实现光耦输入端和联锁计算机之间耐压 2kV 的电气绝缘;通过联锁计算机软件的确认,检查独立的光耦输出端;通过面板前的 LED,可显示读过程的状态。

在系统中用于采集轨道电路的状态,一共有 4 块板,其中两块用于采集轨道继电器的前接点,另外两块用于采集轨道继电器的后接点。只有当前接点闭合和后接点断开时系统才认为轨道区段是空闲的,其他情况则认为是占用的。

(6) 开关量输出板(KOMDA2)

联锁计算机通过开关量输出板输出至控制元件接口模块,总共可以驱动 32 个数字输出,传输的最大距离为 30m。由两个前端连接器(2×16 开关量输出)连接多达 32 个开关量输出。写 32 位输出寄存器的通过光耦与计算机隔离,光耦输出端和联锁计算机之间耐压 2kV 的电气绝缘。晶体管的导通和寄存器的输出通过光耦由联锁计算机的软件来检查。通过面板前的两个 LED,可显示写和回读过程的状态。

3. SICAS 软件

SICAS 软件有基本软件和应用软件之分。

(1) 基本软件

基本软件的功能是保持应用软件独立于硬件,并提供高性能服务。基本软件包括测试程序、多通道中断和在线校核程序、计时器程序、信箱和管道程序、接口驱动器程序、安全数据传送程序等。

① 当系统启动时,存储器初始化,测试程序运行一遍,处理过程以规定的顺序开始。

② 多通道中断和在线校核程序有助于保证一个故障-安全系统。在修理后,通过加载,系统便可更新,并继续按三取二的方式高可用性运行。

③ 计时器程序可以用作特殊的应用软件,由基本软件管理。

④ 信箱和管道程序，两个通信服务器支持过程处理间的信息交换。
⑤ 接口驱动器程序，控制联锁计算机与相应接口之间的信息交换。
⑥ 安全数据传送程序，鉴定确保仅有需要的参与者之间的通信。

（2）应用软件

应用软件由操作和显示接口、状态管理、安全测试等部分组成。

操作和显示接口构成通向联锁运算的故障-安全端口，即所有从操作控制系统传到联锁的信息通过语法和格式的正确性校核。

状态管理储存了一个中央处理图像。来自操作控制系统的指令经由解释程序传到联锁逻辑。要素状态的改变（如轨道空闲、道岔位置等）可更新要素专用存储器。此后，操作控制系统的部件也得到更新。

安全测试 COSPAS 软件作为 SICAS 联锁计算机的操作系统使用，包括核心部分和扩展模块。这些扩展模块涉及通信软件和所用模块的当前驱动器。核心部分为与系统无关的规则解释程序。

4. 有关设备的接口

（1）与车辆段联锁的接口

正线车站与车辆段的信号接口设有相互进路照查电路，操作人员只有确认设置于控制台或计算机屏幕的照查表示灯显示后才能开放信号。主要联锁关系包括以下几个：

① 不能同时向对方联锁区排列进路。

② 当进路中包含有对方轨道电路时，必须根据对方相关轨道电路空闲信息进行进路检查，进路排出后须将排列信息传送至对方并要求对方排出进路的另一部分。

③ 列车入段时，车辆段必须先排接车进路，正线车站才能排列入段进路，以减少对咽喉区的影响。

（2）与洗车机的接口

只有得到洗车机给出同意洗车信号时，才能排列进入洗车线的进路；否则，不能排列进路。

（3）与防淹门接口

"防淹门"的主要作用是，当水涌进地铁车站等意外事故发生时，闸门能根据信号在短时间内自动紧急关闭，防止事态扩大。

在特别情况发生时，SICAS 联锁通过与防淹门的接口保证列车运行安全。联锁设备与防淹门间传递的信息包括防淹门"开门状态"信息、"非开状态"信息、"请求关门"信号以及信号设备给出的"关门允许"信号。

其基本联锁关系主要表现如下：

① 只有检测到防淹门的"开门状态"信息，而且未收到"请求关门"信号时才能

排列进路。

②信号机开放后,收到防淹门"非开状态"信息时,立即关闭并封锁信号机。

③信号机开放后,收到防淹门"请求关门"信息时,关闭并封锁始端信号机,并取消进路(接近区段有车时延时 30s 取消进路),通过轨道电路确认隧道内没有列车后立即发出"关门允许"信号;否则需要防淹门操作人员人工确认列车运行情况并根据有关规定人工关门。

(4) 与 ATC 的接口

SICAS 联锁与 ATC 的连接通过逻辑的连接来实现,响应来自 ATS 的命令,进行联锁逻辑运算,在满足安全的前提下,控制进路、道岔和信号机,并将进路、轨道电路、道岔、信号机的状态信息提供给 ATS、ATP 和 ATO。

(5) 与相邻联锁系统的接口

城市轨道交通正线车站被划分为数个联锁区,各联锁区的相互连接经由联锁总线通过连接中央逻辑层实现,联锁边界处的每个设备均以其进路特征反映至相邻联锁系统。

思 考 题

1. 什么叫联锁?联锁有哪些基本条件?
2. 联锁设备有哪些功能?有哪些基本要求?
3. 什么叫进路?如何划分?
4. 城市轨道交通进路可分为哪几种?
5. 说明道岔、进路和信号机之间的基本联锁的内容。
6. 什么叫进路控制过程?
7. 进路有哪些解锁方式?
8. 6502 电气集中联锁的主要技术特征有哪些?
9. 6502 电气集中联锁由哪些设备构成?
10. 什么叫计算机联锁系统?有哪些优越性?
11. 说明计算机联锁系统的基本结构。
12. 计算机联锁系统有哪些冗余结构?
13. 查阅资料,简述各城市地铁线路采用的计算机联锁系统。

第六章 列车运行自动控制系统

城市轨道交通采用列车运行自动控制(Automatic Train Control,ATC)系统,以车载信号为主体信号,根据地面传送的速度或距离等信息,自动控制列车的运行。ATC系统是保证列车运行安全,实现行车指挥和列车运行自动化,提高运输效率,减轻运营人员劳动强度的关键设备。ATC系统是城市轨道交通列车运行控制中最重要的组成部分,其技术含量高,运用了当代许多重要的科技成果。

第一节 ATC 系统概述

一、ATC 系统的组成

ATC系统包括列车自动防护(Automatic Train Protection,ATP)、列车自动运行(Automatic Train Operation,ATO)、列车自动监控(Automatic Train Supervision,ATS)3个子系统,它是一套完整的管理、控制、监督系统。3个子系统既相对独立又相互联系,实现地面控制与车上控制相结合、就地控制与中央控制相结合,构成了一个以安全设备为基础,集行车指挥、运行调整及列车运行自动化等功能于一体的自动控制系统。

ATC系统的设备分布于控制中心(Operation Central Control,OCC)、车站、轨旁及列车,ATC系统结构如图6-1所示。

控制中心ATS指挥列车运行,实现控制中心与全线车站设备室之间的实时数据信息交换,调度员通过调度员工作站下达行车控制命令。现场的列车在线信息、车次号信息以及道岔、信号机的状态信息等,由大屏幕显示及调度员工作站的CRT显示。

联锁集中站设备室接收调度员的控制指令,通过联锁装置,排列进路、开放信号,并将列车在线信息、信号设备的状态信息等传送给控制中心。通过ATP系统的轨旁设备,发送列车检测信息,以检查轨道区段内有无列车占用,并向列车发送限速命令或允许运行的目标距离信息、门控命令、对位停车指令等。

车载ATP/ATO设备,接收地面送来的调度指令和ATP速度命令或距离信息,完成速度自动调整和车站程序对位停车,实现列车的自动运行;并将列车的运行状态和设备状态信息传送给控制中心。

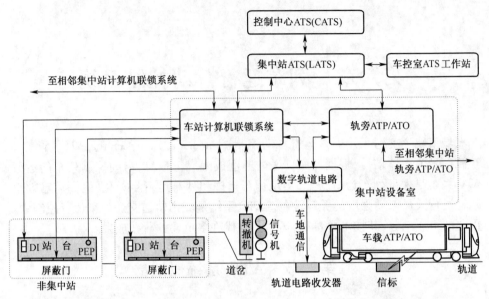

图 6-1　ATC 系统结构

DI—Departure Indicator,发车表示器;PEP—Platform Emergency Pushbutton,站台紧急停车按钮。

二、ATC 系统的功能

ATC 系统包括 5 个原理功能:ATS 功能、联锁功能、列车检测功能、列车运行控制功能和列车识别(Positive Train Identification,PTI)功能。

(1) ATS 功能。可自动或由人工控制进路,进行行车调度指挥,并向行车调度员和外部系统提供信息。ATS 功能主要由位于 OCC(控制中心)内的设备实现。

(2) 联锁功能。响应来自 ATS 功能的命令,在随时满足安全准则的前提下,管理进路、道岔和信号的控制,将进路、轨道电路或计轴设备、道岔和信号的状态信息提供给 ATC。联锁功能由分布在轨旁的设备来实现。

(3) 列车检测功能。一般由轨道电路或计轴设备完成。

(4) 列车运行控制功能。在联锁功能的约束下,根据 ATS 的要求实现列车运行的控制。列车运行控制功能有 3 个子功能。ATP/ATO 轨旁功能、ATP/ATO 传输功能和 ATP/ATO 车载功能。ATP/ATO 轨旁功能负责列车间隔和报文生成;ATP/ATO 传输功能负责发送感应信号,包括报文和车载设备所需的其他数据;ATP/ATO 车载功能负责列车的安全运营、列车自动驾驶,且给信号系统和司机提供接口。

(5) 列车识别功能。通过多种渠道传输和接收各种数据,在特定的位置传给

ATS,向 ATS 报告列车的识别信息、目的号码和乘务组号、列车位置数据,以优化列车运行。

三、ATC 系统的水平等级

为确保行车安全和线路最大通过能力,根据国内外的运营经验,一般最大通过能力小于 30 对/h 的线路宜采用 ATS 和 ATP 系统,实现行车指挥自动化及列车的超速防护。在最大通过能力较低的线路,行车指挥可采用以调度员人工控制为主的调度集中(Centralized Traffic Control,CTC)系统。

线路最大通过能力大于 30 对/h 时,应采用完整的 ATC 系统,实现行车指挥和列车运行自动化。ATO 系统对节能、规范运行秩序、实现运行调整、提高运行效率等具有重要的作用,但不同的信号系统设或不设 ATO 会使运营费用差异较大,不过即使是通过能力为 30 对/h 左右的线路,有条件时也可选用 ATO 系统。

根据运营的需要,信号系统还应满足最大通过能力为 40 对/h 的总体要求。

对于城市轨道交通,行车间隔的发挥往往受制于折返能力,而折返能力与线路条件、车辆状态、信号系统水平等因素有关。因此,通过能力要求较高时,折返能力需与之相适应,必须对相关因素进行综合研究、设计。

四、ATC 系统的控制模式及模式转换

1. ATC 系统的控制模式

ATC 系统包括下列控制模式(等级):控制中心自动控制模式(CA)、控制中心自动控制时的人工介入控制或利用 CTC 系统的人工控制模式(CM)、车站自动控制模式、车站人工控制模式。

每种模式说明了对给定车站和归属控制地段中的列车运行所采取的控制等级,然而一个系统在同一时间只能处于一种模式。各控制等级应遵循的原则是:车站人工控制优先于控制中心人工控制,控制中心人工控制优先于控制中心的自动控制或车站自动控制。

(1) 控制中心自动控制模式

在控制中心自动控制模式下,列车进路命令由 ATS 进路自动设定系统发出,其信息来源是时刻表及列车运行自动调整系统。控制中心调度员可以对列车运行自动调整系统进行人工干预,使列车运行按调度员意图进行。

(2) 控制中心自动控制时的人工介入控制或利用 CTC 系统的人工控制模式

在控制中心自动控制时,控制中心调度员可关闭某个联锁区或某个联锁区内部分信号机或某一指定列车的自动进路设定,直接在控制中心的工作站上对列车进路进行控制。在关闭联锁区自动进路设定时,控制中心调度员可发出命令,利用联锁设备自动进路控制功能,随着前行列车的运行,自动排列一条后续

列车的固定进路。在自动进路功能出现故障的情况下,调度员可以人工设置进路。

在CM模式中,车站的人工控制转到ATS系统。一旦车站工作于该模式,则由ATS系统启动控制而不由车站控制计算机启动控制。然而,车站控制计算机继续接收指示、更新显示和采集数据。

(3) 车站自动控制模式

在控制中心设备故障或通信线路故障时,控制中心将无法对联锁车站的远程控制终端进行控制,此时将自动进入列车自动监控后备模式,由列车上的车次号发送系统发出的带列车去向的车次信息,通过远程控制终端自动产生进路命令,由联锁设备的自动功能来自动设定进路,即随着列车的运行,自动排列一条固定进路。

(4) 车站人工控制模式

当ATS因故不能设置进路(不论是人工方式还是自动进路方式),或由于某种运营上的需要而不能由中心控制时,可改为现地操纵模式。在现地操纵台上人工排列进路。

车站自动控制和车站人工控制可合称车站控制(LC)。当车站工作于LC模式时,不能由ATS系统启动控制。然而,ATS系统将继续收到指示、更新显示和采集数据。对车站控制计算机而言,这是唯一可用的控制模式。

2. 控制模式之间的转换

(1) 转换至车站操作

只有当控制中心ATS已经发出相应的命令,才能转换到车站操作模式。因此,所有转换操作只能通过车站操作员才能有效实施。

当转换模式时,不用考虑特别检查联锁条件,自动运行功能不受影响。即使转换至车站操作,联锁显示还应该传输至控制中心ATS,仅由车站操作站的打印机执行对显示和命令的记录。

(2) 强制转换至车站操作

在没有收到控制中心ATS发出的命令时,也可以转换至车站操作。通过一个已经登记的转换操作可以转换至车站操作,并且联锁系统的所有转换操作仅能由车站操作员来执行。

(3) 转换至控制中心ATS操作

只有当车站操作已经发出释放命令,才能转换到控制中心ATS操作,然后由控制中心ATS确认。因此,所有转换操作只有通过控制中心操作员才能有效实施。在这种情况下,只有正常的转换操作才能被接受。随着转换至控制中心ATS操作,控制中心ATS可以执行所有允许的操作。但是,当车站操作故障时,在没有车站操作的释放命令的情况下,也可以转换至控制中心ATS操作。

第二节 ATP 系统

一、ATP 系统的基本概念

ATP 系统是 ATC 系统中确保列车运行安全、缩短行车间隔、提高行车效率的重要设备，是 ATC 系统的核心，必须符合故障-安全的原则。

ATP 系统不断将来自联锁设备和操作层面上的信息、线路信息、前方目标点的距离和允许速度信息等，从地面通过轨道电路等设备传至车上，从而由车载计算机计算得到当前允许的速度，或由控制中心计算出目标速度传至车上，由车载设备测得实际运行速度，依此来对列车速度实行监督，使之始终在允许速度下运行。当列车速度超过 ATP 设备所允许的速度时，ATP 车载设备就发出制动命令，使列车自动减速；当列车速度降至 ATP 所允许的速度以下时，可自动缓解。

ATP 主机与列车自身的牵引系统和制动系统由专门的接口电路连接，如图 6-2 所示。ATP 主机实时接收从地面信号设备传来的信号，通过实时分析和计算，实时向列车的牵引系统或制动系统发出控制指令，列车的牵引系统或制动系统在接收到控制指令后，对列车施加牵引力或制动力，以控制列车的运行速度，使列车在允许的速度范围内运行。

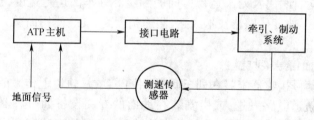

图 6-2 ATP 系统与列车之间的连接

二、ATP 系统的设备

ATP 系统的设备主要由车载设备和轨旁设备两部分组成。

（一）ATP 车载设备

ATP 系统的车载设备主要有车载主机、驾驶员状态显示单元、速度传感器、列车地面信号接收器、列车接口电路、电源和辅助设备等，如图 6-3 所示。

1. 车载主机

ATP 系统的车载主机由各种印制电路板、输入/输出接口板、安全继电器和电源等设备组成。这些设备分层放在机柜中，各板之间利用机柜上的总线进行通信。

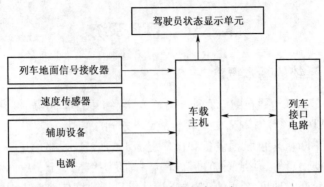

图 6-3 ATP 车载设备组成

2. 驾驶员状态显示单元

状态显示单元是车载系统与列车驾驶员之间的人机界面,可以显示列车当前运行速度、列车到达某点的目标速度、列车到达某点的走行距离、列车的驾驶模式和有关设备的运行状况等与行车直接相关的信息;还设置了一些按钮,用于驾驶员操作、控制列车运行。

3. 速度传感器

通常在列车上装有两个速度传感器,安装在列车的车轴上,用于测量列车的运行速度和列车运行距离及列车运行方向的判定。列车的运行速度,也有用多普勒雷达进行测定,但速度传感器技术成熟,测速精度高,安装使用简单方便,因此被广泛使用。

4. 列车地面信号接收器

列车地面信号接收器安装在列车底部,用于接收从轨道上传来的信息,这些信息可以由地面轨道电路发送,或由安装在地面的专门设备如应答器发送给列车。列车地面信号接收器,根据所接收的信息格式、容量和处理速度等因素,可以设计为感应天线或其他形式,以保证列车在一定的运行速度下能及时接收和处理所收到的信息。

5. 列车接口电路

ATP 系统的车载设备通过车载主机与列车进行连接,车载主机将控制信息通过接口电路传送给列车,同时车载主机通过接口电路获得列车运行的状态信息。

6. 电源和辅助设备

列车为 ATP 系统车载设备提供所需的电源,列车上还有列车运行模式选择开关、各种电源开关和其他一些辅助设备等。

(二) ATP 轨旁设备

ATP 系统的核心设备安装在列车上,但是它所需的主要信息来自地面设备。根据城市轨道交通信号系统的不同制式,ATP 系统的地面设备可以设置点式应答器、轨道电路或计轴设备,向列车传递有关信息,由安装在列车上的设备接收和处理这些信息。

1. 点式应答器

通常在线路上间隔一定的距离设置点式应答器,这些应答器储存线路中有关列车运行的信息。在列车经过时,由安装在列车车底的查询天线感应接收、读取信息,由车载主机对这些信息进行综合分析处理。点式应答器中所包含的信息,包括线路位置、列车运行距离、基本线路参数、速度限制等信息,这些信息固化在应答器中。

2. 轨道电路或计轴设备

轨道电路除了具有表示列车是否占用轨道的功能外,还可以向线路上实时发送列车运营所需的信息,由列车接收和处理。轨道电路所发送的信息,其容量大,有利于列车的车载系统对列车进行实时控制。一般来讲,轨道电路所发送的信息可以有以下内容:轨道电路的长度、轨道坡道和曲线参数、载频频率、轨道电路的编号、线路限制速度、目标距离、目标速度等,这些信息以数字编码的方式按顺序排列,放在一个信息包里。列车收到信息后进行译码和实时处理,实时控制列车运行状态。

计轴设备同样具有检查区段占用与空闲的功能,而且不受轨道线路道床状态的影响,但计轴设备不能检测断轨及无法发送 ATP 需要的目标距离、目标速度等信息。

(三)车载设备和轨旁设备的联系

连续式 ATP 系统利用数字音频轨道电路,向列车连续地发送数据,连续监督和控制列车运行。当轨道电路区段空闲时,发送轨道电路检测电码。当列车占用时,向轨道电路发送 ATP 信息。

车载 ATP 设备完成命令解码、速度探测、超速下的强制制动、特征显示、车门操作等任务。车载 ATP 设备根据地面传来的数据与预先储存的列车数据计算出列车实时最大允许速度。将此速度与来自速度传感器测得的列车实际运行速度相比较,超过允许速度时,报警后启动制动器。

三、ATP 系统的功能

ATP 系统通过对列车运行速度的控制,监督列车在安全速度下运行,保证列车运行安全,主要实现以下功能:

1. 速度监督与超速防护

城市轨道交通中的速度限制分为两种:一种是固定速度限制,如区间最大允许速度(取决于线路参数)、列车最大允许速度(取决于列车的物理特性);另一种是临时性的速度限制,如线路维修时临时设置的速度限制。

ATP 系统始终严密监视列车的即时速度不能超过限制速度,一旦超过,先提出警告,后启动制动器,并做记录,确保列车在限制速度下运行。

2. 测速与测距

确定列车运行的速度和位置(距前方目标点的距离)是 ATP 系统车载设备的重要功能。

列车实际运行速度是施行速度控制的依据,速度测量的准确性直接影响到速度控制效果。ATP 系统一般利用测速电机或多普勒雷达来测量列车的即时速度,并在驾驶室内显示出来。

列车位置直接关系到列车运行的安全,通过确定列车的实际位置,才能确保列车之间的运行间隔。对于采用数字轨道电路的 ATC 系统,距离是根据各轨道电路的始端来测量的,并通过使用测速单元的输入和车轮直径来确定。

3. 车门与站台屏蔽门控制

城市轨道交通车辆的车门控制是重要的安全措施之一。车门是自动开闭还是由驾驶员手动操纵,这并不重要,关键是要对安全条件进行严格的监督。

在通常情况下,列车没有停稳站台时,ATP 系统不允许开启车门。当列车在车站的预定停车区域内停稳且停车点的误差在允许范围以内时,地面定位天线会收到车载定位天线发送的停稳信号,列车从 ATP 轨旁设备收到车门开启命令,ATP 才会允许车门操作;当列车停靠站台的精度偏离±0.5m(对于地下车站)或±1m(对于高架车站或地面车站)时,允许列车以 5km/m 的速度移动,以精确停车。

有了车门开启命令后,使 ATP 轨旁设备发送打开站台屏蔽门信号,当站台定位接收器收到此信号,便打开与列车车门相对的站台屏蔽门。

列车停站时间结束(或人工终止),ATP 轨旁设备停发开门信号,由司机关闭车门,同时站台屏蔽门关闭。车站在检查站台屏蔽门已关闭且锁闭以后,才允许向列车发送运行速度命令的信息。列车收到速度命令,同时检查车门已关闭后,按车载 ATP 设备收到的速度命令出发。

4. 停车点防护

停车点有时就是危险点,危险点在任何情况下都不能越过。例如,站内有车时,车站的起点即是必须停车点,在停车点的前方通常还设置一个防护段,如图 6-4 所示。在任何情况下,ATP 系统计算得出的紧急制动曲线,保证列车不超过防护区段入口点停车。

有时在防护区段入口点设置一个列车开口速度(如 5km/h),一旦需要,列车可在此基础上加速,或停在危险点前方。

5. 司机人机接口功能

司机人机接口(Man Machine Interface,MMI)提供信号系统与司机的接口。借助于 MMI,司机可以按照 ATP 系统的指示运行。MMI 向司机显示实际速度、最大允许速度以及 ATP 设备的运行状态。另外,MMI 显示列车运行时产生的重要故障信息,在某些情况伴有音响警报(如超过了最大允许速度)。显示信息的类型和范

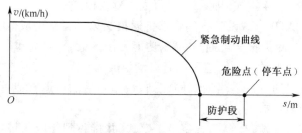

图 6-4　停车点防护

围取决于设备的操作规程和 ATP 设备的配置。

司机人机接口功能包括司机显示功能、音响报警功能和司机外部接口。

(1) 司机显示功能

司机显示功能向司机提供驾驶列车时所需的全部信息,包括:实际速度;允许速度(只在 SM、AM 和 AR 模式中);从最大限制的 ATP 功能条件下推算出的目标距离/速度;"驾驶状态"(即在牵引、惰行和制动方式下的移动);"驾驶模式"(RM、SM、AM 或 AR 模式);列车折返运行(在 AR 模式有效时显示,也在 AR 按钮按下时显示确认);列车停在预定停车窗以外;车门状态显示;向司机提供列车车门打开一侧的显示;关门指令;出站命令;车辆段显示(列车在车辆段时的车辆段识别显示);实施紧急制动;ATP/ATO 故障等。

司机显示功能的输入来自 ATP 和 ATO 功能的当前状态。司机显示功能的输出给出司机的状态显示。

(2) 音响报警功能

当列车速度/位置超过警告速度曲线时发出音响报警。允许速度由制动曲线确定,警告速度曲线是允许速度加上一个特定速度余量来表示。计算出警告速度曲线用于给出一个固定的司机反应时间,以免触发紧急制动。

音响报警功能的输入是 ATP 速度曲线、列车实际速度和位置、ATP 功能紧急制动实施的显示。音响报警功能的输出对司机进行音响报警。

(3) 司机外部接口

司机外部接口用于司机驾驶操作,包括允许按钮、车门释放按钮及确认按钮等。

6. 折返/改换驾驶室功能

在列车进行折返的情况下,要求司机改换驾驶室。

ATP 车载设备必须考虑到使用不同的驾驶操作台,保存有关相对轨旁位置、列车前部和后部的信息。改换驾驶室会引起列车前部和后部的互换,ATP 车载设备必须相应地调整位置信息。

折返发生故障会导致在司机改换驾驶室且打开在列车前头的驾驶操作台时

ATP 设备不能进入 SM 模式(即 ATP 监督人工驾驶模式)。

列车停稳后 ATP 车载设备收到要求折返报文以后自动生成 AR 模式(即自动折返驾驶模式)。此类报文可通过 ATS 功能发出的命令给出,也可当列车进入全部列车需要折返地点的相应轨道区段时自动生成。

使用 AR 模式的方法是当列车停在站台、车站后的折返轨或可接收到折返报文的任何位置时执行折返。

当列车停在折返轨,会自动选定 AR 模式,并接收到相应的报文。这时,安装在司机操作控制台上的 AR 按钮会亮,并显示可以执行折返处理。司机通过按压 AR 按钮表示接受,AR 指示灯闪亮,司机关闭驾驶控制台,并在没有司机的情况下实施自动折返;司机离开原驾驶室,如果需要的话他走到列车另一端的驾驶室。在折返有效时,列车另一端驾驶室里的 AR 指示灯闪亮,表示该驾驶室已经可以使用。同一或另外的司机打开现前驾驶室的司机操作控制台,ATP 车载单元进入 SM 模式并准备列车的返回运行。

7. 其他功能

除上述主要功能外,根据用户的要求,ATP 系统还可具有其他一些功能。

(1)紧急停车功能。在特殊紧急情况下,按压设在车站上的紧急停车按钮(平时加铅封),启动紧急制动,使列车停止运行。

(2)给出发车命令。ATP 系统检查有关安全条件(如车门是否关闭等),并确认符合安全后,发给 ATO 系统一个信号,驾驶员在看到显示后即可进行人工发车,在自动驾驶时,ATO 系统得到 ATP 系统的发车确认信息后,即操纵列车自动启动。

(3)列车倒退控制。根据不同的用户协议,可以实现各种列车倒退控制。例如,当列车退行超过一定距离或者越过轨道电路分界点时,立即启动紧急制动。

(4)停稳监督。监督列车停稳是在站内打开车门和站台屏蔽门的安全前提。

四、ATP 系统的技术要求

1. ATP 系统的基本要求

(1)ATP 系统的功能应由列车自动防护的轨旁设备、车载设备和控制区域内的联锁设备共同完成。联锁设备属于安全系统并纳入 ATP 系统为典型的系统分类方式,但在系统阐述时,通常联锁系统不列入 ATP 范畴中。

(2)城市轨道交通必须配置 ATP 系统,ATP 系统内部设备之间的信息传输必须符合故障-安全原则。

(3)闭塞分区的划分或列车运行安全间隔,应通过列车运行模拟确定,并经列车实际运行校验。为保证行车安全,在安全防护地点运行方向的后方应设安全防护距离或防护区段,安全防护距离应通过计算确定。安全防护距离涉及信号系统控制方式及其技术指标、列车速度、车辆性能和线路状态等多种因素。在列车跟踪运行的情况下,安全防护距离应增加列车尾车后部车轴可能未被检出的附加距离。

(4) 城市轨道交通的 ATP 系统应采用连续控制方式。连续控制方式主要是指安全输入信息连续采集,并实现连续控制。列车位置检查可采用轨道电路、轨间电缆、计轴设备、应答器等方式实现。

(5) 城市轨道交通宜采用计算机联锁设备,也可采用继电联锁设备。

2. ATP 车载设备的技术要求

ATP 车载设备在满足 ATP 系统基本要求外,还应符合下列规定:

(1) ATP 系统要求列车停车为最高的安全准则。地-车连续通信中断、列车完整性电路断路、列车超速、列车的非预期移动、车载设备重要故障等均应导致列车安全性制动。

(2) ATP 车载设备的车内信号应是行车的主体信号。车内信号至少包括列车实际运行速度、列车运行前方的目标速度;在两端司机室内均应装设速度显示、报警装置和必要的切换装置。

(3) ATP 执行强迫停车控制时,应切断列车牵引;ATP 执行的强制停车,包括常用制动或紧急制动等不同方式,但最终控制模式应为紧急制动。考虑到行车的安全,要求停车过程不得中途缓解,并应在列车停车后,司机履行一定的操作手续,列车方能缓解。

(4) 车载信号设备与车辆接口电路的布线应与其主回路等环节的高压布线分开铺设并实施防护;与车辆电器的接口应有隔离措施。

3. ATP 地面设备的技术要求

ATP 地面设备在满足 ATP 系统基本要求外,还应符合下列规定:

(1) ATP 地面设备宜采用报文式无绝缘轨道电路或适用于其他准移动闭塞、移动闭塞 ATC 系统的地面设备,也可采用模拟式移频轨道电路。

(2) ATP 地面设备向 ATP 车载设备传送的允许速度指令或线路状态、目标速度、目标距离等信息,应满足 ATP 车载设备控制方式和控制精度的需要。

第三节 ATO 系统

一、ATO 系统的基本概念

ATO 系统是控制列车自动运行和车站自动停车的设备。ATO 系统主要用于实现"地对车控制",即用地面信息实现对列车驱动、制动的控制,包括列车自动折返,根据控制中心指令自动完成对列车的启动、牵引、惰行和制动,送出车门和屏蔽门同步开关信号,使列车按最佳工况正点、安全、平稳地运行。

ATO 系统实现列车自动驾驶,需要 ATP 系统和 ATS 系统提供支持。ATP 系统向 ATO 系统提供列车运行的速度、线路允许速度、目标速度和目标距离,以及列车当前所处位置等信息;ATS 系统向 ATO 系统提供列车运行作业和计划。

ATO 系统为非故障-安全系统,其控制列车自动运行,主要目的是实现正常情况下高质量的自动驾驶。由于使用 ATO 系统,列车可以经常处于最佳运行状态,避免了不必要的、过于剧烈的加速和减速,因此可显著提高列车运行效率、舒适度、准点率及减少轮轨磨损。通过与列车再生制动配合,还可以节约列车能耗。

二、ATO 系统的设备

虽然各公司的 ATO 系统结构不尽相同,但 ATO 系统的基本组成相同。ATO 系统都由轨旁设备和车载设备组成。

1. ATO 轨旁设备

ATO 轨旁设备通常兼用 ATP 轨旁设备,接收与列车自动运行有关的信息。

ATO 轨旁设备如点式应答器、轨道电路等,能够接收来自列车 ATO 车载天线发送的信息,也能够将与 ATS 有关的信息发送到列车上,由列车 ATO 车载设备进行接收和处理。

2. ATO 车载设备

ATO 车载设备由设在列车每一端司机室内的 ATO 车载控制器(包括司机控制台)及安装在列车每一端司机室车体下的两个 ATO 接收天线和两个 ATO 发送天线组成,还包括 ATO 附件,这些附件用于速度测量、定位和司机接口。ATO 车载设备通常和 ATP 车载设备安装在一个机架内。

ATO 车载控制器是 ATO 系统的核心组成部分,它从 ATP 车载设备获得必要的信息,如列车运行速度和列车位置信息等,进行实时处理,计算出列车当前所需的牵引力或制动力,向列车发出请求,列车牵引或制动系统收到请求指令后,对列车施加牵引或制动,使列车得到实时控制。

ATO 系统具有一个车地双向通信系统,通过车载 ATO 天线和地面 ATO 环线,使列车经控制中心与车站的 ATS 系统连接,接收控制命令(如列车的运行调整、目的地变更命令等),实现列车的最佳运行控制,完成程序停车、运行图和时刻表调整、轨旁/列车数据交换、目的地和进路控制等功能。

ATO 系统具有精确定位停车系统,为列车提供精确的位置信息,包括车底部的标志线圈和对位天线,以及每个车站站台设置的一组地面标志线圈。

ATO 系统的功能不考虑故障-安全,因此 ATO 车载单元是非故障-安全的一取一配置。ATC 显示单元也不要求故障-安全,因而 ATC 显示单元采用商用计算机。

ATO 向列车广播设备及车厢信息显示牌提供报站信息(即目的地号、下一车站号)。

三、ATO 系统的功能

ATO 系统的功能分为基本控制功能和服务功能。基本控制功能包括列车自动驾驶、自动折返和车门控制 3 个功能；服务功能包括列车位置、允许速度、巡航/惰行、PTI 支持功能等。

（一）ATO 系统基本控制功能

1. 自动驾驶

（1）自动调整列车运行速度

ATO 车载控制器通过比较实际列车运行速度及 ATP 系统给出的最大允许速度及目标速度，并根据线路的情况，自动控制列车的牵引及制动，使列车在区间内的每个区段始终控制速度（ATP 系统计算出来的限制速度减去 5km/h）运行，并尽可能减少牵引、惰行和制动之间的转换。

（2）停车点的目标制动

车站停车点作为目标点，它由 ATP 轨旁单元和 ATS 系统控制。当停车特征被启动后，ATO 系统基于列车速度、预先决定的制动率和距停车点的距离计算出一个制动曲线，采用最合适的减速度（制动率）使列车准确、平稳地停在规定的停车点。与列车定位系统相配合，可使停车位置的误差达到 0.5m 以下。

车站定点停车是靠一组地面标志线圈提供至停车点的距离信息，图 6-5 所示为地面标志线圈布置示意图。当列车正向运行经过外部标志线圈时，列车接收停车标志信息，启动停车程序对位停车控制，产生第一制动模式曲线，并点亮司机操纵台上的程序对位停车指示灯；列车运行至站台区域，收到中间标志线圈发送的信息时，产生第二制动模式曲线，实际上第二制动模式曲线是对第一制动模式曲线进行修正，也是对上一次制动的缓解；列车继续前进，收到内部标志线圈发送的信息时，产生第三制动模式曲线，进行第二次制动修正，相当于第二次缓解；当收到 8m 标志线圈发送的信息时，产生第四制动模式曲线，进行第三次制动修正。经过多次制动、缓解控制，确保列车定位停车的精度控制在规定的范围内，当车载定位天线与地面对位线圈对齐时，立即实施全常用制动，将车停住。

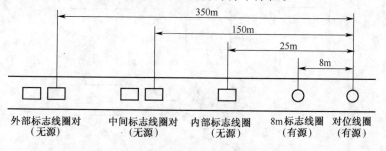

图 6-5 地面停车标志线圈布置示意图

(3) 车站自动发车

当发车安全条件符合时(在 ATO 模式下,关闭了车门,由 ATP 系统监视),ATO 系统给出启动显示,司机按下启动按钮,ATO 系统使列车从制动停车状态转为驱动状态。停车制动将被缓解,然后列车加速。ATO 系统通过预设的数据提供牵引控制,该牵引控制可使列车平稳加速。

(4) 区间内临时停车

由 ATP 系统给出目标点位置(如前方有车)及制动曲线,并将数据传送给 ATO 系统车载设备,ATO 系统得到目标速度为"0"的信息后自动启动列车制动,使列车停稳在目标点前方 10m 左右。此时车门还是由 ATP 系统锁住。一旦前方停车目标点取消,速度信息改为进行码后,ATO 系统使列车自动启动。假如车门由紧急开门打开,或是司机手柄被移至非零位置,那么列车必须由司机重新启动 SM 模式或 AM 模式(如果允许)。

在危险情况下,如按下紧急停车按钮,或是因常用制动不充分而使列车超过紧急制动曲线,由 ATP 系统启动紧急制动,ATO 系统向司机发出视觉和音响警报,5s 以后音响警报自动停止。

(5) 限速区间

临时性限速区间的数据由轨道电路等轨旁设备通过报文传输给 ATP 车载设备,再由 ATP 车载设备将减速命令经 ATO 系统传达给列车驱动、制动控制设备。此时 ATO 车载设备的功能犹如 ATP 系统与驱动、制动控制设备之间的一个接口。对于长期的限速区间,数据可事先输入 ATO 系统,在执行自动驾驶时,ATO 系统会自动考虑到该限速区间。

从本质上看,由 ATO 系统执行的自动驾驶过程是一个闭环反馈控制过程,其基本关系框图如图 6-6 所示。测速单元通过 ATP 系统向 ATO 系统发送列车的实际位置信息,ATO 向牵引和制动控制设备提供数据输出。

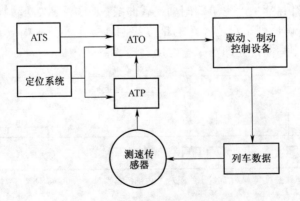

图 6-6　自动驾驶的闭环控制框图

2. 无人自动折返

无人自动折返是一种特殊情况下的驾驶模式,在这种驾驶模式下无需司机控制,而且列车上的全部控制台将被锁闭。列车接收到无人驾驶折返运行许可后,自动进入 AR 模式。授权经驾驶室 MMI 显示给司机,司机必须确认这个显示,并得到授权,锁闭控制台。

只有按下站台的 AR 按钮以后,才实施无人驾驶列车折返运行。ATC 轨旁设备提供所需的数据以驾驶列车进入折返轨,列车将自动回到出发站台。列车一到出发站台,ATC 车载设备就会退出 AR 模式。

无人自动折返功能的输入是列车当前的速度和位置以及 ATP 速度曲线,输出使列车制动和牵引的控制命令。

3. 车门控制

ATO 系统是车门控制命令的发出者,在自动模式下执行车门开启。当列车到达定位停车点,ATO 系统发出停车信号给 ATP 系统,由 ATP 系统监督开门条件(检测车速为零)。当 ATP 系统发出开门命令时,可以按事先设定由 ATO 系统自动地打开车门,也可由司机手动打开正确一侧的车门。同时,列车发送信息给地面,打开相应的站台屏蔽门。

列车停站结束后,司机按下关门按钮,发出关门信号,同时发送信号给站台关闭屏蔽门。车站检查站台屏蔽门关闭且锁紧,允许 ATP 系统发送速度命令信息,列车检查车门关闭且锁紧,启动出站。

当列车空车运行时,从 ATS 系统接收到指定的目的地号后会阻止车门打开。

(二) ATO 系统服务功能

1. 列车位置功能

列车位置功能是从 ATP 功能中接收到当前列车的位置和速度等详细信息,根据上一次计算后所运行的距离来调整列车的实际位置。此调整也考虑到在 ATP 功能计算列车位置时传送和接收的延迟时间,以及打滑和滑行。

另外,ATO 功能同测速单元的接口为控制提供更高的测量精确性。列车位置功能也接收到地面同步的详细信息,由此确定列车的实际位置和计算列车位置的误差。对列车位置进行调整,可在由 ATO 功能规定的直至接近实际停车点 10m~15m 的任意位置开始,并且可使停车精度由 ATO 系统控制在希望的范围内。

2. 允许速度功能

允许速度功能为 ATO 速度控制器提供列车在轨道任意点的对应速度值。这个速度没有被优化,只是低于当前速度限制和制动曲线给出的限制。允许列车速度调整是为了能源优化或由惰行/巡航功能完成的列车运行。

3. 巡航/惰行功能

巡航/惰行功能的任务是按照时刻表自动实现列车区间运行的惰行控制,同时节省能源,保证最大能量效率。

ATO 巡航/惰行功能协同 ATS 中的列车自动调整(ATR)功能,并通过确定列车运行时间和能源优化轨迹功能实现巡航/惰行功能。

列车运行时间是指由 ATO 和 ATR 功能确定的列车运行时间,通过车站轨道电路或计轴设备的占用情况完成同步。当列车在 ATO 功能下,从报文给定的列车运行时间中减去通过计时器测定的已运行时间,以确定到下一站有效的可用时间。

能源优化轨迹的计算要考虑加速度、线路坡度及曲线。因此,整套系统的轨道曲线信息都储存在 ATO 存储器中。借助此信息,并使用最大加速度,惰行/巡航功能计算出到下一停车点的速度距离轨迹。

4. PTI 支持功能

列车识别系统(Positive Train Identification,PTI)支持功能是通过多种渠道传输和接收各种数据,在特定的位置(通常设在列车进入正线的入口处)传给 ATS,向 ATS 报告列车的识别信息、目的号码和乘务组号以及列车位置数据(如当前轨道电路的识别),以优化列车运行。

PTI 功能由车载设备和轨旁设备实现。由车载设备提供的数据,通过 ATO 功能,传输到 PTI 的轨旁设备,进而传给 ATS。

四、ATO 系统的基本要求

(1) 根据线路条件、道岔状态、前方列车位置等,实现列车速度自动控制。列车在区间停车应尽量接近前方目的地。区间停车后,在允许信号的条件下列车自动启动,车站发车时,列车启动由司机控制。

(2) ATO 系统应能提供多种区间运行模式,满足不同行车间隔的运行要求,适应列车运行调整的需要;司机手动驾驶及由 ATO 系统驾驶之间可在任何时候转换;手动驾驶时由 ATP 系统负责安全速度监督,自动驾驶时由 ATO 系统给出对驱动、控制设备的命令,ATP 系统仍然负责速度监督。

(3) ATO 系统定点停车精度应根据站台计算长度、列车性能和屏蔽门的设置等因素选定。站台定点停车精度宜在±0.25m～±0.50m 范围内选择。

(4) ATO 系统控制过程应满足舒适度和快捷性的要求。舒适度的要求主要是牵引、惰行和制动控制以及各种工况之间的转换控制过程的加、减速度的变化率。快捷性主要是指控制过程的时间宜短,以减少对站间运行时分的影响和提高运量。ATO 系统应能控制列车实现车站通过作业。

(5) 自动记录运行状态、自诊断及故障报警。

五、ATO 系统与 ATP 系统的关系

装有 ATO 系统后,列车可采用手动驾驶或自动驾驶方式运行。然而,不论在

手动驾驶还是自动驾驶过程中,ATP 系统始终执行速度监督和超速防护功能。所以,ATP 系统是 ATO 系统的基础,ATO 系统必须从 ATP 系统获得基础信息,只有在 ATP 系统的基础上才能实现 ATO 系统功能,ATP 系统是城市轨道交通列车运行时必不可少的安全保障,ATO 系统是提高列车运行水平(准点、平稳、节能等)的技术措施。

可以这样认为:

手动驾驶=司机人工驾驶+ATP 系统

自动驾驶=ATO 系统自动驾驶+ATP 系统

图 6-7 表示了 3 种制动曲线。曲线①是列车的紧急制动曲线,由 ATP 系统计算及监督,列车速度一旦触及该制动曲线,立即启动紧急制动,以保证列车停车时不超过停车点。曲线①对应于列车最大减速度,一旦启动紧急制动,列车必须停稳后经过一定时间才能重新启动,并且列车记录仪加以记录。因此,这是一种非正常运行状态,应该尽量避免。

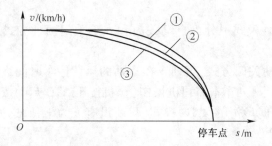

图 6-7 3 种制动曲线

曲线②是在驾驶室内显示出来的列车运行最大允许速度,由 ATP 系统计算,它略低于紧急制动曲线(两者相差通常为 3km/h~5km/h)。当列车速度达到该曲线时,启动常用制动。显然,曲线②对应的列车减速度小于曲线①的减速度。

曲线③是列车正常运行情况下的停车制动曲线,由 ATO 系统计算。通常将与此曲线对应的减速度设计为可以达到平稳地减速和停车的减速度。

从这 3 条停车制动曲线可以明显地看出:ATP 系统主要负责"超速防护",起保证安全的作用;ATO 系统主要负责正常情况下列车高质量地运行,最大限度地提高行车效率,增加列车运行的舒适度;ATO 系统是 ATP 系统的发展和技术延伸,ATO 系统在 ATP 系统的基础上实现自动驾驶,而不仅仅停留在超速防护的水准上。

六、驾驶模式及模式转换

(一)驾驶模式

城市轨道交通 ATC 系统为列车驾驶提供了几种不同的模式,以便在不同的情况下对列车进行最有效的控制,保证列车运行安全和提高运营效率。城市轨道交通列车主要的驾驶模式有自动驾驶模式、ATP监督人工驾驶模式、限制人工驾驶模式、非限制人工驾驶模式及自动折返驾驶模式。

自动驾驶模式和无人驾驶模式可以提高列车行车效率,实现列车运行自动调整、维护列车运行秩序、减少司机劳动强度和人员配备的数量。然而,由于无人驾驶涉及车辆、行车组织、车辆段配置等多种因素,系统造价高,我国又无运用经验,故无人驾驶系统宜在探索经验后,根据需要逐渐采用。

1. 自动驾驶模式(ATO模式或AM模式)

自动驾驶模式是正线上列车运行的驾驶模式,即用于正线上列车的正常运行。在ATO模式下,车载ATO系统根据接收到的ATP系统信息,自动地控制列车启动、加速、巡航、惰行、制动,控制列车在安全停车点前和规定的站台停车位置停车,并自动控制车门、屏蔽门的开启。司机只负责对车载ATP/ATO设备的状态显示进行监督,并注意列车运行时状态、显示的变化,必要时可人工进行干预,以保证行车安全。

自动驾驶ATO模式下分为自动关门和人工关门两种方式,它们之间的区别如下:

(1) 对于自动关门方式,当列车在车站的运营停车时间终止时,自动发出车门、屏蔽门关闭命令,列车不需司机操作(司机按压ATO启动按钮无效)自动启动离站。一旦进入自动关门的ATO模式,只要没有人为干预,这种方式的自动驾驶控制模式维持不变。

(2) 对于人工关门方式,当列车在车站的运营停车时间终止时,车门、屏蔽门的关闭由司机根据发车时间及乘客上下车情况按压关门按钮人工完成,并且需司机按压ATO启动按钮后,列车以ATO自动驾驶模式启动运行。

目前,在ATO模式下一般采用人工关门方式,司机的主要任务是到站开启列车门、到点关闭列车门和按压启动按钮。

2. ATP监督人工驾驶模式(SM模式)

ATP监督人工驾驶模式是一种受保护的人工驾驶模式。ATO系统故障时,列车可用SM模式在ATP保护下降级运行。

在SM模式下,司机关闭车门和执行出发检查后,手动启动,车载ATP设备根据地面提供的信息,自动生成连续监督列车运行的一次速度模式曲线,实时监督列车运行。司机根据ATP显示的速度信息驾驶列车,当列车运行速度接近限制速度时,提出报警;当列车运行速度超过限制速度时,ATP车载设备将对列车实施制动。

3. 限制人工驾驶模式(RM模式)

限制人工驾驶模式即ATP限制允许速度的人工驾驶模式,这是一种受约束的人工操作,必须"谨慎运行"。正线运行中联锁设备、ATP轨旁设备或地对车通信等发生故障,以及在车辆段范围内(非 ATC 控制区域)运行时,车载 ATP 给出一个最高 25km/h 的限制速度。

在 RM 模式下,司机根据地面信号机的显示驾驶列车,以不超过 ATP 限制速度(如 25km/h)运行,列车运行安全由司机负责。当列车运行速度超过 ATP 限制速度时,ATP 车载设备则对列车实施制动。

4. 非限制人工驾驶模式(URM 模式或关断模式、旁路模式)

非限制人工驾驶模式即不受限制的人工驾驶模式,在车载 ATP 设备故障以及车载设备测试情况下完全关断时的列车驾驶,ATP 将不对列车运行起监控作用。

在 URM 模式下,列车由司机人工驾驶,没有 ATP 保护,使用这种模式必须进行登记,运行安全由司机、调度员、车站值班员共同负责。

5. 自动折返驾驶模式(AR 模式)

在列车交路的折返站(设有折返线)调转行车方向或使用折返线进行折返操作,就要求能进入自动折返驾驶模式。为使自动折返操作具有高度的灵活性,自动折返模式有下列几种:ATO 自动折返模式;ATO 无人自动折返模式;ATP 监督人工驾驶折返模式。

折返命令是由 ATS 中心根据需要生成并传输至列车,或由设计固定的 ATP 区域(如终点站)的轨旁单元发出。ATP 车载设备通过接受轨旁报文而自动启动 AR 模式,并通过驾驶室显示设备指示给司机,司机必须按压"AR"按钮确认折返作业。采用无人折返还是有司机折返取决于司机采取的不同折返模式。

若采用 ATO 自动折返模式,在司机按压 ATO 启动按钮后,列车自动驶入折返线,并改变车头和轨道电路发送方向;在折返线至发车站台的进路排列完成后,再次按压 ATO 启动按钮,列车自动驶入发车站台,并精确地停在发车站台。

若采用 ATO 无人自动折返模式,在司机下车后按压站台上的无人折返按钮,列车在无司机的情况下,自动完成启动列车驶入折返轨,改变车头和轨道电路发送方向,并在折返线至发车站台的进路排列完成后,再自动启动列车驶入发车站台,并精确地停在发车站台。

若采用 ATP 监督人工驾驶折返模式,在人工驾驶过程中 ATP 将对列车速度、停车位置进行监督,并在列车驶入折返线后自动改变车头和轨道电路发送方向。

(二)驾驶模式转换

以上 5 种基本驾驶模式,在满足一定条件后可以相互转换。

1. 列车驾驶模式转换的规定

(1) ATC 系统控制区域与非 ATC 系统控制区域的分界处,应设驾驶模式转换轨(或称转换区),转换轨的信号设备应与正线信号设备一致。

(2) 驾驶模式转换可采用人工方式或自动方式,并应予以记录。当采用人工方式时,其转换区域的长度宜大于一列车的长度。当采用自动方式时,应根据 ATC

系统的性能特点确定转换区域的设置方式。

(3) ATC 系统具有防止列车在驾驶模式转换区域未将驾驶模式转换至 ATO 模式或 SM 模式,而错误地进入 ATC 系统控制区域的能力。

(4) 为保证行车安全,在 ATC 控制区域内使用 RM 模式或 URM 模式时应有破铅封、记录或特殊控制指令授权等技术措施。

2. 各种驾驶模式之间的转换

(1) RM 模式转换到 SM 模式

列车从非 ATC 系统控制区域进入 ATC 系统控制区域,就从 RM 模式转换为 SM 模式。只要满足以下条件:列车经过了至少两个轨道电路的分界;报文传输无误;未设置 PERM 码位;ATP 轨旁设备没有发出紧急制动信号;ATP 车载设备的限速监控不会在 SM 模式启动紧急制动。

(2) SM 模式转换到 ATO 模式

满足以下条件,ATO 开始指示灯就会亮,说明此时可以从 SM 模式切换到 ATO 模式:所有车门都已关闭;当前轨道区段没有停车点(安全/非安全);驾驶/制动杆处于零位置;主钥匙开关处于向前位置。

当司机按下 ATO 开始按钮后,ATP 车载设备就从 SM 模式切换为 ATO 模式。

(3) ATO 模式转换到 SM 模式

在下列情况下,ATP 车载设备就从 ATO 模式转换到 SM 模式:如果司机把驾驶/制动拉杆拉离零位置,或把主钥匙开关调到非向前状态;ATO 控制列车停靠车站的停车点,当列车在车站停稳后;如果列车停在区间,司机用车门许可控制按钮打开车门。

(4) SM/ATO 模式转换到 RM 模式

如果 ATP 车载设备启动了紧急制动,无须操作就自动地从 SM/ATO 模式转换为 RM 模式。如果司机还想继续前行,那么就必须在列车停稳之后按 RM 按钮。

如果列车已经停稳,而司机按了 RM 按钮,就从 SM/ATO 模式切换到 RM 模式。如果转换到 SM 模式的所有先决条件都已满足,那么就马上转回 SM 模式。

在车辆段入口处,司机或 ATO 控制列车停靠在停车点上。如果满足以下条件:列车已停稳,已设置了结束点,驾驶室的显示屏上就会显示指示,司机就可以按 RM 按钮。按了 RM 按钮之后,就从 SM/ATO 模式切换到 RM 模式。

(5) SM 模式转换到 AR 模式

满足以下条件,就从 SM 模式转换到 AR 模式:ATP 车载设备接收到来自 ATP 轨旁设备的自动折返命令;ATP 车载设备间的通信正常。

(6) AR 模式转换到 SM 模式

满足以下条件,ATP 车载设备就从 AR 模式转换到 SM 模式:监督列车的 ATP 车载设备转换成功;司机解锁驾驶室。

(7) AR 模式转换到 RM 模式

如果 ATP 车载设备启动了紧急制动,无须司机的另外操作,就会自动从 AR 模式转换到 RM 模式。如果司机想继续前行,那么他必须在列车停稳后按 RM 按钮。

如果列车停稳之后,司机按了 RM 按钮,就会从 AR 模式转换到 RM 模式。如果转换到 SM 模式的前提条件都满足了,就马上切换到 SM 模式。

(8) RM 模式转换到 URM 模式

只有当 ATP 故障的情况下,才会降级至 URM 模式,列车会自动停车,司机操作密封安全开关至 URM 模式。这种模式的转换将被车载计数器记录。这个转换程序同样适用于 ATO 模式、SM 模式至 URM 模式。此时列车的运行安全由司机承担全部责任。

第四节 ATS 系统

一、ATS 系统的基本概念

ATS 系统主要实现对列车运行及道岔、信号等设备运行状态的监督和控制,为行车调度人员显示出全线列车的运行状态,监督和记录运行图的执行情况,在列车因故偏离运行图时及时做出调整,辅助行车调度人员完成对全线列车运行的管理。

ATS 系统在 ATP 系统和 ATO 系统的支持下,根据运行时刻表完成对全线列车运行的自动监控,可自动或由人工监督和控制正线(车辆段、停车场、试车线除外)列车进路,并向行车调度员和外部系统提供信息。

ATS 系统能与 ATP 系统、计算机联锁设备或继电联锁设备配套使用,并有与时钟系统、乘客向导系统和综合监控系统的接口。

ATS 系统负责监控列车的运行,是非故障-安全系统。ATS 系统工作方式为集中管理、分散控制。

二、ATS 系统的设备

ATS 系统由控制中心设备、车站设备、车辆段设备、列车识别系统及列车发车指示器等组成,如图 6-8 所示。因用户要求不同,ATS 系统的硬件、软件配置差别很大。

(一) 控制中心设备

控制中心设备属于 ATS 系统,是 ATS 系统的核心。用于状态指示、运行控制、运行调整、车次追踪、时刻表编制以及运行图绘制、运行报告、调度员培训、与其他系统的接口。

控制中心设备主要包括中心计算机系统、大屏显示屏、调度员及调度长工作站、计划工作站、维修工作站、培训工作站和打印机等,如图 6-9 所示。

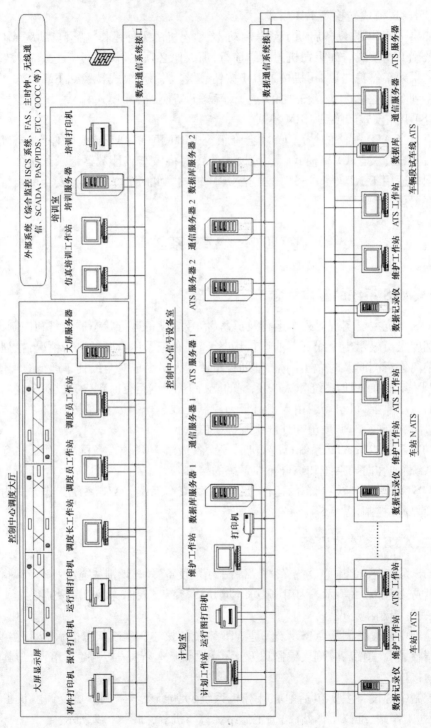

图 6-8 ATS 系统设备组成

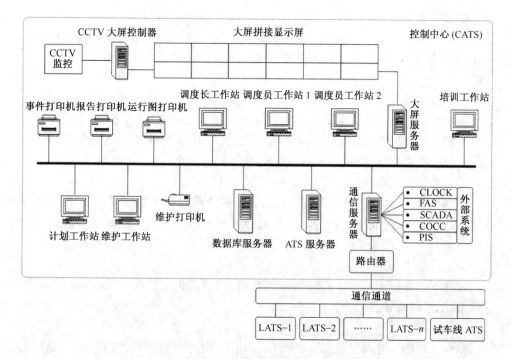

图 6-9 ATS 系统设备组成

CLOCK—时钟；SCADA—Supervisory Control And Data Acquisition, 电力监控系统；
COCC—Comprehensive Operation Coordination Center, 网络运营协调与应急指挥室；
FAS—Fire Alarm System, 火灾报警系统；PIS—Passenger Information System, 旅客信息系统。

1. 控制中心计算机系统

控制中心计算机系统包括 ATS 系统服务器、通信服务器、数据库服务器及大屏服务器等。为保证系统的可靠性，主要硬件设备均为主/备双套热备方式，可自动或人工切换。系统能满足自动控制、调度员人工控制及车站控制的要求。系统设有 ATS 系统服务器，主要作用如下：

(1) 列车运行控制。按时刻表的要求或调度员操作命令，产生相应的控制命令，通过联锁集中站的联锁设备及轨旁设备，控制全线列车运行。

(2) 处理全线的表示信息。将中心接收到的与列车运行相关的各种信息进行处理，然后通过显示屏，显示全线的进路状态和信号设备状态(包括道岔位置、信号机显示及轨道电路状况等)，以及列车所处的位置等运行信息和各种报警信息。

(3) 采集、存储运行记录，生成各种运行报告。

(4) 计算机系统的管理和维护，也用于整个 ATS 系统的管理和维护。

系统设有通信服务器，完成控制中心与各联锁集中站以及与车辆段远程终端数据传输单元之间控制和信息的交换。

2. 工作站

CATS 系统设置不同需求的工作站，提供系统与行车调度相关人员的人机对话接口，包括行车调度员工作站、调度长工作站、计划工作站、培训工作站和维护工作站等。

（1）调度员工作站

调度员工作站用于行车调度指挥，显示现场信号设备实时状态、列车运行轨迹等。根据需要，设置不同数量的调度员工作站，一般为 2~4 个。调度员通过操作界面，向其控制区域内联锁集中站发送控制命令。

（2）调度长工作站

调度长是全线列车运行控制的负责人，指挥全线的调度控制，其工作站可以纵观全线的列车运行，指挥相关的调度员进行调度控制。尤其在控制中心监控多条线路的情况下，调度长的全局指挥、集中管理尤为重要。

（3）计划工作站

计划工作站用于运行计划的编制和修改，通过人机对话可以实现对运行时刻表的编辑、修改及管理。

（4）培训工作站

培训工作站具有调度员工作站的相关功能，用于对调度员的培训。一般情况下，培训工作站放置于调度室，能仿真列车在线运行及各种异常情况，而不参与列车的实际控制。有些线路另外设置培训服务器，并且培训工作站也不放置在调度室，这样更有利于对调度员的培训。实习调度员通过模拟实际操作，培养系统控制和各种情况下的处理能力。

（5）维护工作站

维护工作站提供系统监测，便于管理人员进行系统维护。

3. 大屏显示屏

大屏显示屏设置于控制中心，行车调度员正面，显示全线的线路及车站布置，它可以监视全线控制区域的列车运行轨迹，显示道岔、信号机、轨道电路等信号设备的状态、站控、遥控状态、折返站的折返模式等。

（二）车站设备

车站分为集中联锁站和非集中联锁站，两者设备不同。

1. 集中联锁站设备

集中联锁站设备主要由 ATS 分机和车站现地控制工作站组成。ATS 分机是集中联锁站的核心设备，负责与车站联锁系统、车站 ATP 系统进行接口，还负责将联锁采集的信息，以及车站 ATP 设备传递过来的列车位置、状态等信息传递到控制中心 ATS 系统。同时，车站 ATS 分机还要将控制中心传递过来的进路指令及列车运行指令，通过联锁和 ATP 系统传递到地面和车载设备。另外，ATS 分机需要具备本地计划存储功能,当控制中心 ATS 与车站 ATS 中断时,ATS 分机能够按照预定的计划继续生成指令控制地面和车载设备。

ATS 分机还能控制站台上发车指示器(DI)以及旅客信息系统(PIS)的列车目的地和到发时间显示。

2. 非集中联锁站设备

非集中联锁站一般不设 ATS 分机,只设车站现地控制工作站。非集中联锁站的列车识别系统(PTI)、旅客信息系统(PIS)及发车指示器(DI)均通过集中联锁站的 ATS 分机与 ATS 系统联系。有岔非集中联锁站的道岔和信号机由集中联锁站的计算机控制,通过集中联锁站的 ATS 分机接收 ATS 系统的控制命令。

非集中联锁站的现地控制工作站,主要提供站场以及列车车次号监视功能,另外提供办理基本的扣车、跳停等功能。

(三)车辆段设备

1. ATS 分机

车辆段设一台 ATS 分机,用于采集车辆段内存车线的列车占用及进/出车辆段的列车信号机的状态,在控制中心显示屏上给出以上信息的显示,以便控制中心及车辆段值班员及车辆管理人员了解段内停车线列车的车次及车组运用情况,正确控制列车出段。

车辆段不纳入正线统一的按照计划作业自动进路办理流程,这里 ATS 分机只与联锁接口,提供车辆段人工操作指令处理,并将车辆段站场指示信息传递到 CATS 系统。

2. 车辆段终端

车辆段派班室和信号楼控制台室各设一台终端,与车辆段 ATS 分机相连,根据来自控制中心的实际时刻表建立车辆段作业计划。

车辆段联锁设备通过 ATS 分机与控制中心交换信息,实现段内运行列车的追踪监视,车辆段与控制中心间提供有效的传输通道,当距离较长时可采用 MODEM。

车辆段终端通过与 CATS 系统交互,获取列车运行计划,生成司机出乘计划,并将机车运行计划上传到 CATS 系统。

(四)列车识别系统

列车识别系统(PTI)设备是 ATS 车次识别及车辆管理的辅助设备,由地面查询器环路和车载查询器组成。地面查询器环路设于各站,PTI 设备用于校核列车车次号。当列车经过地面查询器时,地面查询器可采集到车载应答器中设定的列车车次号,并经车站 ATS 设备送至控制中心,校核是否与中心计算机列车计划中的车次号一致,若不相同则报警并进行修正。

(五)发车指示器

发车指示器(DI)设备设于各站,为列车运行提供车站发车时机、列车到站晚点情况的时间指示,提示列车按计划时刻表运行。正常情况下,在列车整列进入站台后,按系统给定站停时间倒计时显示距计划时刻表的发车时间,为临时指示列车发车;若列车晚点发车,则 DI 增加停站时间的计时。

三、ATS 系统的基本要求

(1) 同一 ATS 系统可监控一条或多条运营线路,多条运营线路共用,可实现相关线路的统一指挥,并且也有利于实现资源的共享。监控多条运营线路时,应保证各条线路具有独立运营或混合运营的能力。

(2) ATS 系统的计算机及网络应采用冗余技术,应设调度员工作站、调度长工作站、计划工作站、维修工作站以及其他必要的设备。调度员工作站的数量,根据在线列车对数、线路长度和车站数量等因素合理配置。

(3) 运营线路上的车站应纳入 ATS 系统监控范围,涉及行车安全的应急直接控制应由车站办理。车辆段、停车场可不全部列入系统监控范围。

(4) ATS 系统应满足列车运行交路的需要,凡有道岔的车站均应按具有折返作业处理。

(5) 出入车辆段、停车场的列车不应影响正线列车的运行。

(6) 系统故障或车站作业需要时,经控制中心调度员与车站值班员办理必要的手续后,可实现站控与遥控转换,车站值班员也可强行办理站控作业。站控与遥控转换过程中,不应影响列车运行。

(7) 列车进路控制应以联锁表为依据,根据运行时刻表和列车识别号等条件实现控制。

(8) ATS 系统应具有良好的实时控制性能,系统处理能力、设备空间等应留有余量,信息采集周期宜小于 2s。

(9) ATS 系统可与计算机联锁或继电器联锁设备接口;ATS 系统的进路控制方式应与联锁设备的进路控制方式相适应;ATS 系统控制命令的输出持续时间应保证继电器联锁设备的可靠动作,其与安全相关的接口应有可靠的隔离措施。

(10) ATS 系统宜从时钟系统获取标准时钟信号。

四、ATS 系统的主要功能

ATS 系统具有下列主要功能:列车运行情况的集中监视和跟踪;列车运行实迹的自动记录;时刻表自动生成、显示、修改和优化;自动排列进路,按行车计划自动控制轨旁信号设备以接发列车;列车运行自动调整;列车运行和设备状态自动监视;调度员操作与设备状态记录、运行数据统计及报表自动生成;运输计划管理、输出及统计处理;实现沿线设备及列车与控制中心之间的通信;列车车次号自动传递;车辆修程及乘务员管理;系统故障复原处理;列车运行模拟及培训;乘客向导信息显示。

1. 列车监视和跟踪

进行在线列车的监视、跟踪、车次的移位及显示。

(1) 列车监视

列车监视是用计算机来再现列车的运行。列车运行由轨道空闲和占用信号来驱动。列车由车次号来识别。ATS 系统给 MMI、PIS、大屏显示屏提供列车位置和车次号。

(2) 车次号输入、追踪、记录和删除

列车车次号是 ATS 系统功能的先决条件，必须在固定时间内提出。当列车由车辆段或其他地点进入正线运行时，ATS 系统将根据计划时刻表自动给计划列车加入车次号。列车车次号输入用于修改和确认列车车次号。输入方式有：在车站自动输入车次号、时刻表系统提出车次号、系统自动生成虚假车次号、调度员人工输入。

车次号在该列车通过读站时被记录，出错时调度员可用另一车次号予以替代。

车次号从列车在车辆段开始至全部正线连续追踪，在控制中心大屏显示屏及显示器上的车次窗内随着列车运行的位置动态显示。调度员可人工修改，并能由车次查出对应车组号。

车次号删除是从 ATS 系统中清除车次号记录，在被监视到离去本区段、被覆盖时删除，也可人工删除。

(3) 列车运行识别

列车运行由轨道占用信号从"空闲"到"占用"的切换来识别。一旦列车运行被监测到，就在计算机内再现。

(4) 集中显示

控制中心表示分为大屏显示屏和显示器。在站场布置图上显示正线全线列车运行及信号设备的工作状况，如列车位置及车次号、信号显示、道岔位置、轨道电路状态、进路状态及开通方向、车站控制状态（站控或遥控）、行车闭塞方式（自动闭塞或站间闭塞）、站台扣车状态、信号设备报警等，以及根据调度员的需要在显示器上显示车辆段内列车运用状况及各种报告。

2. 时刻表处理

时刻表处理包括安装、修改、存储时刻表，描绘、显示和打印实迹运行图。

系统提供时刻表编制用的数据库，通过调度员的人工设置如站停时间、列车间隔、轨道电路布置等数据产生计划时刻表。每天运营前将当日使用的计划时刻表从控制中心传至车站 ATS 分机。

系统储存适合于不同运行情况的多套时刻表，根据时刻表自动完成列车车次号的跟踪与更新，自动生成时刻表。

控制中心 ATS 根据列车运行的实际情况自动绘制列车实迹运行图。

系统随时对时刻表的状态进行比较。利用车次号和列车位置可以对一列车的计划位置和实际位置进行比较。在发生偏离（早点或晚点）时，系统一方面通过适当的显示通知调度员，另一方面自动产生相应的纠正措施。

3. 自动建立进路

控制中心能对列车进路、信号机、道岔实现集中控制，可根据当日列车运行计划时刻表自动控制列车运行，包括：自动办理正线各种进路并控制办理的时机；自动控制列车驶入、离开正线的时机；自动控制车站列车停车时间及发车时机。必要时，通过办理控制权转移手续，可将控制权转移至车站。

调度员必要时可以人工控制，包括人工建立及取消正线各种进路等。调度员的人工控制命令在执行前均由中心计算机检查其合理性，并给出提示。

自动建立进路的功能是形成控制道岔位置的命令和在适当时间向信号系统发送这些命令。将列车车次号和位置信息、道岔位置和已选信号系统的信息提供给自动建立进路系统，命令的输出由接近列车的监测和进路计划来控制。

4. 列车运行调整

不断地对计划时刻表与实际时刻表进行比较，通过调整停站时间自动调整列车按计划时刻表运行，在此基础上自动产生列车的出发时间。在装备有 ATO 的线路上能通过对列车运行等级的设置实现对列车运行的自动调整。

调度员也可通过人工命令调整列车停站时间来调整列车运行。

5. 旅客信息显示

用来通知等待的乘客下一列车的目的地和到达时间。

6. 列车位置识别

列车识别码由司机在开始旅程前选定，由列车自动发送。

7. 服务操作

操作员能修改数据库、列车参数、控制与显示数据库信息。

8. 仿真及演示

系统仿真是通过仿真手段，离线模拟列车的在线运行，主要用于系统的调试、演示及人员培训，是一种必不可少的运行模式。它与在线控制模式几乎完全相同，唯一的差别是列车定位信息不是实际获取，而是随车次号的设置而出现。仿真模拟运行能够模拟在线控制中的所有功能，但它与现场之间没有任何表示信息和控制命令的信息交换。

培训/演示系统具有模拟时刻表，模拟列车运行的调度等，可记录、演示，据此对学员进行实际操作的培训。

9. 遥控联锁

联锁设备由远程控制系统操作，它提供了与运营控制系统的接口界面。

10. 运行报告

ATS 系统能记录大量与运行有关的数据,如列车运行里程数、列车实迹运行图、列车运行与计划时间的偏差、重大运行事件、操作命令及其执行结果、设备的状态信息和设备的故障信息等。ATS 系统所记录的事件都应该有备份。通过选择,可回放已被记录的事件;提供数据备份和恢复功能,并可回放和查询;提供运行分析报告。

ATS 系统提供多种报告,辅助调度员了解列车运行情况及系统工作情况。调度员还可调用列车运用计划并进行修改,并可登记、记录、统计数据、离线打印。ATS 系统可按用户的要求提供各种统计功能,以完成各种统计报表(如日报表、周报表、月报表等)。

11. 监测与报警

能及时记录被监测对象的状态,有预警、诊断和故障定位能力;监测列车是否处于 ATP 保护状态;监测信号设备和其他设备结合部的有关状态;具有在线监测与报警能力;监测过程应不影响被监测设备的正常工作。

在相应工作站上,报告所有故障报警的状况并予以视觉提示,直到恢复正常状态为止。重要的故障以音响报警提示,直到确认报警状况为止。

要报警的不正常状况包括:轨道电路和轨旁设备内的故障;车载 ATC 系统和车辆设备内的故障;通过车-地通信(Train Wayside Communication,TWC)传送的车载设备信息和在数据传输系统(Data Transmission System,DTS)设备内检测出并由 DTS 报告的故障。

五、ATS 系统的基本原理

(一)列车监视和跟踪

列车监视和跟踪(Train Monitoring and Tracking,TMT)是 CATS 系统的功能,其任务是确定每列车在系统中的位置,由追踪列车运行实现。不论是自动方式还是人工方式,每列列车与一个列车车次号相关联。当列车由车辆段进入正线运行时,ATS 系统根据计划时刻表自动给该列车加入车次识别号。根据联锁设备的信息推断,随着列车的前进,列车车次号在列车追踪系统中从一个轨道区段单元向下一个轨道区段单元移动。列车移动在调度员工作站上的车次号窗内以列车识别号显示出来。车次号按先到先服务的原则显示。

1. 列车识别号报告

每列列车准备进入正线运行时,都需要根据预先存储的列车时刻表来命名进入系统的列车,自动分配一个列车识别号,并在显示器上显示,随着列车跟踪运行,该识别号也会在显示器上移动。

列车识别号包括目的地号、序列号和服务号。目的地号规定列车行程终到地点,序列号按每次行程自动累增。乘务组号和车组号将显示在特定的对话框中。

如果某一列车出现在列车追踪系统所监视的区域,该列车识别号必须报告给列车追踪系统。列车识别号报告给列车追踪系统的方法有手动输入、读点读入(依靠 PTI 完成)、从列车时刻表中导出、在步进检测中产生。

当无法自动导出列车识别号时必须手动输入。调度员在其监视区的第一个区段输入列车识别号。如果该区段已被某一列车识别号占用,则不能输入列车识别号。

在系统的边界点,如在车站,可安装检测接近列车的 PTI。当多次读入的车次号被传输时,列车自动追踪系统可以识别出这些读数属于该列车。

列车运营是由时刻表决定的,时刻表系统建议列车的识别号。将车次号输入到相应进入的区段,按它们的出现顺序调用。

步进是列车号从一个显示区段移动到下一个与列车移动相应的显示区段的前进。当轨道区段发生从空闲到占用的状态变化,或轨道区段发生从占用到空闲的状态变化,或来自 PTI 的有效列车数据的输入,或来自控制中心 MMI 功能的人工步进命令的输入时都会产生步进。如果由于故障不能自动步进,也可以手动步进。

2. 列车识别号跟踪

自动列车跟踪要完成列车号定位、列车号删除、车次号处理。

(1) 列车号定位

列车号向轨道区段的分配由下列任一情况启动:在列车离开车辆段的地点,一个向正线方向的列车移动被识别,列车号从时刻表数据库取出;来自 PTI 的有效列车数据输入;来自控制中心 MMI 的一个列车号插入或修改的输入,或在没有列车号能被步进到的位置识别到一个列车移动时,依照时刻表产生一个列车号。

(2) 列车号删除

当步进超出自动列车追踪功能的监控范围,或从控制中心 MMI 功能输入一个人工删除命令时,列车号被删除。

(3) 车次号处理

车次号处理包括从控制中心 MMI 功能输入一个新的列车号、输入列车识别号、更改列车识别号、删除列车识别号、人工步进列车识别号、查询列车识别号。

(二) 自动排列进路

通过列车进路系统,实现自动排列进路(Automatic Route Setting,ARS),可以节约调度员大量的操作工作量。其功能就是向联锁发出进路排列指令。

调度员可在任何时候都绕过列车进路系统,用手动方式办理进路,列车进路系统需要检测这一动作是否具有可行性。需要强调的是,列车进路系统可由调度员关闭,因为当调度员人工办理进路时,要避免列车进路系统发出命令的危险。

只有正常方向才考虑自动选路,反方向要受到控制中心 MMI 的干预。

1. 运行触发点

列车进路系统只是在列车到达某一特定地点时才被启动,该特定地点称为"运行触发点"。运行触发点的位置必须进行配置。运行触发点的选择应能使列车以最高线路允许速度运行。但运行触发点又不能发生得太早,否则其他列车可能会遇到不必要的妨碍。为此,可以确定一个延时时间来决定输出列车进路指令的时间,该时间称为"接通时间",由最长指令输出时间、联锁最长设定时间、列车到达接近信号机之前司机看到和做出反应的时间、预留的时间等来决定。

在驶近列车进路始端时,可以确定多个运行触发点,这样就可以保证列车进路系统的可靠工作,即使在出现问题而未发送出列车位置的情况下也能保证其可靠性。对于每一条进路,应在其他始端的前方,配置一个附加的称为"重新建立"的运行触发点。

对每个运行触发点,要对启动列车进路系统的目的地编码予以配置。列车进路由列车初始位置和列车的终到(目的)编码来确定。终到编码必须含在列车识别号中,列车位置、列车号是通过列车追踪系统报告给列车进路系统的,它决定了所要求的目的地。

2. 确定进路

当到达触发点的列车请求进路时,已配置的数据就确定了进路。为此,为每个带有效目的地码的触发点配置一条进路。

对于每一条进路,还可以配置出替代进路。替代进路是必要的,如果该进路已被其他列车占用,那么就可以把替代进路按优先顺序存储到运行触发点处。

进路可由两种方法予以确定。第一种,进路由时刻表来确定。前提条件是必须有一个时刻表系统,能提供当天适应于每一列列车的时刻表。列车进路系统利用这些信息确定列车的进路命令,相关的替代进路也被确定。第二种,从地点相关的控制数据中来确定进路。为此有必要在车次号中包含目的地码,然后相应的进路就可以通过目的地码的方式指派到每一个运行触发点。

3. 进路的可行性检查

在进路设定指令输出到联锁设备之前,需进行若干可行性检查,该检查将决定执行或拒绝命令。首先要进行"进路始端检查",以检查没有排列敌对进路。然后进行"触发区段检查",检查没有其他列车处于该列车和进路入口之间,确认该列车是否到达进路的始端。

接着要进行"进路可用性检查",目的是防止将不能执行的命令发送到联锁设备。这种检查要经过若干步骤来实施:第一步,要检查是否自始端开始的进路已排好;第二步,检查进路的自动办理是否可能;第三步,检查是否有短期障碍(如轨道被占用等)。如果所有检查都成功完成,则给联锁设备输出一个进路命令。

在规定的时间间隔之后进行"办理进路检查",以查明联锁设备是否允许执行选择进路的命令，已办理好进路，并与输出命令相符。

列车自动排路功能不取消进路。

（三）时刻表系统

时刻表系统要完成的具体工作有：时刻表数据管理；向其他ATS功能模块提供时刻表数据；向外部系统提供时刻表数据；为停站时间时刻表的在线装载设置界面；为时刻表的离线修改设置界面；为使用中的时刻表增加或删除一个列车行程设置界面；按自动列车追踪请求安排列车识别号。

ATS设备包括时刻表数据库，该时刻表数据库里存储有ATS功能要求的所有时刻表信息。时刻表数据库里的信息是由时刻表计算机提供的。

1. 时刻表编辑

时刻表的编制和修改在离线模式下用给定的数据在时刻表编辑器中编辑。基本数据包括站间旅行时间、车站与折返线之间的旅行时间、在折返线上的停留时间，用来表示一列车在某段线路上的运行信息。

时刻表包括到站和离站时间。为了编制时刻表，调度员必须通过时刻表编辑界面输入以下数据：运行始发时间、运行始发地点、运行终到站、每一运行间隔阶段的开始时间和终止时间、运营日中每个时段（在当日对所有列车有效）的运行间隔。

调度员通过时刻表编辑界面输入必要的信息后，时刻表编译器/模拟器从该信息中综合出所需时刻表。如果新的时刻表存在冲突就会被显示，调度员可以调整时刻表的结果。如果调度员存储时刻表，时刻表就被确定。不同类型的运行阶段可存储不同的时刻表。

系统时刻表中列车运行图或列车运行档案通过列车运行图指示器显示出来。

2. 时刻表系统处理程序

手动选择当天运行的时刻表，这样的时刻表当天运行有效。

时刻表查询功能通过向时刻表系统查询，得到列车的计划到达或出发时间及到达下一站的时间。列车自动调整从时刻表系统得到用于列车调整的时刻表数据。

如果列车识别号在列车自动追踪时丢失，则向时刻表系统询问列车识别号，时刻表系统能给一个列车识别号建议。

3. 时刻表比较

时刻表比较器比较时刻表上预定的到达或出发时间和当前列车的到达和出发时间，为列车运行图指示器和自动列车跟踪提供列车与当前时刻表的偏差，启动列车自动调整。若时刻表偏差超过一规定值，时刻表偏差通过MMI给予显示，时刻表比较器进而给列车自动调整指令以调整列车的运行，其目标是补偿列车运行的实际偏差。同时，更新在乘客信息显示屏上的列车到达时间。

(四)列车自动调整

实际运行中,由于许多随机因素的干扰,列车运行难免与计划运行图有偏差,尤其是在列车运行密度较高的城市。一列列车晚点往往会影响许多其他列车。如果出现车辆故障或其他情况时,列车运行紊乱程度更加严重。所以,需要从整体上大范围地调整已紊乱的运行秩序,尽快恢复正常运行。

与人工调整的低效率、随意性和局限性相比,采用自动调整方法,可以充分发挥计算机的优势,能比较及时并全面地选出优化的调整方案,使列车运行调整措施更智能化。而且,列车自动调整(Automatic Train Regulation,ATR)的同时,调度员依然可以积极发挥主观能动性,在必要的时候干预列车运行调整过程。

1. 列车运行调整所需数据

调整列车运行,首先必须清楚地了解列车运行情况以及轨道、道岔、信号机等设备的状况。所以,需要掌握基本数据和实时数据。

基本数据包括车站的顺序和种类、站间旅行时间、各站的停站时间、车站与折返线之间的旅行时间、在折返线上的停留时间和计划时刻表数据等;实时数据包括调度员下达的控制指令、在线运行列车的实时位置和速度、在线运行列车的限制速度和安全距离。

2. 列车运行调整的目标

通过对列车运行进行调整,以尽可能减少列车实迹运行图与计划运行图的偏差,从而减少列车在线运行时间,减少列车在途中延误时间,减少乘客平均等待时间,使城市轨道交通系统保持正常的运营秩序,提高服务水平。

3. 列车运行调整的系统模式

列车运行调整的系统模式是指系统调整列车运行的自动化程度,可分为人工调整和自动调整两种类型。

(1)人工调整方式下,除具有自动排列进路、自动的时刻表和车次号管理功能外,还具有自动调度功能,即能根据时刻表和调度模式,按时自动调度列车从起始站出发,但运行中的调整仍需要人工进行。

(2)自动调整除具有人工调整模式的全部功能外,还具有自动调整功能,能根据计划时刻表自动调整列车停站时间和运行等级,使列车尽量恢复正点运行。

调度员应具有通过策略选择程序应用正确策略的能力。对于计算机显示的可应用方案和实施选择方案,调度员能做出最佳判断,选择最适宜的列车运行调整方案。

4. 列车运行调整的基本方法

对列车运行进行调整,实质上是对列车运行图的重新规划,是在 ATS 系统对列车运行和道岔、信号设备能实时控制的基础上实现。当列车偏离计划运行图的程度不大时,可以利用运行图自身的时间余量,对个别列车进行调整即可恢复按图运行;当列车运行紊乱程度较严重时,则需要大幅度调整列车运行。

基本调整方法如下：

（1）改变车站停车时间。通过车站 ATS 适时发送命令，控制站内列车的停站时间。若列车晚点，可使列车提前出发（但也必须受车站最小停站时间的约束）；若列车早点，则可延长列车停站时间。这种方法可以在一定范围内调整列车正点运行。

（2）改变站间运行时间。根据列车在站间运行的速度和位置，可以预测列车到达下一站的时间。如果预测的到站时间晚于计划到站时间，可以向列车的 ATO 车载设备发送命令，提高 ATO 运行等级，缩短站间运行时间，从而及时消除可能出现的晚点。

（3）越站行驶。如果列车晚点太多，需要快速追回（否则会影响该线其他列车正常按图运行），可要求列车直接通过下一个车站或多个车站，以尽快恢复到计划时刻表上。这种方法会增加越站车站的乘客候车时间，造成服务质量下降。

（4）改变进路设置。在有道岔的车站，可通过改变进路的设置来改变列车运行的先后顺序，从而达到调整的目的。

（5）修改计划时刻表。当列车晚点时间比较多，或者涉及晚点的列车比较多时，可以考虑直接修改计划时刻表，尽可能地减小对整个系统的影响，保证系统的有序运行。修改计划时刻表通常包括加车、减车和时刻表整体偏移等。

5. 列车运行调整的算法

（1）线路算法。一旦列车进入运营，线路算法将监视和控制列车的运行性能。线路算法的主要功能是快速和自动地管理由于较小的线路干扰造成的延误。线路干扰是指列车与其时刻表相比提早或滞后的状态，这将影响列车停站时间和在正线上列车的运行。线路算法通过调整列车的停站时间和运行等级，动态和自动地调整列车运行性能和列车运行时刻，使延误的影响降到最低，以使本站的出发计划误差和下一站的到达计划误差达到最小。还调整受影响列车的前行列车和后续列车的空间间隔，以平稳地脱离线路干扰。

当线路算法确定一列车或一组列车不能保持与时刻表一致时（在时刻表误差内），它将产生一个报警。调度员能从时刻表控制中撤销一列车或一组列车，或者修正时刻表误差并取消报警，还能中止线路算法的自动运行。线路算法还应用于列车到达车站之前启动车站广播设备和旅客信息系统。

（2）进路控制算法。进路控制算法将监督所有运营中列车的进路。列车上所存储的进路应能被控制中心改变。控制中心能自动地或由控制台发出命令，改变目的地，并且能验证列车已收到新目的地的命令。

（五）控制和显示

当调度员通过键盘等输入命令时，列车控制和显示功能将驱动显示和报警监视器，提供运行状态和历史信息，还检查从现场返回的所有状态数据并按要求动态地更新显示和报警消息;允许调度员在授权的情况下,人工向系统输入命令,调用各种显示;处理所有调度员的输入以及协调这些输入的执行。

调度员可通过控制中心 ATS 控制联锁设备。借助设备显示器上的对话框和鼠标来输入联锁指令,然后送到联锁设备中。

车辆段内信号机由车辆段信号楼控制,出段信号机由 ATS 系统自动控制。段内调车作业应能自动追踪,并能与 ATS 控制中心交换信息。

操作授权决定调度员可以使用哪些命令和可以访问哪些信息。调度员操作授权由系统管理员决定,并且通过登录过程完成。

线路的现状通过 MMI 以图形方式实时地向调度员显示。全线概况显示由 ATS 系统控制,显示的信息包括列车的位置和进路状况、车站名和站台结构、保护区段、轨道区段、道岔和信号机的状态,以及所有 ATC 系统状态和工作的动态表示、ATC 报警信息。信息的类型与显示的详细程度可以由调度员的显示控制命令控制。

MMI 可显示调度员对话框和基本视窗。所有的功能、线路的总体情况和详细情况都可以在基本视窗上进行选择。

系统概况显示出各种硬件设备及其状况,通过这种办法能很快查找出损坏的设备。详细情况显示是详细地表示出一些较小的区域,用于控制决策以及用于监督特定列车或功能,如线路地形、列车识别号以及道岔编号、信号机编号和详细报警。

(六) 记录功能

按顺序和类别存档从其他 ATS 功能得到的信息,如操作信息和错误信息。能够通过 MMI 功能检查记录。记录序列存放在 MMI 工作站上,必要时能够回放。

收到的操作命令和错误信息都需进行分类。每个信息的文本和类别按时间顺序储存在操作记录上。

(七) 列车运行图显示

在计划运行图中,显示预定的到站和离站时间。在实迹运行图中显示当天计划运行图,以及当天的相应计划运行图及与时刻表的偏差。实迹运行图与相应计划运行图用不同的颜色对比显示。

各种运行图的每一运行线上,都标识了线路标志和列车行程号。时刻表偏差显示在相应该列车的运行线边,该偏差表示相应列车通过该车站的发车时间偏差。

通过列车运行图显示功能可执行下列操作:设置运行图颜色、放大部分运行图、调出时刻表、调出当前运行图等。

(八) 培训/演示

培训/演示系统能完整测试 ATC 系统全线的列车运行调整和列车跟踪功能的有效性。此外,模拟应能验证特定时刻表的有效性。模拟功能是交互式的,允许调度员输入。培训/演示系统具有两种供学员选择的模式:一是列车运行模式,在该模式下学员可以通过选择某一联锁管辖区,由显示器上观察该区的工作情况,作为系统的初步培训;另一模式为指令模式,在该模式下,学员可进行各种命令输入,并能通过显示器动态地给出命令响应,如果命令错误,自动给出提示报警。由此可对学员进行实际操作的培训。

六、ATS 系统运行

1. ATS 正常运行

在大部分情况下,ATS 系统的正常运行是自动进行的,无需调度员干预。由于车站 ATS 分机可存储管辖范围内的当日运行时刻表,控制中心一般仅为监视,而由 ATS 分机进行列车运行的自动控制。

车站的 ATS 处理器通过从信号系统接收轨旁设备对区段占用的检测信息,监视列车运行情况,据此为列车办理进路。办理哪条进路以及何时办理进路的依据是时刻表,或者根据调度员为该列车提前指派的目的地信息。

ATS 分机可以对列车驾驶曲线做细微的调整,以遵守时间表规定的出发时间。停站时间可以调整,ATO 滑行开关控制参数可以修改。

调度员工作站对时刻表所作的其他修改内容也将传送给 ATS 分机,并用来确定新的出发时间。

当列车接近某个 ATS 分机的控制区边界时,该 ATS 分机就将列车资料传给同一条线上的下一个 ATS 分机,这样收到这些资料的下一个 ATS 分机可以为列车办理所需的进路。

ATS 分机将其控制区域内的列车和信号设备(轨道、道岔、信号机等)的信息传给控制中心中的 ATS 设备,这些信息在工作站的屏幕上显示,供调度员监控,并在显示屏上显示整个线路运行的情况。

如果正常的自动运行发生问题(如要求的进路无法设定)时,ATS 分机向控制中心发出报警信号,要求调度员人为干预。

调度员也可以根据需要,脱离系统的自动运行,而 ATS 能提供对列车分配、进路办理和道岔转换的全面人工控制。

车辆段内的 ATS 设备没有自动运行模式。

2. 列车调度

ATS 系统用列车时刻表自动地和人工地调度列车。由系统维护 4 类时刻表:日常、周六、周日、假日和特殊时刻表。在同一时间只使用一种时刻表。在每晚的一个预定时间,系统将设定次日的时刻表。在设定之前,调度员有权选择为次日建立的时刻表类型。如果没有选择,系统将自动地选择相应的时刻表类型。

时刻表由每列列车的调度数据构成。列车调度数据包括列车标识号、转换区和终端区的出发时间、车站到达和出发时间、每列车的起始站和终点站。

系统按"待用的"、"现役的"或"停用的"来标识计划列车。待用列车是正等待自动或人工将其插入系统中去的列车。现役列车是指一列正在被系统跟踪和在运行中生成历史信息的列车。当一列车到达其目的地或从系统中将其人工撤销时，则该列车被认为是停用。可用两种方法将一列停用的列车再次插入系统：第一种，可以修改列车的进入时间，使列车标识号再次插入某车站的序列窗中，该列车再次成为待用的；第二种，指定车站直接将列车插入系统，使列车成为现役的。

ATS系统从转换区和终端区以及车站之间的正线上调度和跟踪列车。基于当前预存时刻表，给被检出的列车配上一个标识号。在计划出发后的规定时间内，若一列车没有出清联锁区，则向调度员发出报警。在每个车站转换线，随后的3列计划列车将在值班员的显示器上显示，系统调度和跟踪进出车辆段的列车。ATS系统将实际的标识号与时刻表中的列车标识号相比较。如果它们相同，系统将为列车设定一条进路进入下一车站。如果这些标识号不同，系统将产生一条报警。

在列车计划出发前的一个指定时间内，列车没有到达转换区或终端区，将引发值班员控制台处的一条报警。

列车要出发时，ATS系统通过列车出发指示器发送一个指示给司机。

3. 列车控制

ATS系统以自动控制模式或人工控制模式来控制和调整列车。系统将根据从本地接收到的轨道表示信息连续地跟踪列车，并在工作站显示器和大屏显示屏的轨道图上显示每列车的位置。在与每条轨道相关的地方显示列车标识号。列车标识号将自动跟随轨道表示而变化。利用这种方式，在整个范围内可监督列车的运行。在运营中系统维持每一列车的跟踪记录：记录包括列车在每个车站的到达和出发时间，记录实际走行时间、计划走行时间和实际与计划走行时间的差值。通过列车进入跟踪时所派给它的列车识别号可以找出列车记录。

系统提供一组控制功能，用这些功能调度员能人工指挥通过其控制区域的列车。这些功能包括启动道岔、设置进路、取消进路和关闭信号。"进路设定"功能将发送控制命令给车站，来排列和开通一条进站或出站进路。如果在联锁区有一条以上的进路可以使用时，将从优先表中选择进路。如果优先进路不能使用，则选择顺序中的下一条进路。"启动道岔"功能发送控制命令给车站以转动道岔。"关闭信号"功能发送控制命令给车站，取消已开放的信号。

4. 运行图/时刻表调整

在每个车站，集中站ATS与控制中心ATS相连，将运行图和时刻表的调整信息传给列车。

运行图调整由控制中心确定，控制中心计算保证列车正点到达下一个车站所需要的运行时间。典型的调整是改变运行等级，包括设置最大速度和加速度。控制中心将运行图调整信息传到轨旁ATS再传到列车。

时刻表储存在集中站 ATS 中,必要时也可从控制中心获得,但是只能选择一个时刻表。

发生控制中心离线时,指定的集中站需要使用默认的调度时刻表来进行列车调度。默认的调度时刻表是建立在每天、每周的运行上,可由本地编程或由控制中心控制。

5. 目的地/进路控制

列车进路在正常情况下通过车-地通信系统的进路申请建立,该申请受控制中心的监督。如果控制中心同意进路申请,进路就可执行。控制中心的操作员只有在异常条件下才会干涉。控制中心能拒绝任何进路申请。在异常情况下或者存在不同的进路要求时,控制中心将干涉。如果申请的进路不满足控制中心的要求,控制中心将发出报警并将进路设置为手动。

轨旁设备可从控制中心、车站 ATS、接近轨道电路接收进路申请。

在有车地通信环线的任何集中站,车站 ATS 都能通过轨旁车地通信模块询问列车的目的地编号。车站 ATS 在时刻表中查找列车车次号,向联锁设备发送进路申请,由联锁设备选择需要的道岔和信号机以建立进路。车站 ATS 也向控制中心传送进路信息。如果控制中心同意进路申请,列车就可以在完成停站时间后离开车站。如果控制中心离线并且车-地通信申请的进路有效,则进路不需批准即可执行。如果控制中心离线而车-地通信申请的进路无效,则进路不会执行。如果车站 ATS 失效,则通过自动地接近出清来排路。

6. 自动排列进路

在中央自动模式(CA)中,系统根据当前时刻表自动地请求排列进路。通过使用时刻表和由系统采集的实际列车数据(实际到达/出发时间和实际到达/出发进路),计算机将检测冲突,提议解决的方法,以有效及及时的方式自动设置进路。

只有当列车和车站的控制模式都设在 CA 模式时,才能自动为列车排列进站进路。系统提供修改列车和车站控制级别的功能。"设定车站控制级别"功能请求设定本地、人工或自动控制等级。"设定列车控制级别"功能将一单独的计划列车的控制等级设为自动或人工。在 CA 模式下,系统基于自动排列进路规则,设置列车前方的最佳进路号码。如果所要求的进路因故没有开通,或一列列车在预定的时间因故未离开车站,则向调度员发出一条报警信息。

如果调度员人工排列一条不同于计划进路的列车进路进站,则自动排列进路功能将不为该列车排列出站进路;它认为调度员有其改变到达进路的原因。当列车到达站台时,系统试图在列车出发前 1min 设置出站进路。若列车晚点,系统将在停站时间结束前 1min 设置出站进路。用设定最小停站时间的功能可以人工调整停站时间。

"自动提议"功能可以确定列车冲突,然后提出可能解决的办法。当停站列车离站时,"自动提议"功能可被人工或自动触发,所提议的解决办法提供调度员确认。应说明的是所有解决办法均需调度员确认,也就是说,调度员确认列车不可以偏离其时刻表。

7. 历史数据记录

系统采集所有列车运行、车站信息和出现的报警,这样做是为了编辑一份完整的系统运行历史数据。数据写入磁盘供以后分析用,并可将其归档供长期储存。所记录的列车数据包括计划和实际到达时间、计划和实际出发时间、计算的计划偏差。

可以联机检查数据,或在网络打印机中的一台打印出来。显示的格式是易读的并且按列车或车站组织。根据接收到的轨道表示,确定联锁区之间的列车实际走行时间,计算列车计划走行时间与实际走行时间的偏差并记录下来。通过使用"列车的计划时间"或"车站的计划时间"功能,来检查所记录的运行图偏差。"列车的计划时间"功能将显示列车通过全部车站的计划的、实际的和偏差的时间。"车站的计划时间"功能将显示所有的列车通过指定车站的计划的、实际的和偏差的时间。如果列车超出了晚点阈值,则认为列车晚点到达车站。由调度员或系统管理员来调整晚点的阀值。

系统记录所有动作,诸如轨道电路占用、信号机和道岔的状态、进路设定和解锁数据以及列车运行等。所有采集到的信息都可以用文字的或图形的形式查看。

由系统采集的全部数据被储存在磁盘上最少72h(这个默认值可由调度员或系统管理员联机调整)。还可以使数据从系统删除之前,自动进入磁盘备用。系统不能自动地从磁盘中再次调用数据。由于系统只能使用驻留在磁盘上的文件,因而为了分析72h以前的数据,系统管理员需要先恢复已存入磁盘的备用数据文件。

8. 故障模式运行

(1) 控制中心工作服务器故障

工作服务器若发生故障,自动开关就会探测到,然后把控制权转交给备用服务器,备用服务器即成为工作服务器。

该服务器探测到自己成为工作服务器后,向所有车站ATS索取信息,并停止处理来自工作站的控制指令。

为了响应控制中心发出信息的要求,每个车站ATS将其控制区内的信号设备和列车的完整信息送给控制中心。控制中心索要的车站ATS信息的发送速度受到控制,以避免让通信网络或中央服务器超载。当所有信息收集齐全后,恢复全部的控制设施,供调度员使用。

从工作服务器失灵到自动开关测出失灵状态、转交控制权,再到信息传送完毕,整个过程需要的时间不到1min。除了向控制中心传送信息外,车站ATS还继续执行所有正常的列车跟踪和路线设定功能,线路继续运营,但路线设定功能降级。

(2) 控制中心设备全面失灵

如果控制中心设备全面失灵,系统在车站ATS指挥下继续运行,基本上就是这种能力的延伸。车站 ATS 在硬盘上存储有 7 天的时刻表信息,每个车站 ATS 将继续按照当前的时刻表自动设定路线。

车辆段控制器可以独立于控制中心,将出站列车信息传给相邻的车站 ATS,因此可以指定一列列车投入运行,由车站 ATS 指挥它在正线上行驶,直到它返回车辆段。

当控制中心系统恢复后,每个车站 ATS 将把其当前状态的信息送给控制中心,恢复监视、控制整个系统的能力,调度员能够上载存储在本车站 ATS 和车辆段控制器中的记录信息。

(3) 车站 ATS 服务器失灵

车站 ATS 的工作服务器失灵后,被自动开关探测到,就会把控制权转交给备用服务器。由于 ATS 服务器是热备式,备用服务器掌握有关控制区内联锁和列车当前状态的全部信息,因此能够立即投入,为列车安排进路,并向控制中心汇报状态信息。

一个车站 ATS 中的两个服务器都有一个专用的联锁接口连通本地信号系统。当失灵的服务器重新启动后,它可以获得该区所有的信号信息,包括已占用轨道电路。

在工作服务器和备用服务器之间没有更新机制。但在运行的头几分钟内,备用服务器自动与工作服务器同步。

思 考 题

1. ATC 系统由哪 3 个子系统组成?ATC 系统的基本功能是什么?
2. ATC 系统有哪些控制模式?如何转换?
3. ATP 系统的基本原理是什么?
4. ATP 系统的主要功能有哪些?
5. ATP 系统对设备有哪些具体要求?
6. 简述 ATO 系统的设备组成。
7. ATO 系统基本控制功能有哪些?ATO 系统基本服务功能有哪些?
8. 简述 ATO 系统的基本要求。
9. 简述 ATO 系统与 ATP 系统的关系。
10. 列车驾驶模式有哪些?如何进行驾驶模式转换?
11. 控制中心 ATS 设备包括哪些设备?
12. 简述 ATS 系统的基本要求。
13. 简述 ATS 系统的主要功能。
14. ATS 系统如何实现列车监视和跟踪?
15. ATS 系统如何自动排列进路?

第七章 典型 ATC 系统

根据车-地信息传输方式分类，ATC 系统可分为点式 ATC 系统和连续式 ATC 系统两大类。

点式 ATC 系统的主要缺点是信息传递的不连续性，不能满足大客流量和运行间隔短的运行线路，所以连续式 ATC 系统是城市轨道交通 ATC 系统的主流。

连续式 ATC 系统根据信息传输通道分类，可分为基于轨道电路的列车运行控制系统(Track-circuit Based Train Control, TBTC)和基于通信的列车运行控制系统(Communication Based Train Control, CBTC)两类制式。

第一节 点式 ATC 系统

点式 ATC 系统在欧洲干线铁路及城市轨道交通中应用十分广泛。其主要优点是采用无源、高信息容量的地面应答器，结构简单，安装灵活，可靠性高，价格明显低于连续式 ATC 系统。对于客流量较小、行车间隔时间较长的线路，点式 ATC 系统比较实用。上海轨道交通 5 号线采用德国 Siemens 公司的点式 ATC 系统。

一、点式 ATC 系统的基本结构

点式 ATC 系统的主要功能是实现列车超速防护，所以又称为点式超速防护(点式 ATP)系统，它是一种点式传递信息，用车载计算机进行信息处理，最后达到列车超速防护目的的系统。

点式 ATP 系统主要由地面应答器、轨旁电子单元(Lineside Electronic Unit, LEU)以及车载设备 3 部分组成，其基本结构如图 7-1 所示。

1. 地面应答器

地面应答器是一种用于地面向列车传输信息的点式设备，通常设置在信号机的旁侧或设置在一段需要降速的缓行区间的始、终端。地面应答器分为无源应答器和有源应答器，分别向车载设备提供固定信息和可变信息。

无源应答器设置在线路上，通常不需要与任何设备相连，存放的数据是固定的，在其内部存储器按协议以数码形式存放基础设施数据(限速、线路坡度、线路结构数据等)。列车上对应位置安装有查询天线，查询天线不断向地面发射具有一定

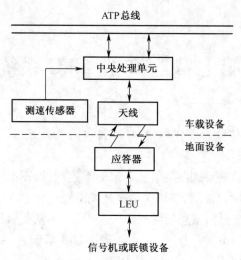

图 7-1 点式 ATP 系统基本结构

能量的信号。当列车驶过地面应答器,车载查询天线与地面应答器对准的瞬间,车载应答器以一定的频率通过电磁感应的方式将能量传递给地面应答器;地面应答器利用感应到的能量开始工作,将存储的信息通过天线发送给车载应答器。图 7-2 所示为 EUROBALISE 车载应答器与地面应答器之间的能量和数据传输。

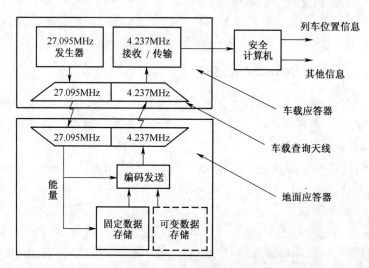

图 7-2 EUROBALISE 车载应答器与地面应答器之间的能量和数据传输

有源应答器设置在信号机旁侧,需要通过轨旁电子单元与信号机相连。地面应答器内所存储的数据受信号显示的控制,是可变信息。

2. 轨旁电子单元

轨旁电子单元是地面应答器与信号机之间的电子接口设备，其任务是将不同的信号显示转换为约定的数码形式。LEU 是一块电子印制版，可根据不同类型的输入电流输出不同的数码，图 7-3 及表 7-1 给出了一种 LEU 变换的示例。

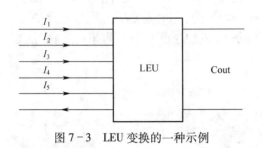

图 7-3　LEU 变换的一种示例

表 7-1　LEU 变换的一种示例

电流	含义	Cout
I_1	绿灯灯丝电流	11111
I_2	黄灯灯丝电流	11011
I_3	双黄灯灯丝电流	10111
I_4	红灯灯丝电流	00100
I_5	白灯灯丝电流	10010

3. 车载设备

车载设备由车载应答器、测速传感器、中央处理单元、驾驶台上显示、操作与记录装置等部分组成，如图 7-4 所示。

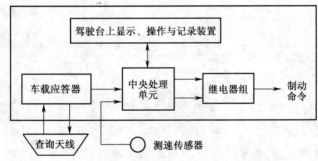

图 7-4　点式 ATC 系统车载设备组成

（1）车载应答器。完成车上与地面的耦合关系，将能量送至地面应答器，接收地面应答器所存储的数据并传送至中央处理单元。

（2）测速传感器。通常装在轮轴上，根据每分钟车轮的转数和车轮直径在中央处理单元换算成列车目前的速度。

（3）中央处理单元。核心是安全型计算机，负责对所接收的数据进行加工处理，形成列车当前允许的最大运行速度，将最大运行速度与列车目前的速度进行比较，以决定是否给出启动常用制动甚至紧急制动的命令。

（4）驾驶台上显示、操作与记录装置。经过一个接口，可将中央处理单元内的列车目前速度与最大运行速度显示出来，这种显示可以是指针式或液晶显示屏方式。按照需要，还可显示出其他有助于司机驾驶的信息，如距目标点的距离、目标点的允许速度等。对于出现非正常的情况,如出现超速报警、启动常用或紧急制动,都可以由记录仪进行记录。

二、点式 ATC 系统的基本工作原理

点式 ATC 系统的主要功能是实现列车超速防护,即 ATP 功能。图 7-5 表示车载中央控制单元根据地面应答器传至车上的信息(距目标点的距离、目标点的允许速度、线路的坡度等)以及列车自身的制动率(负加速度),计算得出两个信号机之间的速度监控曲线。

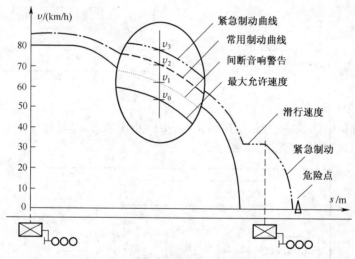

图 7-5 点式 ATP 速度监控曲线

为了清楚地表达出点式超速防护的机理,在图 7-5 所示曲线的中段,用细化的方式表示出 4 种情况:v_0 是所允许的最大列车速度;当列车速度达到 v_1 时,车载中央控制单元给出音响报警,如果此时驾驶员警惕降速,使车速低于 v_0,则一切趋于正常;当列车速度达到 v_2 时,车载中央控制单元给出启动常用制动的信息,列车自动降速至 v_0 以下,制动装置即可自动缓解,列车行驶趋于正常,若列车制动装置不具备自动缓解功能,则常用制动使列车行驶一段路程后停下,列车由驾驶员经过一定的手续后重新人工启动;当列车速度达到 v_3 时,车载中央控制单元给出启动紧急制动的信息,确保列车在危险点的前方停住。

为了提高行车效率,有的行车部门要求在红灯信号机前方留出一段低速滑行区段,其目的是防止当列车行驶在信号机前红灯信号变为允许信号,若不设低速滑行段,则列车必须完全停下和经过一套手续后再重新启动。在留出低速滑行段后,列车可以以低速驶过第二个地面应答器,如果列车被告知信号灯仍是红灯,通过紧急制动还来得及停在危险点前方;如果列车被告知信号已改为允许信号,则驾驶员

可在滑行速度基础上加速,从而提高了行车效率。

三、地面与车载应答器之间数据传递

地面与车载应答器之间的数据传递是一种按协议的串行数码传输方式,电码以频移键控方式传送,为了防止干扰,载频通常在800kHz~1MHz之间,数码速率一般为50kb/s。国际上各大公司的产品采用的电码基本结构大同小异,下面以德国Siemens公司的ZUB200系统中采用的电码为例说明电码的结构。

在ZUB200系统的电码结构中,约定在信息码中不允许出现连续8个"0"位及连续8个"1"位,将"000000001"作为起始码,"111111110"作为终止码,具体结构如表7-2所示。

表7-2 ZUB200系统采用的电码结构

起始码	信息码	安全校核码	终止码
000000001	96bit	32bit	111111110

信息码一般是以电码组合的方式来传递有关信息。由于用户要求及实际情况千差万别,因此无一定的格式可言。按目前的技术水平,信息码已可达上千比特。

在ZUB200系统的电码结构中,96bit信息码被分配使用在计算速度防护曲线时所必需的各种地面信息中,如用4bit电码表示区间坡度,可事先约定如表7-3所示。

表7-3 96bit信息码中4bit表示区间坡度

电码	含义/‰	电码	含义/‰	电码	含义/‰
0001	+24以上	0110	-6~-3	1011	-20~-18
0010	+16~+24	0111	-9~-6	1100	-22~-20
0011	+8~+16	1000	-12~-9	1101	-24~-22
0100	0~+8	1001	-15~-12	1110	-26~-24
0101	-3~0	1010	-18~-15	1111	-26~-28

注:正值表示上坡,负值表示下坡。

第二节 基于轨道电路的列车运行自动控制系统

根据车-地之间所传输信息的内容分类,连续式ATC系统可分为速度码系统与距离码系统。前者由控制中心将列车最大允许速度直接传至车上,这种制式在信息传递与车上信息处理方面比较简单,速度分级是阶梯式的,如上海轨道交通1号线的ATC系统;后者从地面传至车上的信息是前方目标点的距离等一系列数

据,由车载计算机进行实时计算得出列车的最大允许速度。显然,距离码系统的信息传输比较复杂,速度控制是实时、无级的,如上海轨道交通 2 号、3 号线等采用此种制式。

不论是速度码系统还是距离码系统,其轨道电路都被用作双重通道:当轨道电路区段上无车时,轨道电路发送检测码;当列车一旦驶入轨道电路区段,立即发送速度命令或数据电码。从"数字信号处理"学科角度来区分,速度码系统通常使用频分制方法,即用不同的频率来代表不同的允许速度。而在距离码系统中,由于信息电码的多样性和复杂性,所以必须使用时分制数字电码方式,按协议来组成各种信息。

基于轨道电路的 ATC 系统以钢轨作为信息传输的通道,目前主要有模拟轨道电路制式和数字编码轨道电路制式两类,其中绝大多数是数字编码轨道电路制式的 ATC 系统。

一、采用模拟轨道电路的 ATC 系统

国内早期采用以模拟式无绝缘轨道电路为基础的 ATC 系统,是模拟信号时代的一种制式。上海轨道交通 1 号线的 ATC 系统是从原美国 GRS 公司引进的,采用音频无绝缘轨道电路,是一种典型的频分制速度码系统。

速度码制式的 ATC 系统只向列车发送速度命令,给出列车离开闭塞分区的出口速度。它根据闭塞设计,将线路划分成不同长度的闭塞分区,闭塞分区之间设置阻抗连接器加以区分。平时通过阻抗连接器,在轨道电路中发送模拟检测信号,以检测列车是否占用该闭塞分区;当检测到列车占用该闭塞分区时,通过阻抗连接器,在轨道电路中向列车发送速度命令。所以阻抗连接器不仅是闭塞分区的分割设备,也是轨道电路的发送、接收设备,同时又是向列车发送速度命令的重要设备。

1. 轨道电路的频率配置

轨道电路的频率配置如图 7-6 所示。在每个轨道电路的分界点设有阻抗连接器,由它将本闭塞分区的发送器和相邻闭塞分区的接收器耦合至轨道,以检测列车是否占用本闭塞分区。当检测到列车已占用本闭塞分区时,该闭塞分区发送端的阻抗连接器,将速度命令耦合至轨道,迎着列车运行方向,向列车发送目标速度命令信息,所以每个阻抗连接器实际上起着发送、接收检测信息和发送速度命令的作用(在特定的车-地信息交换处,阻抗连接器还承担车-地信息交换的任务)。

由图 7-6 可见,相邻轨道电路使用不同的列车检测载频频率和调制频率,其载频频率分别为 2625Hz、2925Hz、3375Hz 和 4275Hz,调制频率为 2Hz 和 3Hz,这样可以组成 8 种不同的组合,以防止相邻轨道电路的干扰,也防止邻线的信号干扰。在钢轨上发送的列车检测信息,是经调制的幅度键控 ASK 信号,如图 7-7 所示。

当列车占用轨道电路时,如图 7-8 所示的闭塞分区 4,由于列车检测信息被列

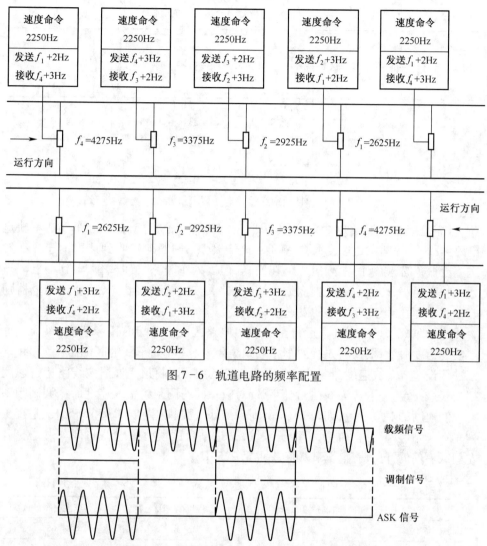

图 7-6 轨道电路的频率配置

图 7-7 音频无绝缘轨道电路列车检测 ASK 信号

车轮对分路,导致该轨道电路接收端收不到列车检测信息,在证实列车已经到达的前提下,该轨道电路发送模块通过阻抗连接器,开始增发速度命令信息,其载频频率为 2250Hz(注意:原来闭塞分区 4 的发送端发送的列车检测信息 3375Hz+3Hz 仍然在发送)。也就是说,只有在检测列车已经占用的前提下,才向列车传送 ATP 速度命令,假如列车进入闭塞分区,而因分路不良等原因,导致轨道电路接收端的轨道继电器仍在工作,那么轨道电路发送端就不会发送速度命令,列车收不到速度命令,就会紧急停车,所以轨道电路的分路状态必须调整完好。为了保证列车不间

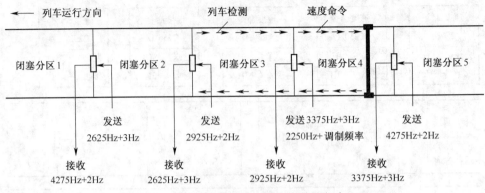

图 7-8　音频无绝缘轨道电路列车检测频率配置

断、可靠地接收 ATP 速度命令,可以采取"预分路"方法,也就是在列车到达本轨道电路区段前,提前发送速度命令,确保列车连续、不间断地接收到速度信息。在发送速度命令时,原来的检测信号仍在发送,但因列车分路,接收端收不到而已。当列车驶离闭塞分区 4,该轨道区段的轨道电路又恢复为调整状态,使轨道继电器励磁吸起,从而结束速度命令的发送。

速度命令信息是指列车运行至该轨道电路区段出口端的目标速度,每个轨道区段的速度命令,根据与先行列车相隔几个闭塞分区(列车间的间隔距离)和线路条件等设定。全线速度命令信息的载频为 2250Hz,调制频率根据该线路运行速度挡的等级而定,一般分为 6 挡,它们分别对应不同的调制频率。速度命令调制频率与限制速度的对应关系,如表 7-4 所列。另外,调制频率 4.5Hz 和 5.54Hz 是用于列车在车站停稳以后,轨旁 ATP 子系统,通过站台区段轨道电路向列车发送打开左门或右门的开门信息,其载频频率也是 2250Hz。

表 7-4　速度命令调制频率与限制速度的对应关系(载频频率 2250Hz)

调制频率/Hz	限制速度/(km/h)	调制频率/Hz	限制速度/(km/h)
6.83	限速 20	15.30	限速 65
8.31	限速 30	18.14	限速 80
10.10	限速 45	4.5	左车门控制
12.43	限速 55	5.54	右车门控制

2. 阻抗连接器

联锁集中站信号设备室的 ATP 轨道电路发送模块和接收模块,通过电缆和耦合单元与设于每段轨道电路的阻抗连接器相连,阻抗连接器的输出直接连至钢轨。另外,站台区域的轨道电路,为了实现车-地信息交换,地面 TWC 信息也是通过阻抗连接器送出,所以阻抗连接器可以用于向轨道电路发送列车检测信息、目标速度信息、ATS 调度信息、接收轨道电路的列车检测信息。因此,阻抗连接器最多由一个带有 4 个调谐二次线圈的变压器构成,它们装在一块金属板上,置于两根钢轨之间,作为输出的轨道线圈,通过电缆直接连至钢轨,构成电气回路。阻抗连接器的电气结构示意图由图 7-9 所示。

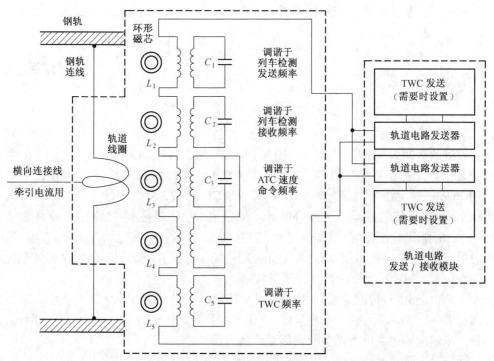

图 7-9　音频无绝缘轨道电路阻抗连接器的电气结构示意图

阻抗连接器对于牵引电流呈现低阻抗的通路,而对于信号电流呈现高阻抗。其阻抗是通过调谐电容的二次线圈而得到提高,每个二次线圈被调谐在一个特殊的频率,对其他频率有相对低的阻抗,4 个调谐电路串接而成。L_1、C_1 调谐在列车检测的发送载频频率;L_2、C_2 调谐在列车检测的接收载频频率;对同一个阻抗连接器而言,列车检测的发送频率和接收频率是不一样的,它们分别作用于两个相邻轨道电路区段;L_3、L_4、C_3 调谐在 2250Hz(速度信号的载频频率);L_5、C_5 调谐在 TWC 的中心频率 9650Hz。

这里需要再次强调的是,同一个阻抗连接器所对应的列车检测信息的发送频率和接收频率是不相同的,正如轨道电路频率配置如图 7-8 所示,以闭塞分区 3 为例,发送端的阻抗连接器对应的列车检测发送频率为 2925Hz+2Hz,该阻抗连接器对应的列车检测接收频率是 2625Hz+3Hz;而该轨道电路区段接收端的阻抗连接器,其对应的列车检测发送频率为 3375Hz+3Hz,对应的列车检测接收频率为

2925Hz+2Hz。所以在维护、更换阻抗连接器时，必须注意其频率配置，因为各个轨道区段的阻抗连接器不是通用的。

3. ATP 速度命令控制线

后续列车根据与先行列车的间隔距离和进路条件，其对应闭塞分区的限速是不同的。ATP 速度命令控制线如图 7-10 所示。

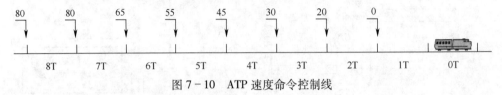

图 7-10　ATP 速度命令控制线

在图 7-10 中，先行列车在 0T 区段，1T 必须空闲，后续列车若在 2T，则后续列车收到的限速为 0，即后续列车在闭塞分区 2T 的出口端，必须停车，并有 1T 闭塞分区作为保护距离；若 1T、2T 空闲，后续列车在 3T，那么后续列车接收到的是 20km/h 的速度命令，同理，当 1T、2T、3T、4T、5T、6T、7T 都空闲，运行于 8T 的后续列车，其接收到的速度命令为 80km/h 的信息，可见要使列车运行于最高速度 80km/h，则其前方必须至少空闲 7 个闭塞分区。当然根据线路情况、车辆性能、轨道电路特性等，应进行闭塞设计，划分合理的闭塞分区，从而产生 ATP 速度命令控制线，作为 ATP 速度命令选择的逻辑依据。

从以上分析可知，速度码系统的限制速度是阶梯分级的，即限速值是跳跃式的，如图 7-11 所示，这对平稳驾驶、节能运行及提高行车效率都非常不利。因此，近年来速度码系统已逐渐被距离码系统所取代

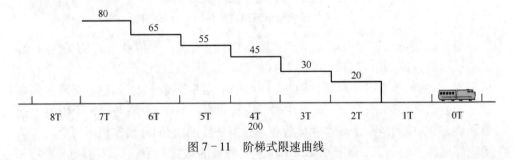

图 7-11　阶梯式限速曲线

二、采用数字编码轨道电路的 ATC 系统

以数字编码轨道电路为基础的 ATC 系统，具有较高的可靠性、合理的性价比，它是近阶段城市轨道交通 ATC 系统的主要制式，数字轨道电路取代模拟轨道电路是一种必然趋势。上海轨道交通 2 号、3 号线以及广州轨道交通 1 号、2 号线等采用这种制式。

距离码系统以数字编码轨道电路为基础,根据地面传至车上的信息(包括区间最大限速、目标点的距离、区间线路坡度等)以及列车自身的数据(如列车长度、制动率等),由车载计算机实时计算得出允许速度曲线。由于数据传输、实时计算及列车速度监控都是连续的,所以该系统实现的速度监控是无级的,可以有效地实现平稳驾驶与节能运行。

1. 系统结构

采用 FTGS 型轨道电路的 ATC 系统如图 7-12 所示。当列车进入轨道电路区段时,一方面通过轨道电路继电器落下向联锁装置给出有车占用的表示;另一方面由转换继电器接通 ATC 的发码装置,通过轨道电路的发送电路将有关列车控制的地面信息送上轨面,这些信息将由列车车载设备接收。当列车驶离该轨道区段时,转换继电器和轨道电路继电器均吸起,轨道电路发送检测码。

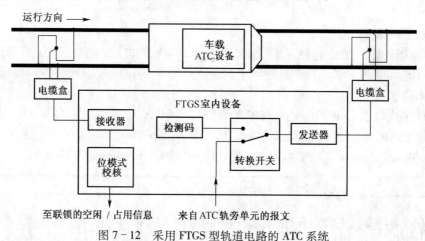

图 7-12 采用 FTGS 型轨道电路的 ATC 系统

必须指出,这类系统依赖列车进入轨道电路区段实现轨道电路表示码与信息码之间的转换,在"有车占用指示"延时给出情况下(当轮对分路条件不理想时,列车第一条轮对驶入轨道电路区段并不马上给出"有车占用表示",而在第二条轮对,甚至更后的轮对相继驶入轨道电路区段后,才能给出"有车占用指示"),如不采取特殊的保护措施,将会对安全造成极大威胁。

在图 7-13 中,自轨道电路始端至危险点(停车点)的距离为 L,即信息码向列车传输的目标距离为 L,在延时一段时间后实现轨道电路表示码与信息码之间的转换,这时列车已经驶过距离 L_S,从而使信息码所传输的目标距离为 L 与实际目标距离 L' 出现了差值,此差值即为列车已经驶过距离 L_S。

如果延时时间过长,导致在延时时间内驶过距离 L_S 超过危险点后方的保护段长度 L_B(保护段长度由用户决定,但通常为了缩短行车间隔,都不希望太长),这种情况下有可能使列车闯入危险区导致事故发生。为此,有的系统规定了轨道电路表示码与信息码之间的最大转换时间,若当列车驶入轨道电路区段,在最大转换时间内车载设备未收到信息码,则直接启动紧急制动,保证列车不闯入危险区。

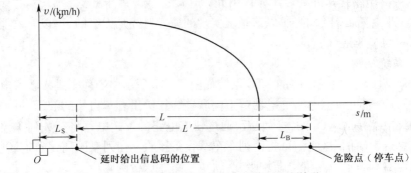

图 7-13 延时给出"有车占用指示"的说明

2. 频率配置

FTGS917 型轨道电路采用频移键控(FSK)方式,载频频率为 9.5kHz ~ 16.5kHz,间隔为 1kHz,共有 8 种频率,由 15 个不同的位模式进行频率调制,频偏为 64Hz。

位模式是以 15ms 为一位,+64Hz 为"1",-64Hz 为"0",构成最少 4bit,最多 8bit 的数码组合。15 种位模式为 2.2、2.3、2.4、2.5、2.6、3.2、3.3、3.4、3.5、4.2、4.3、4.4、5.2、5.3、6.2。例如,2.2 位模式波形如图 7-14 所示。

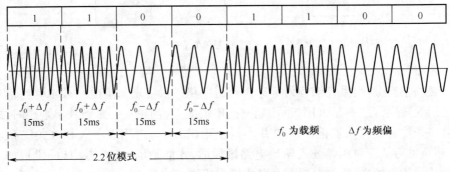

图 7-14 2.2 位模式波形

相邻轨道电路区段采用不同的载频频率和位模式,轨道电路区段只有收到与本区段相同的频率与位模式的信息才会响应。

3. 从地面向车上所传输的信息

当列车进入轨道电路区段时,轨道电路以 FSK 方式向车载设备传送信息。该信息以按协议约定的报文电码形式传送。数据报文电码按串行传输,按目前的技术水平,可在 1s 内传送一组报文电码,对于以 80km/h 速度运行的列车而言,每秒驶过的距离约为22m,即使在最短的轨道区段,车载设备也可收到一组完整的报文电码,每一组报文电码的有用信息电码最多为128bit。

报文电码包括起始码、信息码、安全校核码和终止码,信息码内容与报文结构按照协议(与用户商定)构成,一般包括以下内容:

(1) 车站停车点(用以构成列车停站后开启车门的一个条件)。
(2) 列车运行方向。
(3) 开启哪一侧的车门(即车站站台的位置,左侧或右侧)。
(4) 下一段轨道电路的允许速度。
(5) 区间最大速度(取决于线路状态)。
(6) 下一段轨道电路区段的坡度。
(7) 至限速区间起始点的距离(指列车所在轨道电路区段的起始点至限速区间起始点的距离)。
(8) 限速区间的允许速度。
(9) 目标距离(指列车所在轨道电路区段的起始点至目标点的距离)。
(10) 目标速度(目标点的允许速度,如目标点为停车点,则目标速度为零)。
(11) 列车所在轨道电路的编号。
(12) 列车所在轨道电路的长度。
(13) 下一段轨道电路的编号。
(14) 下一段轨道电路的载频频率(用于车载设备预调谐)。

4. 车载设备的自动调谐(频率跟踪)

由于各轨道电路区段采用不同的频率,列车接收装置如何自动适应所在轨道电路的传输频率?

图7-15表示一段线路上轨道电路频率的配置及其有关的信息码。当列车位于0010段轨道电路时,车载设备可接收到本段轨道电路的载频f_1、下一段轨道电路的载频f_3、本段轨道电路的编号0010、下一段轨道电路的编号0100等有关信息。在车载设备中,有多套接收调谐电路,当列车位于0010段时,接收调谐电路A调谐

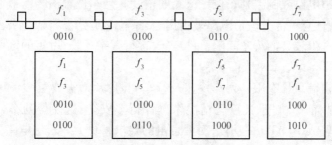

图7-15 频率跟踪的说明

于 f_1,接收调谐电路 B 调谐于 f_3(频率预置);当列车位于 0100 段时,接收调谐电路 B 调谐于 f_3,接收调谐电路 C 调谐于 f_5(频率预置);当列车位于 0110 段时,接收调谐电路 C 调谐于 f_5,接收调谐电路 D 调谐于 f_7(频率预置);当列车位于 1000 段时,接收调谐电路 D 调谐于 f_7,接收调谐电路 A 调谐于 f_1(频率预置),如此反复进行。

图 7-16 表示自动频率跟踪的原理框图。接收调谐电路由两级滤波器组成:第一级为模拟带通滤波器,其通频带为 9.5kHz~16.5kHz,用以抑制牵引电流的干扰;第二级为数字窄带通滤波器,其通频带受一个逻辑单元控制,而逻辑单元根据来自地面的信息码调整数字滤波器的有关系数,使接收调谐电路的通频带随地面信息码变化而变化,从而实现自动频率跟踪。

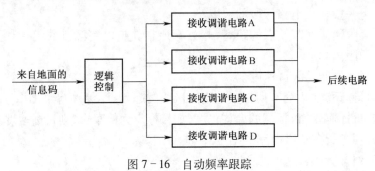

图 7-16 自动频率跟踪

第三节 基于通信的列车运行自动控制系统

城市轨道交通能保证安全畅通运营,离不开先进的列车运行控制系统。传统的列车运行控制系统主要是基于轨道电路的列车运行控制(TBTC)系统。该系统技术成熟,安全可靠,但由于 TBTC 系统基于轨道电路来检测列车位置并向列车发送控制信息,而轨道电路存在性能和功能上的缺陷和限制,使得 TBTC 系统成为限制轨道交通运输效率提高的瓶颈,主要体现在以下几点:

(1) 轨道电路限制了列车位置检测的精度。列车位置检测的最小分辨率为轨道电路区段,任意一部分轨道电路被占用,整条轨道电路都将认为被占用。过长的区段设置会产生较大的行车间隔,直接导致运行效率下降,过短的区段设置需要更多轨道电路设备,从而增大了投资。

(2) 传输信息量有限。列车提速及行车间隔减小,需要更多考虑前方线路坡度、弯道情况、前车位置、速度等情况来确保行车安全,这使得列车信息需求量增大。若要实现 ATP、ATO 等功能,对信息量的要求将更大。轨道电路受工作原理和工作环境的限制,无法满足列车控制信息量增长的需要。

(3) 轨道电路易受到天气、地理环境及电磁环境等的影响。道碴电阻变化、雨水、环境温度和列车分路不良等都会对轨道电路性能产生影响。

（4）轨道电路无法实现车对地的通信，列车相关信息无法有效传送给地面设备。

随着3C技术（计算机技术Computer、通信技术（Communication）和控制技术（Control）的飞跃发展，综合利用3C技术代替轨道电路构成新型列车运行控制系统已成为发展方向，其核心是通信技术的应用，出现了基于通信的列车运行控制（CBTC）系统。

CBTC系统是目前全球轨道交通界公认的最先进的列车控制技术，它代表当今世界范围内信号技术的发展趋势。

一、CBTC系统概述

1. CBTC系统定义

CBTC技术发源于欧洲连续式列车控制系统，经过多年的发展，对CBTC系统的定义逐步趋于统一。1999年9月，电气和电子工程师协会（IEEE）制定了第一个CBTC标准——IEEE Std 1474.1.1999，该标准详细定义了CBTC系统的功能，将CBTC定义为："利用高精度的列车定位（不依赖于轨道电路），双向连续、大容量的车-地数据通信，车载、地面的安全功能处理器实现的一种连续自动列车控制系统"。定义中指出，CBTC中的通信必须是连续的，这样才能实现连续自动列车控制，利用轨间电缆、漏泄电缆和空间无线都可以实现车、地双向信息的连续传输。

CBTC系统不仅适用于新建的城市轨道交通线路，也适用于旧线改造、不同编组运行以及不同线路的跨线运行。

CBTC系统有两种制式：基于感应环线通信的CBTC系统（也称为采用轨间电缆的ATC系统）和基于无线通信的CBTC系统。基于感应环线通信的CBTC系统，已经在武汉、广州地铁正式投入运营；基于无线通信的CBTC系统，这几年得到超乎寻常的发展，上海、北京、广州、深圳、南京、西安、成都、沈阳、苏州等城市的轨道交通线路都已经决定选用这种信号制式，而且不少城市将选用基于无线通信的CBTC系统，定为今后城市轨道交通信号系统的发展方向。初期基本都选用Alcatel、Alstom、Siemens等国外厂商提供的CBTC系统，而随着改革开放的深入，国、内外厂商构成的联合体，尤其是浙大网新与US&S构成的联合体，其开发的CBTC系统已被国内多条线路选用。而且国内参与CBTC系统开发的厂商也越来越多，显然这有利于今后CBTC的发展。

2. CBTC系统特点

CBTC系统和基于轨道电路的ATC系统相比，具有以下主要特点：

（1）实现双向、连续、实时车-地通信，且信息量大。

（2）高精度列车定位，列车运行控制灵活，可实现移动闭塞，缩短列车之间的行车间隔,提高行车效率。

(3) 实现线路列车双向运行而不增加地面设备,有利于线路故障或特殊需要时的反向运行控制。

(4) 减少轨旁设备,系统结构简单,便于安装维修,减少全寿命周期成本,并有利于紧急状态下利用线路作疏散人员。

(5) 可以适应各种类型、各种车速的列车,提高列车运行的平稳性,增加乘客的舒适度,并实现节能控制。

(6) CBTC 信息可以叠加在既有信号系统上,便于既有线路改造,可实现城市轨道交通的互联互通。

3. CBTC 系统基本原理

CBTC 系统是一个连续数据传输的自动控制系统,利用高精度的列车定位(不依赖于轨道电路),实现双向连续、大容量的车-地数据通信,能够执行列车自动防护(ATP)、列车自动运行(ATO)及列车自动监控(ATS)。CBTC 的基本原理如图 7-17 所示。

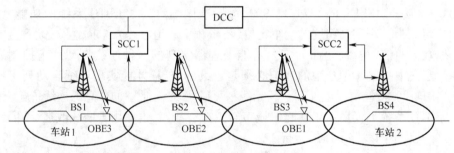

图 7-17　CBTC 系统基本原理

调度控制中心(DCC)控制多个车站控制中心(SCC),实现相邻 SCC 之间的控制交接。SCC 通过管辖范围内的多个基站 BS 与覆盖范围内的车载设备 OBE 实时双向联系。列车在区段内运行时,通过全球定位系统 GPS、查询应答器或里程计装置实现列车位置和速度的测定,OBE 利用无线通过基站 BS 将列车位置、速度信息发送给 SCC。SCC 通过 BS 周期地将目标位置、速度及线路参数等信息发送给后行列车。OBE 收到信息后,根据前车运行状态(位置、速度等)、线路参数(弯道、坡度等)、本车运行状态、列车参数(列车长度、牵引重量、制动性能等),采用车上计算、地面计算或是车上、地面同时计算,并根据信号故障-安全原则,用比较、选择的方式,预期列车在一个信息周期末的状态下能否满足列车追踪间隔的要求,从而确定合理的驾驶策略,实现列车在区段内高速、平稳地以最优间隔追踪运行。

4. CBTC 系统基本结构

IEEE 制定的 CBTC 标准列举了典型的 CBTC 系统的基本结构框图,如图 7-18 所示。

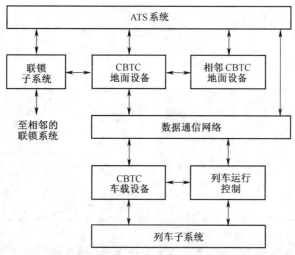

图 7-18 典型的 CBTC 系统的基本结构框图

整个系统包括 CBTC 地面设备和 CBTC 车载设备，地面设备和车载设备通过数据通信网络连接起来，构成系统的核心。图 7-18 中还单独列出了联锁子系统功能模块，该功能模块与 CBTC 地面设备连接。考虑到不同的线路长度可能需要多套 CBTC 地面设备，所以在典型框图中还列出了"相邻 CBTC 地面设备"模块。最后，在 CBTC 设备的基础上，增加 ATS 系统模块，用于实现系统的 ATS 功能。

CBTC 地面设备（含联锁）通过数据通信网络向 CBTC 车载设备传输控制信息，控制列车运行；CBTC 车载设备也通过数据通信网络向 CBTC 地面设备（含联锁）传送列车信息，形成闭环信息传输及控制。这里的数据通信网络就是车-地通信网络，可由多种方式组成，如无线电台、裂缝波导管和漏泄电缆等方式。

以上是典型的 CBTC 系统的结构，实际的系统往往由于不同的设备供应商和不同工程的需要而有所差异。但是，所有 CBTC 系统均采用数据通信网络，连接 CBTC 地面设备和车载设备，实现 ATP 功能，控制列车运行安全，其核心是一致的。

二、基于感应环线通信的 CBTC 系统

武汉轻轨 1 号线和广州地铁 3 号线采用这种制式。基于感应环线通信的 CBTC 系统（也称为采用轨间电缆的 ATC 系统）的信息传输的连续性是以昂贵的轨间电缆为代价，维修费用也高，而且轨间电缆的存在给线路养护工作带来了不便。

1. 工作原理

基于感应环线通信的 CBTC 系统主要由地面控制中心、轨间传输电缆及车载设备 3 部分组成，如图 7-19 所示。

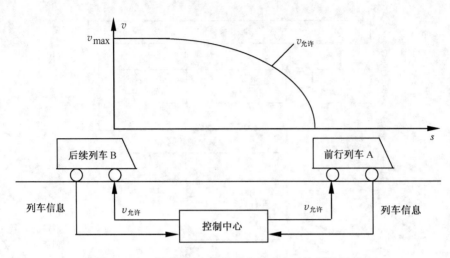

图 7-19 采用轨间电缆的列车速度自动控制的原理

在地面控制中心,按地理坐标储存了各种地面信息(如线路坡度、曲线半径、道岔位置、缓行区段的位置与长发等)。此外,经过联锁装置,将沿线的信号显示、道岔位置、列车的有关信息(列车长度、制动率、所在位置、实时速度等)不断地经由轨间电缆传至地面控制中心。地面控制中心的计算机计算出在它管辖范围内每一列车当前的最大允许速度,再经由轨间电缆传至相应列车,实现速度控制。

在图 7-19 上,某一时刻,后续列车 B 获得实时最大允许速度,随着前行列车 A 的运行,目标点的距离一直在改变,后续列车 B 的实时最大允许速度随列车 A 与 B 间的距离而变化。列车从控制中心获得最大允许速度值之后,一方面在速度表上显示出来;另一方面依据此值对列车速度进行监控。若列车实际速度大于最大允许速度,则先报警后常用制动。如果制动设备条件许可,则可在列车实际速度小于最大允许速度时缓解制动,从而避免了列车停车及重新启动。

应当指出,上述信息传递及在控制中心计算最大允许速度不是唯一的制式,这种制式的优点在于控制中心"管全局",统一指挥在其管辖范围内的全部列车运行。对于一些交通繁忙、几条线路的公共区间等场合,这种方案是极为有利的。但是这种制式的缺点是一旦控制中心的设备故障即会引起全线交通瘫痪。因此有另一种制式:控制中心将有关信息(如线路坡度、缓行段位置或目标距离、目标速度等)通过轨间电缆传递给列车,由车载计算机计算出自身的最大允许速度,使速度测量、速度计算、速度比较与速度校正在列车上形成闭环控制,这种制式的优点是可以避免"最大允许速度"在数据传输过程中受到干扰。

2. 系统结构

采用轨间电缆超速防护系统的室内、室外设备联系用两级控制方式来实现,即控制中心与若干个沿线设置的中继器相连,一个中继器最多可连接128个轨间电缆环路,控制中心与电缆之间的信息交换在中继器内进行变换(频率变换、电平变换、功率放大等),如图7-20所示。

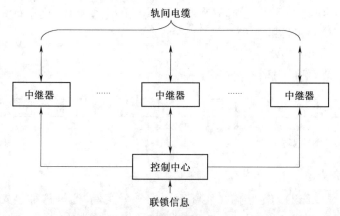

图7-20 系统的两级控制

在这类连续式超速防护系统中,轨间电缆是车-地之间唯一的信息通道。为了抗牵引电流的干扰及实现列车定位,轨间电缆一般每隔25m作一交叉,如图7-21所示。一个中继器最多可控制128个电缆环路,其最大控制距离为 $128 \times 25 = 3200(m)$。

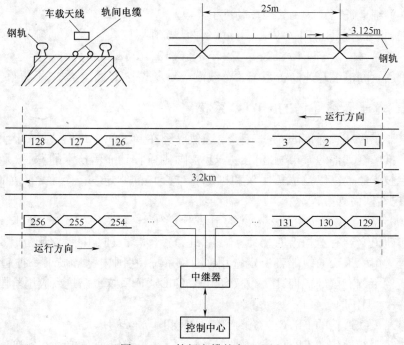

图7-21 轨间电缆的交叉配置

利用轨间电缆的交叉配置可实现列车定位。在图 7-21 的情况下,可用 14 位电码表示列车的地址信息,如图 7-22 所示,说明如下:

第 1bit~3bit 表示细地址码,列车每驶过 3.125m,细地址码加 1。

第 4bit~10bit 表示粗地址码,表明列车所处的电缆环路,列车每驶过一个电缆交叉点,利用信号极性的变化,粗地址码加 1。

第 11bit~13bit 表示中继器代码。

第 14bit 表示列车运行方向码。

图 7-22 用于列车定位的地址码

上述地址电码的约定结构是实际使用的一个实例,通过这种事先约定的电码结构,将列车定位地址码解码后即可知道列车所在的具体位置。

例:控制中心接收到列车的地址码为 10010010110100,译码后可知:

(1) 方向码:1,列车运行方向为上行。

(2) 中继器代码:001→1,列车位于 1 号中继器的控制范围内。

(3) 粗地址码:0010110→22,列车位于第 22 个环路。

(4) 细地址码:100→4,列车驶过了 4 段。

则列车位置(距离 1 号中继器始端的距离)为:

$$(1-1)\times3200+22\times25+4\times3.125=562.5(m)。$$

采用轨间电缆超速防护系统的车载设备与点式 ATP 系统类似,不再重复。

三、基于无线通信的 CBTC 系统

基于感应环线通信的 CBTC 系统,虽然已经在武汉和广州地铁得到运用,但是并没有推广至其他的城市轨道交通。近年来,随着移动通信技术的发展、无线通信可靠性技术的提高以及通信协议和国际标准接口的制定,基于无线通信的 CBTC 系统,已在国内外投入运行。

2005 年,上海轨道交通 8 号线选用基于无线通信的 CBTC 系统,这对于推动我国城市轨道交通有着积极的意义。其后,北京、广州、深圳、南京、沈阳、成都、西安、苏州等城市轨道交通线路都决定选用 CBTC 系统,在国内已形成了一种趋势。而且供应商不仅有国外厂商,国内外联合开发的 CBTC 系统也已进入应用阶段。

(一)工作原理

基于无线通信的 CBTC 系统的工作原理如图 7-23 所示。

基于无线通信的 CBTC 系统通过无线通信方式确定列车位置和实现车-地双

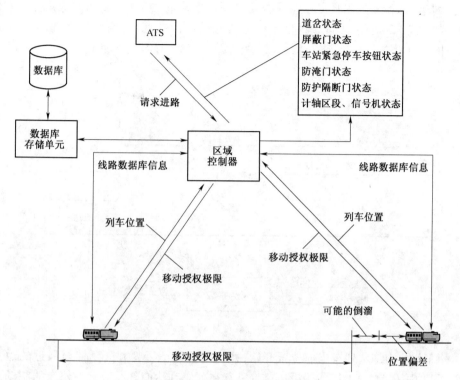

图 7-23 CBTC 系统工作原理

向实时通信。车载控制器(Vehicle On Board Controller, VOBC)通过探测轨道上的应答器,查找它们在数据库中的方位,确定列车绝对位置;利用列车本身自动测量、计算自前一个探测到的应答器起,已行驶的距离,确定列车的相对位置。列车车载控制器 VOBC 通过与区域控制器(Zone Controller, ZC)的双向无线通信,向区域控制器 ZC 报告本列车的精确位置。区域控制器 ZC 根据各列车的当前位置、运行方向、速度等要素,同时考虑列车运行进路、道岔状态、线路限速及其他障碍物的条件,向所管辖范围内的列车发送"移动授权极限",即向列车发送运行的距离、最高的运行速度,从而保证列车间的安全间隔距离。

(二)移动授权权限

CBTC 系统通过为每列通信列车提供一个移动授权权限(Limit of Movement Authority, LMA),保证列车在系统控制的线路范围内安全运行。

1. 移动授权权限 LMA 含义

列车的移动授权权限 LMA 是指从列车的车尾起到前方障碍物的线路。LMA 需要根据列车当前的位置、运行方向和线路当前状态来决定,由车载控制器 VOBC 负责列车在 LMA 范围内的移动。

列车的 LMA 会按照实际运行需要和硬件要求有规律地、周期性地重建,具体构建如图 7-24 所示。重建将基于线路资源的可用性,此可用性又客观地反映了线路的当前状态。

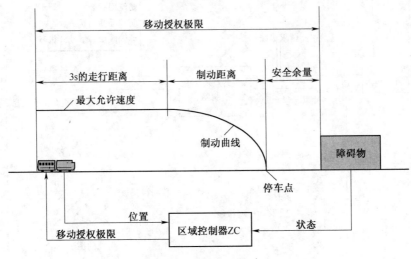

图 7-24 LMA 构建

LMA 结构是从列车当前位置开始,并且沿着列车行驶方向延伸至最近的道岔区或其他障碍物。CBTC 采用的原则:只有在列车到达使其在道岔前停车的制动曲线之前的 3s,才让 LMA 向前延伸越过道岔。这样做可以避免干扰列车的正常运行。这时因为:如果列车在离道岔很远的地方就将 LMA 延伸入道岔区,即使其他列车先到达,由于该道岔已被此列车预定,其他列车就不能使用该道岔,其结果是整个系统的列车时刻表可能被该列车破坏。这样做也符合一个原则:LMA 一般总是向前延伸,只有在异常情况下才回撤。

2. LMA 障碍物

LMA 被列车前方最近的障碍物所限制。可能的障碍物包括线路封锁区域、另一个通信状态列车的 LMA、道岔、故障 ZC 控制的区域、非通信列车、紧急停车按钮按下的站台、线路的尽头等。

(三) 系统结构

基于无线通信的 CBTC 系统主要由列车自动监控子系统、区域控制器、车载控制器、数据通信系统、数据库存储单元等部分组成,其结构如图 7-25 所示。

1. 列车自动监控子系统(ATS)

ATS 子系统是一个非安全子系统,它为控制中心调度员提供人机界面。ATS 的线路显示屏上显示线路状态、信号设备状态、各列车位置、列车工作状态;同时也提供调度员的各种调度命令功能,如临时限速、车站"跳停"、关闭区域等。ATS 的

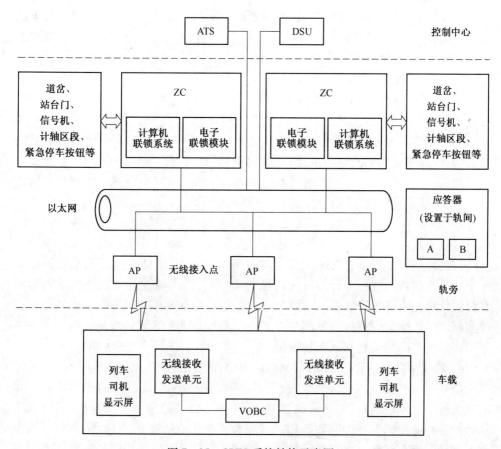

图 7-25 CBTC 系统结构示意图

本质作用就是进行监控,从 ATS 发送到车载控制器、区域控制器或其他重要子系统的所有命令都不会危及行车安全。

控制中心调度员和车站值班员可以通过 ATS 发送列车进路请求命令给区域控制器 ZC,也可通过 ATS 实现与所有列车运行控制子系统的通信,用于发送列车命令、精确的排列列车进路。ATS 还具有远程控制系统所具有的设备诊断功能,包括列车的车载 ATC 设备的状态检测。

中央 ATS(CATS)设备,位于控制中心。车站 ATS(LATS)设备,位于区域控制器所在的联锁集中站的信号设备室。

2. 区域控制器(ZC)

区域控制器接收其控制范围内所有列车发出的位置信息;根据控制中心 ATS 的进路请求,控制道岔、信号机,并完成联锁功能;根据所管辖区域内轨道上障碍物位置,向所管辖区域的所有列车提供各自的 LMA。

区域控制器还负责对相邻区域控制器的移动授权请求做出响应,完成列车从一个区域到另一个区域的交接;区域控制器还与其他区域控制器、车载控制器和数据存储单元通信;向 ATS 提供轨旁设备状态。

3. 车载控制器(VOBC)

车载控制器具备列车自动防护(ATP)子系统和列车自动运行(ATO)子系统的所有功能。

车载控制器通过检测轨道上的定位信标(应答器),从数据库中检索所收到的数据信息,以建立列车的绝对位置;车载控制器测量定位信标之间的距离,并测量自探测到一个定位信标后列车所行驶的距离。车载数据库中包括了所有相关的轨道信息,包括道岔位置、线路坡度、限速、停站地点和定位信标点等。

列车进入停车场出库线,车载控制器接收初始化信标的地点信息,为进入正线运行接收距离信息创造条件;列车进入转换区域,车载控制器主动与区域控制器 ZC 的通信,意味着列车进入区域控制器的控制区域,无论是刚刚进入系统还是从一个区域控制器区域转移至另一个区域,列车都会向区域控制器发送包括列车所在位置信息在内的数据信息,表示列车已经进入该区域控制器的管辖区域。车载控制器通过数据通信系统与控制中心 ATS 直接通信。ATS 周期性地接收到从各列车发来的列车所在位置和列车状态报告。

4. 数据库存储单元(Database Storage Unit,DSU)

DSU 是一个安全型设备,它包含了其他列车控制子系统使用的所有数据库和配置文件。区域控制器 ZC 和车载控制器 VOBC 之间,使用一个安全的通信协议,从数据库存储单元下载线路数据库。线路数据库都有一个版本号,在每个区域控制器和数据库存储单元之间,每隔一定时间,就会对版本号进行交叉检测。当列车第一次进入系统时,以及之后每隔一定时间,在车载控制器和区域控制器之间也会进行相同的检测。

数据库存储单元(包括 3 个 CPU,用于实现"三取二"的冗余配置)包含轨道信息的重要单元(如线路数据、道岔、信号机位置、停站信息、速度限制等)。线路数据库根据需要下载到其他子系统(如 ZC 和 VOBC)。

数据库存储单元 DSU 在降级运行的信号控制系统中不运行。

5. 数据通信系统(Data Communication System,DCS)

基于无线通信的 CBTC 系统,轨旁定向天线与车载天线之间,通过无线基站蜂窝网进行信息交换,如图 7-26 所示。无线通信网采用重叠方式布置,轨旁无线蜂窝,以 100% 的重叠率进行设计,保证在一个无线基站故障时列车信号不丢失。至于车载无线设备与哪一个轨旁无线基站进行通信,取决于对信号强度的计算,如果本蜂窝区域的无线信号强度,低于某一阈值,车载无线设备会自动转换到下一个有可接收信号强度的轨旁无线电蜂窝,保证信息的不间断交换。

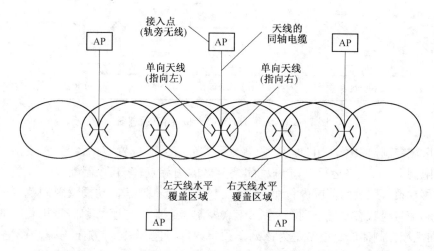

图 7 - 26 无线天线覆盖示意图

数据通信系统开放性的系统设计原则:对所有列车控制子系统提供 IEEE 802.3(以太网)接口;对列车控制子系统是透明的;符合实时和吞吐量要求。列车控制子系统之间发送和接受 IP 报文,其中大多数列车控制子系统是移动的。数据通信系统对于这些传输的信息是完全透明的。

数据通信系统传送的是安全控制信息,但它本身不是一个安全系统。IEEE 802.3 以太网标准用于整个局域网(LAN);IEEE 802.11 跳频、扩频技术的无线标准,用于网络内的所有无线移动通信。

与数据通信系统相连的任何两个节点之间可以相互通信。数据通信系统可以在下列设备之间传送信息:区域控制器和相邻的区域控制器;区域控制器和车载控制器;列车监控子系统和区域控制器;列车监控子系统和车载控制器;列车监控子系统和数据库存储单元;数据库存储单元和车载控制器;数据库存储单元和区域控制器。

(四)"虚拟"闭塞概念

基于无线通信的 CBTC 与基于感应环线通信的 CBTC,两者移动闭塞的主要区别在于通信方式不同,后者两列车之间的间隔虽然也是动态的,但与感应环线的长度及交叉有关,在一定程度上受硬件设备的物理限制。而无线 CBTC 可以理解为"虚拟"闭塞系统,它不由物理上的闭塞分区定义,而是由区域控制器内数据库来定义。"虚拟"闭塞分区的设计,是根据对行车间隔的需要进行划分,而且没有实际硬件设备来限制边界,"虚拟"闭塞分区的边界,很容易进行动态调整。当然其"虚拟"闭塞分区的数量和长度也不受硬件的物理限制。无线 CBTC 的"虚拟"闭塞如图 7 - 27 所示。

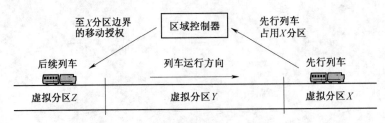

图 7-27 无线 CBT 的"虚拟"闭塞示意图

区域控制器根据占用"虚拟"闭塞分区的前行列车位置,对后续列车发出移动授权限制 LMA,允许运行至"虚拟"闭塞分区的边界点;车载控制器 VOBC 负责列车在移动授权限制的范围内行车;区域控制器还会将列车移动授权限制范围内的道岔和信号机状态发送给列车,这样车载控制器会监控与道岔和信号机相关的列车;在区域控制器确定道岔是为该列车预留的,而且列车运行方向正确,道岔被锁闭以后才允许列车驶入道岔区域。

(五) CBTC 系统物理分层的功能分析

从物理位置而言,基于无线通信的 CBTC 系统,包括 3 个功能层次,即控制中心、区域控制器及车载控制器,如图 7-28 所示。关于控制中心的功能主要是 ATS 功能,需要注意的是,在控制中心设有线路数据库,该数据库是目标距离控制 ATC 系统的关键,也是区域控制器向列车传送移动授权限制的基础。

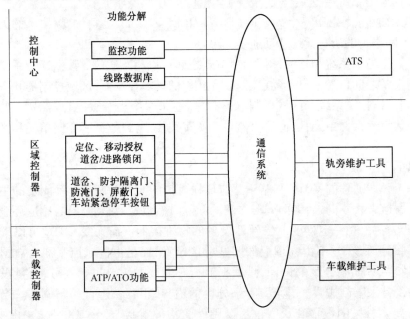

图 7-28 无线 CBTC 系统功能结构示意图

1. 区域控制器的功能

区域控制器是故障导向安全的轨旁子系统。在每个联锁区设置一个区域控制器,而且以三取二的冗余配置。由区域控制器实现与所控制区域内所有列车的安全信息通信;实现联锁控制;并向所管辖区域内的每列车发送移动授权限制 LMA。区域控制器的功能如图 7-29 所示。

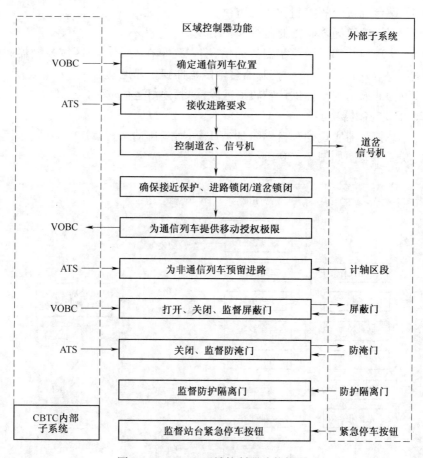

图 7-29　CBTC 区域控制器功能框图

（1）跟踪列车和发出移动授权限制。区域控制器根据列车的位置报告跟踪列车,从而为所控制区域内的每列车,确定移动授权限制 LMA。区域控制器通过列车的当前位置、行车方向及轨道当前的状态来确定 LMA;区域控制器将列车的移动授权限制信息,传递给列车的车载控制器;车载控制器负责在移动授权限制的范围内行车;区域控制器还会将列车移动授权限制范围内的道岔和信号机状态发送给列车,这样车载控制器会监控与道岔和信号机相关的列车。列车在 3s 内接收不到移动授权信息,则列车会紧急制动。

(2) 排列进路。区域控制器根据列车监控子系统 ATS 的选路,对道岔实施控制和状态监视,当列车通过和接近道岔时,防止道岔的转换,而且在确保道岔转到正确的位置、锁闭之后,才允许列车进入道岔区域。

(3) 与列车监控子系统通信。处理来自列车监控子系统的列车进路命令,向列车监控子系统报告道岔状态和轨道占用情况,以及告警、出错信息。

(4) 站台屏蔽门的控制和状态监视。

(5) 侵入轨道的障碍物的监视和检出。

(6) 实现与相邻区域控制器的通信,实现列车在两个相邻区域控制器间的交接,并将列车移动授权由一个控制器管辖区延伸到相邻控制器。

(7) 为非通信列车提供计轴轨道区段检测,预留运行进路。

2. 车载控制器功能

由车载控制器实现列车自动防护 ATP 和列车自动运行 ATO 的功能。车载控制器的功能示意图如图 7-30 所示。

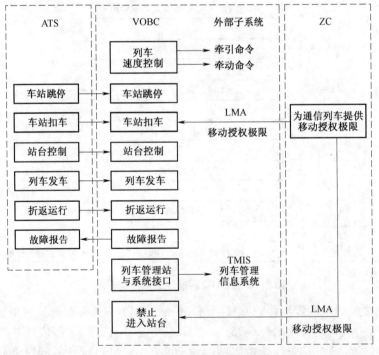

图 7-30 CBTC 车载控制器功能框图

(1) 确定列车位置。列车在线路上检测到两个相邻的应答器,实现列车位置定位的初始化。然后列车根据测速传感器和加速度计,对运行过程的距离进一步细化定位,由于线路数据库唯一定义了线路上所有应答器的位置,所以运行过程中列车检测到应答器所提供的同步点信息,实现列车的定位校正。

列车实际定位位置,应根据列车向区域控制器报告的列车车头和车尾位置,加上车头、车尾的不确定误差和在报告传输过程中的运行距离(估计),还应该考虑先行列车尾部潜在的倒溜距离,所以真正的列车"定位"如图7-31所示。

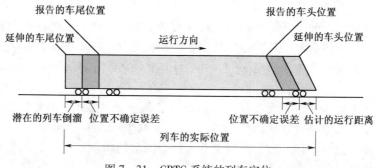

图7-31　CBTC系统的列车定位

(2)强制执行移动授权控制。根据区域控制器对列车的移动授权命令,由车载控制器执行移动授权控制,动态计算安全距离,以确定列车目标运行速度,监督由测速传感器测得的实际速度,不得超过到达目标点的目标速度。

并应实现防倒溜监督和障碍物移动监督(在自动模式下);在安全运行速度限制范围内调整列车速度。

(3)车门控制和安全联锁。只有当列车到达对位停车点,并且确认速度是"零"的前提下,才允许自动开启相应侧的车门。

(4)列车完整性的检测。根据乘客舒适标准,控制列车运行的速度,并实现列车完整性的检测。

第四节　单轨交通 ATC 系统

重庆轨道交通2号线、3号线(重庆轨道交通2号线是我国第一条建成通车的跨座式单轨,第二条为重庆轨道交通3号线,3号线全长55km,是世界上最长的单轨交通)采用跨座式单轨交通方式:以高强度混凝土梁及少部分钢质箱体梁作为车辆运行的轨道;道岔采用关节型道岔或可挠型道岔;车辆采用跨座式单轨车辆,车辆的走行轮、导向轮和稳定轮均采用充气橡胶轮胎。

单轨交通方式占地面积少、爬坡能力强、转弯半径小,非常适合山高坡陡、弯多路窄的地形条件。由于取消了传统的钢轨和钢轮,大大减少了列车运行的噪声,改善了城市公共环境。单轨交通信号系统是单轨交通的核心设备,它担负着确保行车安全、提高运输效率、改善服务质量的重要使命。为了保证列车运行的安全,重庆轨道交通采用日本信号公司的 ATP 车载及轨旁设备。

一、单轨交通信号系统的特点

（1）单轨交通取消了钢轮和钢轨，传统的依靠钢轨传递 ATP 信息和获得列车位置信息的方法已不再适用，必须采用特殊的方式来传递信息和检查列车的位置。

（2）单轨交通的道岔除使用单开道岔外，还使用三开、五开道岔。因此，在联锁系统和道岔控制系统中必须进行特殊处理和合理分工才能确保行车安全。

（3）单轨交通基本采用高架线路，道岔非接通位置是悬空的，因此，必须采取特殊的措施，防止列车错误出发。

（4）单轨交通的轨道大部分采用高强度混凝土梁，在制作混凝土梁的时候对信号设备安装和敷设管线的部位，必须进行预留和预埋。

（5）高架线路上信号设备的施工和维护全部采用作业车进行。

二、单轨交通 ATC 系统主要设备

单轨交通 ATC 系统由列车自动防护（ATP）及列车位置检测（TD）子系统、计算机联锁（CI）子系统和列车自动监控（ATS）子系统 3 部分构成。

1. ATP/TD 系统

引进具有实际运营经验和成熟技术的日本单轨交通的 ATP/TD 系统。日本单轨的 ATP/TD 系统是日本信号公司针对单轨的特点而研制开发的列车自动防护和列车位置检测系统。它采用基于轨道环线的感应技术，实现列车运行超速防护和列车在线位置检测，能确保列车高速、高密度、不间断、安全、可靠运行。

2. CI 系统

采用铁道科学研究院研制的、在国铁上长期和大量使用的 TYJL-Ⅱ 型计算机联锁系统，实现道岔、进路、信号相互之间的关联，确保行车安全。

3. ATS 系统

采用铁道科学研究院自行研制的、在秦沈客运专线上成功使用的列车自动监控系统。它能对其控制范围内的列车进行控制、监视和管理，并具有实时、高可靠、高安全、高可用性的特点，能做到不间断、稳定、可靠地运行。

三、ATP/TD 系统

（一）系统功能

1. 列车位置检测

ATP/TD 系统的车载设备通过列车头部和尾部的天线，分别向轨道环线连续发送不同频率的信号，由地面设备接收解码，并利用逻辑判断电路进行处理，确定列车的在线位置。

2. 列车运行超速防护

ATP/TD 系统的地面设备通过设置于轨道梁两肩部的轨道环线,向列车连续发送速度控制信息,由 ATP 系统的车载设备根据接收到的速度控制信息,连续控制车辆的运行,实现列车的间隔保护和超速防护。

(二) 系统构成

1. ATP/TD 地面设备

ATP/TD 地面设备主要由 ATP/TD 发送/接收设备、校核信号 CH 发送设备、继电器架、监控架、室内匹配变压器、室外匹配变压器(MT)、电缆、电缆环线(LOOP)等组成,如图 7-32 所示。

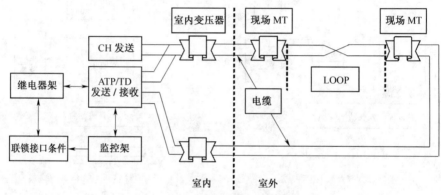

图 7-32 ATP/TD 地面设备构成

信息经室内变压器、电缆、现场 MT 传送到环线 LOOP 上,车载设备接收 LOOP 上的信息。同时,车载设备向 LOOP 上发送 TD 信息,TD 信息经现场 MT、电缆、室内变压器送至 ATP/TD 接收设备。CH 发送设备及 TD 接收设备负责检查环线的完好和列车位置,ATP/TD 发送/接收设备负责接收 CH 信号和列车发送的 TD 信号,并将有关信息送到继电器架,同时,根据联锁接口条件编码向列车发送 ATP 信息,控制列车运行。监控架负责监控 ATP/TD 地面设备的情况,并将有关故障信息传送给联锁设备,确保设备的正常运行。

2. ATP/TD 车载设备

ATP/TD 车载设备主要由 ATP/TD 天线、天线匹配变压器、ATP 接收公共单元、ATP 接收单元、TD 信号发送单元、ATP 放大单元、ATP 速度检测单元、ATP/TD 继电器单元等组成,如图 7-33 所示。列车通过天线经匹配变压器接收地面发送的 ATP 信息控制列车运行,同时,通过列车头部天线向地面发送 f_1 信号,列车尾部向地面发送 f_2 信号。

(三) 工作原理

1. 列车位置检测

列车的位置检测由列车两端的 TD 发送设备和地面的发送、接收设备共同完

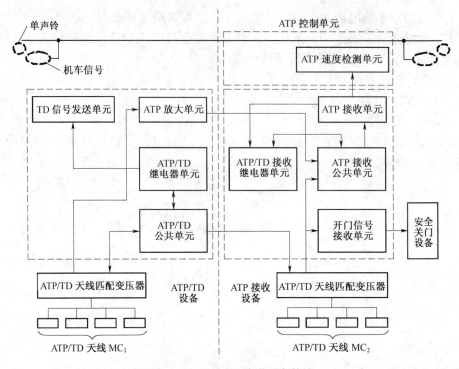

图 7-33 ATP/TD 车载设备构成

成。TD 地面设备发送校核信号(CH)检查环线的完整性。CH 信号的载频为 14.25kHz,调制信号的频率为 97Hz;采用梯形波调幅方式(PWD)。

车辆两端的 TD 发送设备分别向轨道梁上的环线发送 f_1、f_2 信号(或称车载信号)。其中 f_1 信号的载频为 13.5kHz,调制频率为 112Hz;f_2 信号的载频为 15.0kHz,调制频率为 112Hz,采用梯形波调幅方式(PWD)。

在正常情况下,列车驶入某环线区段,列车头部天线向该环线区段发送 f_1 信号,使该区段的 CH 继电器落下,同时,F_1 继电器吸取,实现列车占用本区段的检测;列车前行,车尾部驶入该区段时,车尾部天线向该区段发送 f_2 信号,F_2 继电器吸取;列车继续前行,当车头部驶出该区段(出清)时 F_1 继电器落下,车尾部驶出该区段(出清)时,该区段 CH 继电器吸取,F_2 继电器缓放落下,确定列车出清该区段。当车尾部驶入下一个区段,使下一个区段的 F_2 继电器吸取。

在车载信号设备发生故障的情况下,当 f_1 信号或 f_2 信号发生故障时,列车经过的区段全是红光带;当地面 CH 故障时,本区段是红光带;当 f_1 信号和 f_2 信号都发生故障时,列车所在区段的轨道继电器就会失去励磁的时机不会励磁,尽管故障后所经过的区段无法检测列车的实际位置,但列车后方始终有一区段是红光带,阻止了后续列车的进入,实现了后方保护,使故障导向安全。

2. TD 预置(轨道区段故障解锁)

与一般轨道电路不同,环线轨道电路对列车的占用/出清检查是通过逻辑电路来实现的,该逻辑电路具有记忆功能。为确保安全,在停电或故障时所有区段都应设置为列车在线(占用)。因此,在开机和故障恢复时,在对列车在线(占用或出清)的情况进行确认后,需对 TD 设备进行恢复,这就需要对 TD 设备进行预置。

TD 预置根据列车在线的情况,将轨道区段人为地设置为有车或无车,存在安全隐患。因此必须对 TD 预置按钮进行加封、计算机记录操作等特别处理;对 TD 预置按钮的使用进行严格的限制和特别的管理。

3. 列车速度防护(ATP)

ATP 地面设备根据位置、线路占用/出清等情况选择限制速度信号,并将其发送给轨道环线。然后 ATP 车载设备通过列车的天线连续接收信号并解码,一方面使机车信号机的速度灯点亮,另一方面将列车速度限制的信息传送给 ATP 控制装置。

ATP 地面设备发送的速度信号采用梯形波调幅方式(PWD)。其载频上行线为 21kHz、下行线为 20kHz,低频调制信号为 16Hz、19Hz、22Hz、25Hz、28Hz、31Hz、34Hz、41Hz、54Hz、63、72Hz 和 78Hz,共 12 个频率,各低频信号的意义见表 7-1。

表 7-1 低频信号及意义

低频信号/Hz	信号种类	信号显示	限制速度/(km/m)	用途	制动方式
16	75 信号	75	75	最高限制速度	最大常用制动
19	65 信号	65	65	中等限制速度、曲线限制速度	最大常用制动
22	60 信号	60	60	中等限制速度、曲线限制速度	最大常用制动
25	50 信号	50	50	中等限制速度、曲线限制速度	最大常用制动
28	45 信号	45	45	中等限制速度、曲线限制速度	最大常用制动
31	35 信号	35	35	中等、曲线、道岔限制速度	最大常用制动
34	25 信号	25	25	中等限制速度、曲线限制速度	最大常用制动
41	S25 信号	S25	25	调车作业限制速度	最大常用制动
54	S15 信号	S15	15	调车作业限制速度	最大常用制动
63	X 信号	X	5	转换区限速、非 ATP 区段限速	最大常用制动
72	M 信号	M	0	防止误发车、限制速度	最大常用制动
78	01 信号	01	0	停车	最大常用制动
	无信号	02	0	停车	紧急制动

列车运行模式不同,机车信号、提示音响、速度校核单元的动作也不一样。运行模式有 5 种:

(1) ATP 监督下的人工驾驶模式,采用机车信号运行模式。

(2) 调车模式,带机车信号显示。

(3) 非 ATP 区段限制人工驾驶模式,用于车辆段,按调车信号机显示运行。

(4) ATP 区段的限制人工驾驶模式,用于 ATP/TD 接收系统故障、ATP 地面设备故障的情况。在该模式下,系统监视列车速度,只检测 15km/h 的限制速度。

(5) 非限制人工驾驶模式,用于其他代用闭塞系统的运行模式。ATP 装置切除时,按规范规定的运行模式运行。

4. 防误出发设备

由于在道岔的非接通位置是悬空的,若司机误认信号而错误出发是非常危险的。针对单轨交通的这一特点,信号系统有必要采取一定的防护措施,最大限度地防止事故发生。

在车辆段每一股道出发信号机前方区段设置防误出发设备,利用安装于室内的防误出发信号发送器向室外的 TD 环线上叠加发送防误出发信号。

当出发信号机处于关闭状态时,防误出发设备向每一股道的 TD 环线发送"M"信号,使列车启动 ATP 车载设备,列车能以 7km/h 的速度行驶;此时若列车错误出发而越过信号机,因信号机后方区段是 ATP 信号的,车载 ATP 设备从有码变无码,列车将实行紧急制动。

当出发信号机开放时,防误出发设备向其前方的 TD 环线发送"X"信号,使列车切断 ATP 车载设备,列车能以 15km/h 的速度行驶并通过信号机进入信号机后方区段。

当地面防误出发设备、TD 环线、车载 ATP 设备发生故障或在非限制人工驾驶模式下,防误出发功能失效。

5. 道岔的控制

单轨道岔由 4~5 节箱形钢梁连接组成,以道岔梁整体移动的方法构成列车运行的进路。单轨道岔分为单开、三开、五开及单渡线等多种类型。针对单轨道岔的特点,单轨交通将道岔的监控和转换进行分工,由信号系统负责道岔的监控,由道岔系统负责道岔的转换。

信号系统的联锁设备需进行特殊处理,解决三开、五开道岔的联锁关系以及道岔转换时间延长的问题。信号系统向道岔系统提供道岔转换的目标位置信息、现场操作授权信息、DC24V 指示电源。

道岔系统向信号系统提供道岔位置的指示信息、现场操作交权信息、道岔故障信息。道岔系统完成道岔的转换、机械锁闭。

第五节　磁悬浮交通的列车运行控制系统

自 1825 年世界上第一条铁路出现以来,轮轨铁路的技术原理一直没有改变。尽管轮轨铁路的技术已经有了很大的发展,但是由于技术上的限制,目前世界上高速铁路的运行速度已接近极限。为了进一步提高速度,就必须采用新的技术。高速磁悬浮交通就是在此背景下问世的。同时随着社会的发展和城市化进程的日益加快,各国重视及打算运用中低速磁悬浮交通解决城市问题。

一、磁悬浮列车概述

磁悬浮技术的研究源于德国。早在 1922 年,德国工程师赫尔曼·肯佩尔就提出了电磁悬浮原理,并于 1934 年申请了磁悬浮列车的专利。1970 年以后,随着世界工业化国家经济实力的不断加强,为提高交通运输能力以适应其经济发展的需要,德国、日本等发达国家以及中国都相继开始筹划进行磁悬浮运输系统的开发。

1. 磁悬浮原理

磁悬浮铁路与传统铁路有着截然不同的区别和特点。在传统铁路上运行的列车,靠机车(或动车)提供牵引力,以钢轨和轮缘作为运行导向设备,由铁路线路承受压力,借助于车轮沿着钢轨滚动前进。磁悬浮铁路上运行的列车是利用电磁系统产生的吸引力或排斥力将车辆托起,使整个列车悬浮在线路上,利用电磁力进行导向,并利用直流电机将电能直接转换成推进力来推动列车前进。两者区别如图 7-34 所示。

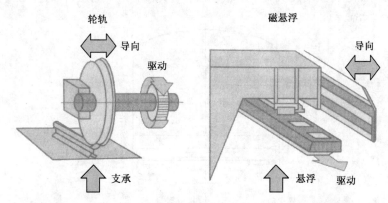

图 7-34　磁悬浮交通的电磁悬浮、导向及驱动与轮轨的区别

2. 磁悬浮列车类型

根据磁悬浮列车上电磁铁的使用方式以及磁悬浮列车受电磁力或电动力的作用所形成升力的电学机理,磁悬浮列车可分为 3 种类型。

(1) 电磁悬浮型（常导磁吸式）(Electro Magnetic Suspension, EMS)，利用普通直流电磁铁电磁吸力的原理将列车悬起，悬浮气隙较小，一般为 10mm 左右，以德国为代表。

(2) 电动悬浮型（超导磁斥式）(Electro Dynamic Suspension, EDS)，利用超导磁体产生的强磁场，列车运行时与布置在地面上的线圈相互作用，产生电动斥力将列车悬起，悬浮气隙较大，一般为 100mm 左右，以日本为代表。

(3) 永磁悬浮型（Permanent Magnetic Suspension, PMS），利用特殊的永磁材料，不需要任何其他动力支持，以中国为代表。

3. 磁悬浮技术

磁悬浮列车主要由悬浮系统、导向系统和推进系统三大部分组成。鉴于我国在上海浦东建成的上海磁悬浮列车采用了德国的技术，是世界上第一条磁悬浮列车示范运营线，所以在本书中主要介绍常导磁吸式磁悬浮技术的内容。

(1) 悬浮

利用装在车辆两侧转向架上的常导电磁铁（悬浮电磁铁）和铺设在线路导轨上的磁铁，在磁场作用下产生的吸引力使车辆浮起，如图 7-35 所示。车辆和轨面之间的间隙与吸引力的大小成反比。为了保证悬浮的可靠性和列车运行的平稳，使直线电机有较高的功率，必须精确地控制电磁铁中的电流，使磁场保持稳定的强度和悬浮力，使车体与导轨之间保持大约 10mm 的间隙。通常采用测量间隙用的气隙传感器来进行系统的反馈控制。这种悬浮方式不需要设置专用的着地支撑装置和辅助的着地车轮，对控制系统的要求也可以稍低一些。此外，由于悬浮和导向实际上与列车运行速度无关，所以即使在停车状态下列车仍然可以进入悬浮状态。

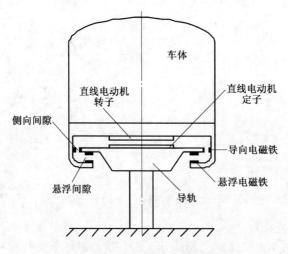

图 7-35 常导磁吸式磁悬浮原理

(2) 导向

在车辆侧面安装一组专门用于导向的电磁铁,车体与导向轨侧面之间保持一定的间隙。当车辆运行发生左右偏移时,车上的导向电磁铁与导向轨的侧面相互作用,产生一种排斥力,使车辆恢复到正常位置。当车辆的运行状态发生变化,如运行在曲线上时,控制系统通过对导向磁铁中的电流进行控制来保持侧向间隙,从而达到控制列车运行方向的目的。

(3) 推进

磁悬浮列车由于悬浮起一定的高度,运行时不需接触地面,故不能依靠摩擦力产生牵引力使车辆前进。磁悬浮列车采用直线电动机作为列车的牵引动力的推进装置。直线电动机是从旋转电动机演变而来,只是其定子被切开,并且沿着导轨展开。定子安装在导轨上,产生一个移动的磁场,列车的悬浮电磁铁相当于电动机的转子。

直线电动机的推进原理:当定子线圈接通三相交流电后,产生移动的磁场,沿轨道方向移动,转子线圈切割磁场产生感应电流,转子线圈在定子磁场中受电磁力作用,使定子和转子之间产生相对直线运动,推动列车前进。推进力的大小取决于定子磁场的强度、转子线圈的电流及线圈的长度。

4. 优点与缺点

磁悬浮列车是一种靠磁悬浮力(即磁的吸力或排斥力)来推动的列车,是目前世界上最先进的列车,被称为"21世纪先进的绿色地面交通工具"。磁悬浮列车具有以下优点:

① 磁悬浮列车在导轨上方悬浮运行,导轨与车辆不接触,不但运行速度快,能超过500km/h,而且运行平稳、舒适,易于实现自动控制。

② 磁悬浮列车在运行中既不产生机械噪声,也不排放任何废气、废物,对周边环境的污染极小,有利于环境保护。

③ 爬坡力强,磁悬浮列车的爬坡能力为10%,而一般铁路的最高坡度只有4%。

④ 运营、维护和耗能费用低。

磁悬浮列车具有以下缺点:

① 由于磁悬浮系统是凭借电磁力来完成悬浮、导向和推进功能,一旦断电,磁悬浮列车将发生严重的安全事故,因此断电后磁悬浮的安全保障措施仍然没有得到完全解决。

② 常导磁悬浮技术的悬浮高度较低,因此对线路的平整度、路基下沉量及道岔结构方面的要求比超导磁悬浮技术要求更高。

③ 强磁场对人的健康、生态环境的平衡与电子产品的运行影响仍需进一步研究。

二、磁悬浮交通的列车运行控制系统

磁悬浮列车运行控制系统(Operation Control System, OCS)通过计算机控制、计算机网络、通信及信息处理等先进技术与磁悬浮交通系统的车辆、牵引、线路及道岔等设备相连,完成对列车运行的控制、安全防护、自动运行及调度管理等任务。所以,运行控制系统(OCS)在整个磁悬浮交通系统中起一个对列车运行进行自动控制与安全防护的核心地位。

以德国 Siemens 公司为主研制的 OCS 系统与传统轨道交通的 ATC 系统就具有很大区别,主要区别如下:

(1) 在国内人们通常把轨道交通的行车指挥技术称为"信号技术",而对磁悬浮铁路而言,人工指挥的信号技术根本不能适用,列车运行过程要依据多种信息控制技术来实现,换句话来说,两者的系统设计思路完全不同。

(2) 磁悬浮铁路的 OCS 系统要涉及与行车有关联的所有子系统,也就是说,OCS 系统将通过各种接口介入到有关子系统的控制,如悬浮、驱动、制动、供电、行车指挥、道岔操纵、站台屏蔽门及车门控制等。

(3) 由于德国高速磁悬浮铁路的驱动电流由地面供电,直线同步电机的定子线圈置于地面,几十 MW 的地面功率迫使他们在 OCS 系统中放弃了在德国轨道交通中已经采用了 30 多年由轨间电缆作为传输信道的运行控制技术,而重新研制开发了基于毫米波无线数据传输技术的运行控制系统。在现有的 OCS 系统中,地面与列车之间的数据传输是依赖于毫米波无线双工双向通信,采用时分多址(TDMA)方式。

(4) 在 OCS 系统中为保证在高速运行下的行车安全,必须严格遵循故障-安全原则,因此硬件冗余(如"三取二"的安全计算机系统)、冗余节点、双环光纤信道、双套无线数据通信设备等安全措施被普遍应用。

(5) 在 OCS 系统中列车速度监控是"二维允许速度带",在技术上要比轮轨交通传统的一维速度监控曲线复杂得多。

(6) 在 OCS 系统中列车的测速与定位是核心技术之一,其重要性、可靠性及实现难度均大大高于轮轨交通。

(7) 进路、联锁、道岔转换、指示与锁闭等原来铁路信号的基本概念仍被沿用,但这些基本概念在高速磁悬浮铁路的特殊运行边界条件下将赋予新的含义。

OCS 系统与其他子系统的功能接口如图 7-36 所示。

在正常运行情况下,磁悬浮列车的全部运行过程均自动进行,通过 OCS 系统使运行过程自动化得以实施,并严格地保证运行过程的安全。只有在少数特殊情况下(如计划外运行、故障等),运行过程才有人工介入,而对于人工操作的运行过程,OCS 系统仍然承担着实施控制、安全保障及自动记录等功能。

第七章 典型 ATC 系统　237

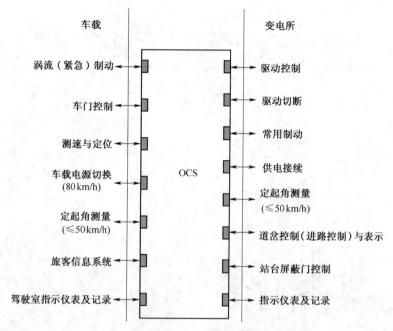

图 7-36　OCS 与各子系统的功能接口

OCS 系统的总体结构包括四大部分：中央控制中心（COCS）、分区控制中心（DOCS）、车载控制单元（VOCS）和数据传输系统（DTS）。OCS 系统的总体功能结构框图如图 7-37 所示。

在 COCS 内自动形成的有关命令通过环形光缆网络，根据列车所在的位置传递至相应的 DOCS。在 DOCS 内，将来自中心的命令"翻译"成控制命令，凡与安全有关的命令，均需经由安全确认，凡不涉及行车安全的命令（如向旅客通报的有关信息）可直接经由无线通道传送。控制命令经安全确认后方能实现，无论是对列车运行的加速、匀速、惰性、制动、停车等控制命令，还是对道岔的调整、进路的解锁等操作命令，或者对车载设备实施控制的无线传输，都必须经过严格的安全检查和确认。与此同时，运行中列车的一些与控制有关的实时参数不间断地通过无线通道传输至 DOCS，其中必要的参数通过环形光缆网传输至 COCS，在 COCS 内可按用户需要设置全景显示设备（终端显示与墙式大屏幕显示），将全线列车的运行状态实时地、一览无余地展示在值班人员面前。

凡与安全相关的环节，所采用的计算机必须符合故障-安全原则，目前在 OCS 中采用 SIMIS 安全计算机系统。

（一）中央控制中心（COCS）

COCS 是整个系统的最高控制层，即整条线路的调度指挥中心，类似于轮轨铁路的调度中心和城市轨道交通的运行控制中心（OCC）。

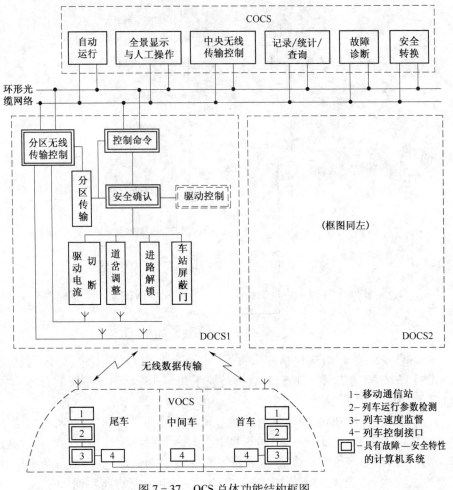

图 7-37 OCS 总体功能结构框图

中央控制中心主要承担以下任务：
(1) 行车计划的制订及运行图管理(包括运行图生成、编制、修改等)。
(2) 行车调度。
(3) 全线行车状况监测。
(4) 列车自动运行过程的控制。
(5) 人工介入列车运行过程的控制。
(6) 运行数据统计及记录。
(7) 故障诊断。
(8) 无线数据传输的中央控制。
为了完成上述任务，在 COCS 内应设置下列 6 个功能模块：

(1) 完成自动运行功能的计算机系统。

(2) 值班员终端系统,它是一个多功能计算机的工作站,设有友好的人—机界面,用于人工操作运行控制过程的全景显示。

(3) 查询计算机,它是不带人—机界面的计算机工作站,用于记录与统计。

(4) 运行过程故障诊断计算机。

(5) 无线数据传输的中央控制计算机。

(6) 安全转换系统,该子系统用于基础通信网(公众通信网)WAN#2 与列车运行数据专用传输网 WAN#1 之间的必要数据交换。

整个 COCS 的结构框图如图 7-38 所示。

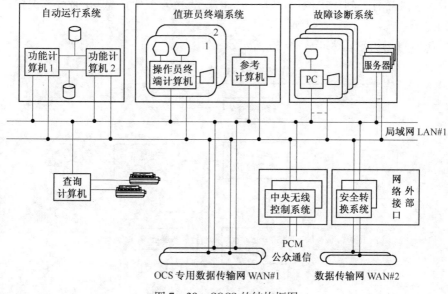

图 7-38 COCS 的结构框图

(二) 分区控制中心(DOCS)

整条高速磁悬浮铁路线路被划分为若干个控制区域,与每个控制区域相对应设置一个 DOCS。DOCS 之间用环形光缆网构成不间断的通信联系。DOCS 是直接实现运行控制和确保行车安全的单元,其性能和质量决定了高速磁悬浮铁路的智能化程度及安全程度,所以被称为 OCS 中最为关键的单元。

DOCS 所承担的主要任务如下:

(1) 将来自中央控制中心(COCS)的命令"翻译"成有关控制命令,经过安全确认后(在安全确认给出否定结果时,系统将拒绝执行并给出警告)形成针对线性电动机的驱动控制,即将调度命令和信号技术安全要求这两个边界条件结合在一起。

(2) 对所管辖区域内实施列车运行进路调整,并保证该进路的安全和防止进路错误解锁。为了调整进路及进路解锁,就必须实施道岔调整及锁闭。尽管磁悬浮铁路的道岔在构造上与传统的轮轨铁路有较大的不同,但其控制结构、锁闭、定位、反位表示的原理则基本相同。

(3) 实施对车站屏蔽门的控制。

(4) 向在所管辖区域内运行的列车给出其允许速度值。该数据传输是由无线数据传输通道来完成的,而对允许速度的监控则由车载控制单元(VOCS)来完成。

(5) 对所管辖区域范围内的无线通信基站的双向数据传输实施控制,即DOCS以全双工的方式将关于列车允许速度等信息以数码方式传递给运行中的列车,同时DOCS接受有关列车定位、直线电动机的定起角等重要信息,并通过有关接口送至相关子系统。

DOCS的功能框图如图7-39所示。

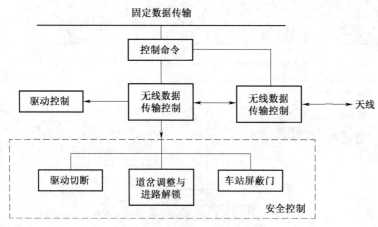

图7-39　DOCS的功能框图

DOCS为了实现上述功能及完成相关任务,必须包含许多接口,这些接口将分别与其他系统如驱动供电、驱动控制、制动(常用制动与紧急制动)、无线数据传输等紧密配合及密切协调。

(三) 车载控制单元(VOCS)

VOCS的任务主要包括4个部分(图7-37):列车速度监督(ATP功能);列车运行参数检测;通过移动通信站与地面天线实现双工无线数据的双向传输;车门控制、旅客信息指示、悬浮控制、车载电源、制动、驾驶台面板等列车控制接口。

1. 列车速度监督(ATP功能)

(1) 监控列车速度的极限允许值

磁悬浮列车的极限允许速度带如图7-40所示,速度带的上限值与线路的最高允许速度、缓行区(如道岔区)的位置、列车的制动率(可达到的最大减速度)、停车点的位置等因素有关。一旦列车速度超过上限值，先是切断驱动电流，必要时车上配备的涡流制动器(作为紧急制动)会自动介入，以确保运行安全。

下限值是基于磁悬浮列车的特殊运行边界条件，即在驱动故障时(如驱动电流突然中断)必须保证列车能以现有的动能和势能(考虑坡道的影响)达到前方第一个停车区。磁悬浮铁路之所以在两个车站之间设置专用停车区主要是由于车载电源的特点，即列车悬浮、涡流(紧急)制动以及旅客信息系统所需的能量来源于车载供电系统，在车速小于80km/h时，由车载蓄电池提供能量；当车速高于80km/h时，由车载线性发电机提供能量。在驱动突然发生故障时，列车必须停靠在配备有供电轨的特定停车区，才能完成对车载蓄电池的充电。专用停车区的另一个功能是在必要时向旅客提供安全、快捷的疏散通道。

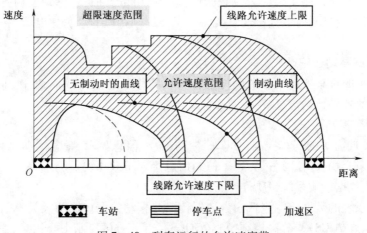

图 7-40　列车运行的允许速度带

(2) 抵达点、停车点、危险点的管理

通过对列车速度的监控可使列车准确地到达目标点，至少可以抵达停车区的抵达点以及无论如何不能超越危险点。

列车的允许速度值均来自分区控制中心，列车的现有速度则由车载的测速装置获得。

2. 列车运行参数检测

(1) 列车的定位数据

磁悬浮列车的正常运行要求每时每刻都能准确地获得列车的定位数据，因此能否可靠、及时、准确地获得列车的定位数据成为磁悬浮铁路能否正常运行的关键之一。

目前采用的获得定位数据的方法：利用安装在导轨上的路程信标(每公里安装一个)达到公里数的粗定位，再利用测得的即时速度乘上走行时间实现列车的细定位,两者结合即可获得精确的列车定位数据。

(2) 列车的速度测量

目前的做法是用传感器测量列车经过路面长定子线圈极距的时间,设路面长定子线圈的极距为 $L(0.258m)$,列车经过两个磁极的时间为 t,则列车的即时速度为 $v = L/t$。

必须指出,现有的列车测速和列车定位方法并不是唯一和最佳的,研究更为可靠和实用的测速、定位方法应列为国产化的课题之一。

(3) 直线同步电动机的定起角

定起角是直线同步电动机的一个重要参数,最佳定起角能使同步电动机达到最佳运行状态。另外,在列车需要停车时,也必须有定起角的瞬时值提供给制动器使用。在磁悬浮铁路中,列车从启动到速度为 50km/h 时,定起角值由 VOCS 的传感器获得,并通过无线数据传输系统将信息传递到相应的牵引变电所内,供电机检测模块使用。

3. 车载移动通信站

每列车的首车和尾车分别设置带有天线的移动通信站,用于发送和接收实现 OCS 功能的各种数据信息。

4. 列车控制接口

VOCS 向有关的列车控制(如车门控制、旅客信息显示、紧急制动、驾驶台面板等)提供接口,由 VOCS 提供的列车控制信息接入车载总线系统。

(四) 数据传输系统(DTS)

OCS 系统的数据传输包括固定数据传输与移动数据传输两大类。前者用于中央控制中心(COCS)与分区控制中心(DOCS)之间、分区控制中心相互之间、分区控制中心与无线通信基站(含天线塔)之间的数据通信;后者则用于沿线固定设置的无线通信基站与车载移动通信站之间的数据通信。

此外,数据传输系统还实现公众业务功能,如主干传输网、语音传输、无线数据传输、监控信息传输、广播和旅客信息传输、办公自动化网络、时钟信息传输、消防报警系统、自动检售票系统等。

1. 固定数据传输

OCS 系统所采用的固定数据传输网络是一个大容量、高可靠性、开放式的综合业务数据传输网,该网络的主要特征如下:

(1) 安全性。禁止除 OCS 数据通信以外的一切其他访问,为了与基础通信网(公众通信网)进行必要的数据交换,必须通过冗余的安全转换系统来实现。

(2) 冗余性。采用冗余节点设计,构成环形网络。若环形网络的光缆线路某一点发生折断或损坏,其网络节点仍可构成链接,不影响正常的数据通信。如果某个网络节点发生故障,则其余网络节点仍可正常工作,从而保证 OCS 信息传输安全、可靠及不间断。

为了确保分区控制中心之间具有可靠的信息传输,分区控制中心之间的间距一般不超过 30km。在中央控制中心以及在分区控制中心内部则由光缆构成局域网(LAN),以实现内部设备之间的数据通信。

2. 移动数据传输

由于磁悬浮铁路的特殊边界条件(用于驱动列车的直线同步电动机的定子线圈位于路轨上,牵引力的传递是通过磁场,而列车本身又成为直线同步电动机的另一组成部分),决定了对列车运行控制的时效性具有极高的要求,即信息采集、传输、处理、控制均必须在极短的瞬间(通常为几个毫秒)完成,同时,OCS 系统移动数据传输的码率将达到 4096kb/s,因此传统的 GSM 或 GSM-R 均已不能满足磁悬浮铁路信息传输的要求。为此,由德国空间技术研究中心专门开发研制了 OCS 系统的移动数据传输网。

OCS 系统的移动数据传输网是一个双工双向的无线数据传输网。整个网络包括一个位于 COCS 的中央无线传输控制中心、若干个位于 DOCS 的分区无线传输控制中心、多个沿线设置的无线通信基站(含天线塔)以及设在列车上的车载移动通信站。无线数据传输的工作频率位于毫米波段,即在 37.1GHz~38.5GHz 之间。

OCS 移动数据传输系统的结构框图如图 7-41 所示。

中央无线传输控制中心是整个移动数据传输网的最高层,对整个移动数据传输网实施控制,并与位于 COCS 内的设备经由内部局域网进行通信。按 DOCS 划分的若干个分区无线传输控制中心管辖一个区域,它在其所管辖的范围内通过无线通信基站向车载移动通信站发送数据信息,并接收来自车载移动通信站的行车信息,将其送至 DOCS 及 COCS。

每个分区无线传输控制中心控制一定数量的无线通信基站(基站间的距离通常为 0.4km~1.6km,与天线高度、毫米波发送功率以及线路的曲率半径等均有关),整个无线移动数据传输就是通过这些基站沿线展开。为了保证必要的冗余度,在沿线任何地点的场强至少要被两个基站的通信范围所覆盖以保证不间断。由于基站的天线具有良好的定向性质,所以能量相对集中在沿线区域,方向性越强,电磁能量的散射就越少,因而无线发射功率仅为 0.5mW 左右就可以满足接收灵敏度的要求。

作为进一步的冗余措施是每个基站与每列车之间有两套无线通信子网络,这两套无线通信子网络具有独立的数据传输设备及独立的载频。在图 7-41 所示的结构图中,每一个基站分别以不同的载频与分布在列车首、尾部车载移动通信站进行通信联系。这样的结构方式可以最大程度地保证无线数据传输的无间隙性。当双通道之一产生故障时,由单通道承担数据传输任务,仍可视为是充分安全的。

为此,分区无线传输控制中心被赋予固定的频率组,每组频率包含 4 个频率。

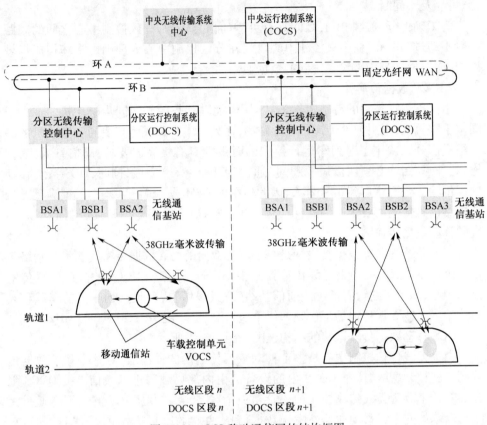

图 7-41 OCS 移动通信网的结构框图

上海磁悬浮线路设置 5 个频率(实际使用其中 4 个),以此方式来保证相邻分区无线传输控制中心使用不同的频率,以避免相互干扰。当列车从一个无线分区进入相邻区域时,车载设备会自动进行频率转换,从而由所抵达的分区无线传输控制中心对列车实现控制。在一个无线分区内如有多辆列车,则这些列车与分区无线传输控制中心之间的通信采用时分多址(Time Division Multiple Access,TDMA)方式,即每列车被分配一个时隙。

设置在列车首尾有两个车载移动通信站,其中每一个都包含有两套发送/接收设备及一个双通道的数字处理单元(DSP),如图 7-42 所示。这种网络结构产生双重冗余效果,以保证无线数据传输的安全、可靠。

为了减少在无线传输信道中发生的"衰落"影响,车载天线应按分集方式构成,即多根天线组成分集天线群,每一个天线中彼此之间保持一定的距离而组成天线阵列。虽然每根天线都有统计独立的电平波动,但接收机可按平均值来鉴别所接收的信号是否有效,从而可使传输误码率减少到 $10^{-4} \sim 10^{-5}$。

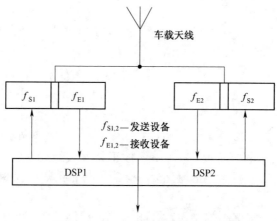

图 7-42　一个移动通信站的框图

思 考 题

1. 说明点式 ATC 系统的基本结构及工作原理。
2. 举例说明地-车应答器之间数据传递的电码结构。
3. 模拟轨道电路的频率如何配置？
4. 说明速度码系统的 ATP 速度命令控制线。
5. 说明采用数字编码轨道电路的 ATC 系统的结构及频率配置。
6. 在数字编码轨道电路的 ATC 系统中，车载设备如何进行频率跟踪？
7. 什么叫 CBTC 系统？有何特点？
8. 说明 CBTC 系统的基本原理。
9. 说明基于感应环线通信的 CBTC 系统的工作原理及系统结构。
10. 说明基于无线通信的 CBTC 系统的工作原理及系统结构。
11. 什么叫移动授权权限？
12. CBTC 系统物理分层的功能有哪些？
13. 单轨交通信号系统有何特点？
14. 单轨交通 ATC 系统主要由哪些设备组成？
15. 说明单轨交通 ATP/TD 系统的工作原理。
16. 磁悬浮的原理是什么？磁悬浮列车有哪几种类型？有何优、缺点？
17. 说明磁悬浮列车中悬浮系统、导向系统和推进系统三大部分的技术。
18. 说明 OCS 系统的总体结构。
19. 磁悬浮列车的列车速度监督功能是什么？

第八章 非正常情况下列车运行

非正常情况下列车运行通常是指列车运行条件、自然条件发生变化或列车设备故障(包括施工、停电等)导致列车不能按正常方式运行,或者不同程度地影响到列车正常运行的情况。非正常情况分为有准备的非正常情况和无准备的非正常情况两种。

有准备的非正常情况下列车运行,即有计划的施工维修,列车作业办理人员预先接到施工维修计划,并在有足够的思想准备的情况下完成非正常列车运行。有准备的非正常列车运行通常可能在运营开通前的设备调试期出现,运营开通后,由于夜间有专门的设备检修时间,有计划施工安排在运营时间的可能性很小。

无准备的非正常情况下列车运行,即设备突发故障、运行条件突发变化、临时停电等,行车作业办理人员没有任何思想准备。此时,要求作业人员立即做出正确的应急反应和处理。城市轨道交通非正常情况列车运行几乎全部为这种无准备、突发故障情况下发生的。

第一节 列车运行控制系统的后备模式

随着技术的发展和运营的需求,基于通信的列车运行控制(CBTC)系统已成为目前城市轨道交通信号系统的发展方向,该系统为目前最先进的列车运行控制系统。CBTC的突出优点是车-地双向通信,而且传输信息量大,传输速度快,很容易实现移动闭塞。该系统能大量减少线路轨旁设备及日常维护工作,缩短列车运行间隔,大幅度提高区间运营通过能力,灵活组织双向运行和单向连续发车,容易适应不同车速、不同运量、不同牵引类型的列车运行控制等。

CBTC系统虽然有众多优点,但是在实际运营中一旦发生故障(如车-地通信故障),系统就会出现大面积的瘫痪。另外,在日常运营和检修中,工程车、救援列车等无车载设备的车辆需在线路上运行,这些都需要一定的后备模式支持。

在我国城市轨道交通所使用的CBTC系统中,增加后备模式基本上已经成为标准配置,并且在故障情况下后备模式都是自启动的。

一、后备系统简介

1. 后备系统的必要性

后备模式是移动闭塞系统在非ATC模式下的一种简化运营模式。引入后备系统的必要性主要表现在以下几点：

(1) 作为移动闭塞系统出现故障情况下的临时替代系统

采用集中控制方式的移动闭塞系统在中央 ATS、车站 ATS 等故障的情况下，系统可以采用降级模式运行。此时，系统的运行效率可能会降低，但不会影响系统安全。当车-地通信单元、中央控制单元等设备故障时，设备所在区域就会出现需要人工来保证安全的情况，甚至会出现系统崩溃的情况。采用后备系统可以很好地解决这个问题。后备系统下运营的区域采用自动闭塞方式运营，司机根据轨旁信号机的显示来驾驶列车。

(2) 从功能上对移动闭塞系统进行完善

线路正常运营时，若出现列车车载 CBTC 设备完全故障的情况，或者工程车进入运营线路进行抢修等情况，ATC 模式下的移动闭塞系统将无法处理。采用后备系统，可以很容易地实现对非 CBTC 列车（车载 CBTC 设备完全故障的列车或未安装车载 CBTC 设备的列车）的定位及跟踪，以方便运营控制中心实时调度，保证线路安全，使对线路正常运营的影响降到最低。

(3) 解决移动闭塞系统正式开通前的临时运营问题

目前，国内外的许多城市轨道交通线路都采用分期开通的方式来修建。在移动闭塞系统未完全开通或者两期工程衔接阶段，后备系统可以解决线路临时运营的问题。

尽管后备系统不是列车运行控制必需的系统，但是从目前国内的地铁建设和应用情况来分析，采用适当的后备系统，对于 CBTC 系统工程的建设、保证行车安全和效率还是很有好处的。

2. 后备系统的定义

后备系统又称线路辅助系统或第二套列车控制系统，能够为没有装备车载 CBTC 设备和车载 CBTC 部分或全部设备故障的列车，提供全部或部分的列车自动保护功能，是从"故障-安全"的角度对 CBTC 系统的一个完善。

在后备模式下，可实现对道岔和信号机的控制及部分或全部的联锁功能。同时，司机根据信号机显示和安全规则来驾驶列车。后备系统不但可以解决移动闭塞系统部分或全部故障情况下城市轨道交通正常运营的问题，而且能够解决移动闭塞系统正式开通前的临时过渡问题。目前，国内许多城市轨道交通开始采用移动闭塞系统，所以配置一套满足我国城市轨道交通需求的后备系统是十分必要的。

从本质上讲，后备系统是一个采用固定闭塞制式、司机按照地面信号人工驾驶列车的简单信号系统，是采用基于通信的列车控制技术的移动闭塞信号系统的产物。后备系统通常不含车载设备。当然，后备系统也可以包含自动停车信号、机车信号等车载设备。

在列车运行控制系统正常运营的情况下，后备系统处于备用状态，不直接参与正常运营。只有在出现部分或全部故障的情况下,后备系统才以自动或人工的方式启动。当然,根据设计要求及线路的实际情况,也可以将后备系统作为列车运行控制系统的一个子系统,参与正常运营。后备系统通常需要具备列车定位、列车安全分隔、道岔锁闭防护等功能,从而保证在后备系统启用的情况下,线路实现自动闭塞,列车追踪间隔控制在 10min 左右(如有必要,还可缩短)。

3. 后备系统的功能

(1) 列车定位

在移动闭塞系统授权下,后备系统可以为列车提供第二列车定位功能,这些列车可以是装备车载 CBTC 设备的列车,也可以是非 CBTC 列车(车载 CBTC 设备完全故障的列车或未安装车载 CBTC 设备的列车)。与 CBTC 系统的列车定位功能相比,后备系统所提供的定位功能分辨率较低,通常仅能实现站间定位。

(2) 对非 CBTC 列车进行保护

没有装备车载 CBTC 设备的列车或车载设备故障的列车在 CBTC 区域运行时,后备系统将对其进行保护。

(3) 故障模式下列车在 CBTC 区域运行

在 CBTC 设备或车-地数据通信系统故障的情况下,通常采取减小列车运行速度、增大列车运行间隔的办法来保证列车的运行安全。因此,信号系统必须支持系统出现故障情况下的降级模式,继续为各种列车提供基本的保护功能。完成这个功能的可以是 CBTC 系统本身,也可以是后备系统,或者是两者的结合。

(4) 线路联锁功能

后备系统可以提供线路联锁功能,既可以是在移动闭塞系统出现故障的情况下提供,也可以是在线路正常运营的情况下提供。

(5) 10min 的追踪间隔

在非正常运营的情况下,后备系统提供站间自动闭塞功能,通常要求为该线路提供 10min 的列车追踪间隔。这些非正常运营情况包括非 CBTC 列车、CBTC 故障区域的列车、CBTC 轨旁设备故障的区域。在大多数线路中,站间间距不会超过 10min 间隔,允许后备系统采用传统的固定闭塞制式来实现站间自动闭塞,这意味着站间没有信号设备,从而降低了初始安装费用和维护费用。即使使用轨旁信号,它们也会安装在车站附近(除非联锁区远离车站)。一旦非 CBTC 列车(或车载 CBTC 设备故障的列车)占据了整个闭塞分区,其他列车就不允许进入该分区。拥有后备系统的车站允许非 CBTC 列车停靠,使非正常运营的操作更加灵活、简单。

(6) 断轨检测功能

某些后备系统可以提供断轨检测功能,与 CBTC 系统接口后,可以参与系统的正常运营。当然,断轨检测不应当作为移动闭塞系统或者后备系统的一个必备功能。

二、常用后备系统方案

1. 计轴与车站控制单元组合的后备系统

该系统通常采用计轴系统来实现区间自动闭塞,在车站控制单元内添加后备系统软件模块实现车站联锁功能。当计轴系统采集到区间(通常是站间区间)状态后,将信息发送给车站控制单元,经过一系列联锁逻辑运算后,车站控制单元发布控制命令,使信号机显示允许或禁止信号。

采用"中央集中式"的计轴与车站控制单元组合的后备系统方案,如图 8-1 所示。该方案采用计轴系统实现自动闭塞,轨旁设备较少,后期维护量较小,生命周期成本也大大降低;通过改进车站控制单元的软件功能来实现联锁功能,无须增加新的联锁设备,安装成本较低。

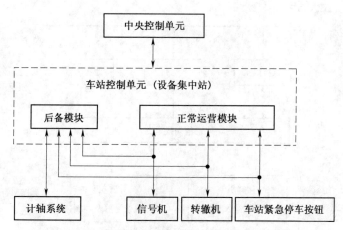

图 8-1 计轴与车站控制单元组合的后备系统

从图 8-1 中可以看出,平时车站控制单元既要参加列车运行控制系统的正常运营又要在后备模式下负责联锁运算,必须具有较高的可靠性和安全性。为此,某些城市轨道交通线路在设备集中站采用了两套车站控制单元,两套系统互为热备。

2. 轨道电路与国内联锁组合的后备系统

该系统采用 UM71 等轨道电路来实现区间闭塞,国内联锁系统来实现车站联锁功能。为了防止列车出现冒进,还可在列车上安装机车信号及自动停车装置。为了节约成本,轨道电路仅需在关键区域,如道岔区段、屏蔽门轨道区域等处安装,除特别需要外,正线可仅安装出站信号机。

该系统实现了列车的定位、安全分隔及安全停车等功能。由于采用国内成熟技术,因而造价较低。鉴于直线电机运载系统优良的性能特点,该技术在现代城市轨道交通领域受到越来越多的关注和使用。目前采用直线电机运载技术的城市轨道交通多采用移动闭塞系统,而移动闭塞系统的主要优点之一就是独立于轨道电路,所以许多使用直线电机运载系统的线路可以考虑不再配备轨道电路。

3. 计轴与国内联锁组合的后备系统

该系统实质上是"计轴与车站控制单元组合的后备系统"的改进版本,采用国内的联锁系统来代替"计轴与车站控制单元组合的后备系统"中的后备软件模块。该后备系统包括联锁、计轴器、接口3部分,室内设备一般安装在设备集中站。

(1) 联锁

对于后备系统的联锁部分,采用国内目前已经比较成熟的"三取二"或双机热备联锁系统。在可靠性和安全性方面,这两种结构的联锁系统均能满足国内城市轨道交通的需求。如果需要,还可采用双套的"三取二"联锁系统,两套系统为热备关系,当一套出现故障时,自动切换到另一套。图8-2所示为采用双套"三取二"联锁部分示意图。

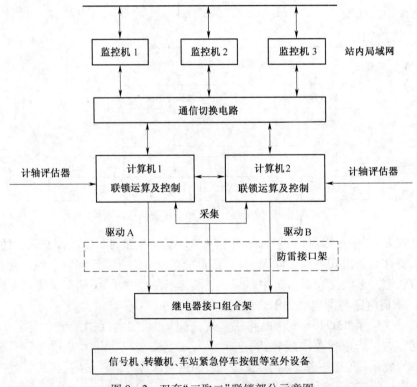

图8-2 双套"三取二"联锁部分示意图

调度员通过监控机发布操作命令,在监控机进行必要的逻辑处理后,将控制命令发送到联锁机,联锁机再经过一系列的联锁逻辑运算后,驱动转辙机和信号机。同时,联锁机采集现场设备和接收计轴设备发来的区间信息,并发送给监控机显示。维修机通过网络从监控机接收相关信息并记录,以便进行故障诊断和维修。

计轴评估器与联锁机间可采用通用的串口协议进行信息传输。计轴评估器到联锁机间的信息传输是单向的,联锁机不会向计轴评估器发送任何信息。

（2）计轴器

轨道电路对温度、湿度等环境因素较为敏感,对道砟电阻等要求较高,因而所需维护的工作量较大。由于与轨道状况无关,所以计轴器不仅具备检查轨道区间占用与否的能力,而且也解除了长期因道床潮湿和钢轨生锈影响轨道交通正常运行的困扰,是目前实现站间闭塞较为理想的设备。

（3）接口

列车运行控制系统正常运营时,后备系统处于热备状态,不参与正常运营,但需将后续列车的定位信息、速度信息等发送给列车运行控制系统。联锁系统将后备信息发送给车站 ATS 系统,再通过电缆或光纤传至中央 ATS 系统。中央 ATS 系统将区间占用状态等信息结合在线路图中的运行情况,显示在运营控制中心的大屏幕上。

图内城市轨道交通大多要求在车站安装本地 ATS 工作站。联锁系统与车站 ATS 系统间的通信,通过监控机与车站 ATS 工作站之间的网络或串口通信来完成。

三、后备系统举例

不同信号系统供货商提供的后备系统的组成及功能不尽相同,一般选择计轴器作为辅助检查设备,设置必要的信号机、有源应答器等轨旁设备实现不同的后备模式功能,目前实施的 CBTC 项目后备模式应用情况如表 8-1 所示。

表 8-1　CBTC 项目后备系统应用情况

供货商	Siemens 公司	Alstom 公司			Alcatel 公司	
项目	广州 4、5 号线 北京 10 号线 南京 2 号线	北京 2 号线	北京机场线	新加坡东北线	上海 6、8、9 号线 广州 3 号线	武汉轻轨
后备模式	点式 ATP+ 站间闭塞	点式 ATP+ 站间闭塞	站间闭塞	点式 ATP+ 站间闭塞	简单点式超防+ 站间闭塞	站间闭塞
辅助检查设备	计轴	计轴	计轴	轨道电路	计轴	计轴

1. 西门子(Siemens)公司

Siemens 公司的系统具有模块化的系统结构,可以根据客户的需要提供点式 ATP 及站间闭塞等后备模式,其后备模式可以实现的功能如表 8-2 所示。

表 8-2 后备模式功能表

功能	后备模式	
	点式 ATP 模式	站间闭塞模式
ATP	√	
联锁	√	√
信息传输方式	点式通信	
站间闭塞	√	√

Siemens 的点式 ATP 方案可以用作连续 ATP 故障下的第一级后备运行模式。在这种后备模式下，车载 ATP 根据地面信号机显示监督列车运行速度，保证行车安全，司机人工驾驶列车，也可以实现基本 ATO 功能(包括自动站间运行)。这种后备模式的优点在于列车仍然可以按照 ATP 限速运行，保持较高的系统运能。

在点式 ATP 故障的情况下，系统可以后退到联锁模式，也就是站间闭塞模式。此时，司机在没有 ATP 防护的情况下，人工驾驶列车按照运行规程规定的限速运行，并人工保证列车安全。此时由于采取了较低的限速，系统只能实现较低的运能。

2. 阿尔斯通(Alstom)公司

在轨旁区域控制器 ZC 机柜完全故障或无线通信在特定区域完全不可用的情况下，Alstom 公司根据客户的需要提供站间闭塞和点式防护两种降级模式。

(1) 站间闭塞模式

在各站计算机联锁和控制中心 ATS 设备完好的情况下，由联锁系统提供站间自动闭塞功能，列车按照出站信号机显示行车，列车的行驶完全由司机人工控制。为了实现要求的降级运行间隔，需要考虑增设信号机。

(2) 点式防护模式

该模式结合了站间闭塞模式中司机按照信号显示驾驶列车的特点，但是具有全程的 ATP 防护。如果司机丧失警惕越过红灯，车载控制器会通过轨旁设备接收到的信息触发紧急制动，因此保证了运行的安全。点式防护模式是列车采用 CBTC 运行下的一种降级模式，ZC 故障或无线传输故障时可用作后备模式。

满足下列条件后才可实现点式防护模式功能：可以检测到列车位置；ATP 采用点式防护模式；前端司机室(包括车载天线)的 ATP 系统正常运行；联锁可用。列车位置检测由辅助检测设备(计轴)确保，并由联锁完成。车载设备以固定闭塞方式运行，在点式防护模式下，由联锁设备而非 ATP 确保安全间隔。车载设备负责列车在冒进信号机情况下的停车。

Alstom 公司的系统的降级工作模式如图 8-3 所示。

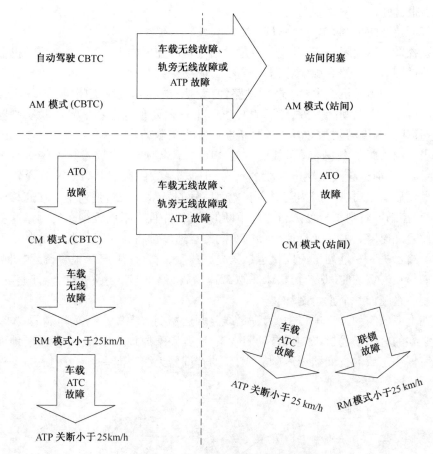

图 8-3　Alstom 系统降级工作模式

3. 阿尔卡特(Alcatel)公司

Alcatel 公司的基于感应环线的移动闭塞系统在国外已有成熟的应用经验,为武汉轻轨提供的信号系统为国内第一个 CBTC 的列车控制系统,已于 2004 年开通运营。目前,该系统主要有两种后备模式。

(1) 站间闭塞

系统在正向出站处配备计轴设备及相应的出站信号机,并在道岔区配备计轴设备,实现基于计轴轨道区段和信号机的联锁(包括进路锁闭、接近锁闭、区段锁闭等)和基于计轴轨道区段的自动站间闭塞。

当出现 ATC 系统故障(车载设备或 ATO/ATP 地面设备故障),系统运行于后备模式时,联锁将会接收轨道区段的状态,把这个状态发送到 ATS,并且设置相应的信号机显示。司机根据调度命令和地面信号的显示以 RM 模式人工驾驶列车。在 RM 模式下,车载控制器限速 25km/h。如果列车速度超过 25km/h,车载控制器将给出报警并命令紧急制动。

(2) 超速防护/简单点式 ATP

系统采用站间闭塞、计轴设备及出站信号机的配置同上,增加了与信号机显示电路通过接口连接的有源应答器。与第一种后备模式相比,除了可以实现基于计轴轨道区段和信号机的联锁(包括进路锁闭、接近锁闭、区段锁闭等)和基于计轴轨道区段的自动站间闭塞外,还可以提供基于车载列车定位和信号关联应答器的简单超速防护、倒溜防护和冒进信号机时施加紧急制动。

当出现 ATC 系统故障(车载设备或 ATO/ATP 地面设备故障),系统运行于后备模式时,联锁将会接收轨道区段的状态,把这个状态发送到 ATS,并且设置相应的信号机显示。司机根据调度命令和地面信号的显示人工驾驶列车。在此种模式下,车载控制器对列车速度进行连续不断的监督,并且不断比较列车的测量速度与最大的允许速度。最大允许速度和列车的测量速度都将在司机驾驶显示单元 TOD 上显示给司机。一旦列车速度接近最大允许速度,就会产生声音报警,提醒司机减速。如果在一定的时间内,司机未采取减速措施,列车速度超过最大允许速度,车载控制器将施加一个紧急制动。

在上海地铁的工程项目中,为满足线路开通初期实现较小行车间隔的要求,增加了必要的区间信号机以构成自动闭塞系统,其闭塞原理如图 8-4 所示。地面有源应答器和车载的查询器天线(与 CBTC 的查询器天线为同一天线)构成自动停车装置,保证行车安全。

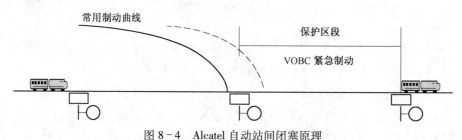

图 8-4 Alcatel 自动站间闭塞原理

第二节 ATS 非正常情况下的后备模式

ATS 是在 ATP 和 ATO 系统支持下完成对全线列车的运行自动管理和监控的系统。它主要完成列车运行状态监视、列车运行自动识别及追踪、进路自动或人工控制、列车运行图及时刻表的编制与管理、列车运营调整、列车运行模拟、列车运行统计、事件及报警报表的生成和系统管理等功能。

为了使 ATS 的可靠性提高,即使在非正常情况下也能维持基本功能,不影响列车正常运行,城市轨道交通 ATS 系统通常对与 ATS 相关的系统做降级处理提出以下要求：

(1) 正线信号系统应具有灵活的控制模式及必要的降级使用(包括后备运营)模式，以提高系统的可用性。

(2) 当中央 ATS 设备故障或中央 ATS 至车站 ATS 的数据传输通道故障时，车站 ATS 设备必须能够自动监控在线列车的运行。

(3) 当车站 ATS 设备故障时，至少具备联锁自动进路方式控制在线列车运行功能。

一、后备模式级别的设置

通过与联锁设备配合，ATS 系统可以向用户提供 4 种后备模式：控制中心 ATS 控制模式、车站 ATS 后备控制模式、联锁自动进路控制模式和车站本地控制台控制模式。在不影响安全的前提下，最大程度地满足城市轨道交通列车运行控制的自动化要求。

正常情况下，控制中心 ATS 操纵全线。当控制中心发生故障，列车仍然能够在车站 ATS 提供的后备模式下继续运行。因为车站 ATS 提供了本地监视和追踪功能、本地自动进路排列功能、基于本地时刻表的有限自动调整功能等。在控制中心通信中断、控制中心 ATS 功能失效的情况下，车站 ATS 的本地服务(列车跟踪、自动进路、自动调整)会立即启用，接管本控制区的列车监控任务，实现本联锁区内列车运行的自动监控。

如果出于某种原因，车站 ATS 系统也发生故障，如某分机的通信连接中断，联锁设备的自动进路调用功能会自动激活。该功能可以根据轨道区段占用情况排列预定义的进路。在这种模式下，列车的运行也能继续得以保障，必需的人工操作减至最少。

最低层的后备模式是人工操作。在没有任何其他自动化功能支持的情况下，车站操作员可以在车站 ATS 工作站上进行人工操作，即为车站本地控制台控制模式。

二、后备模式的切换

控制中心的 ATS 系统与车站 ATS 之间交换的信息称为心跳信息。如果一个心跳信息丢失，认为由于控制中心 ATS 与车站 ATS 之间的连接中断造成。在连接中断后，ATS 需要进入后备模式，并且只要连接没有恢复就一直处于后备模式的控制中。

如果与控制中心 ATS 系统的连接恢复，车站 ATS 立即退出后备模式。控制中心 OCC 通过车站 ATS 向联锁提交一个"全部刷新"请求，以获得当前实际站场状态数据。ATS 将传递该请求给 ATS 系统所管辖的全部车站。联锁系统响应该请求，发送当前过程数据给相关 ATS 系统,以便其更新所有数据。

当控制中心 ATS 系统(或备用控制中心 ATS 系统)工作正常时,车站 ATS 的后备模式功能(如列车自动跟踪、自动进路和自动调整)处于输出切断状态,但内部的逻辑运算依然进行。后备模式切换流程如图 8-5 所示。

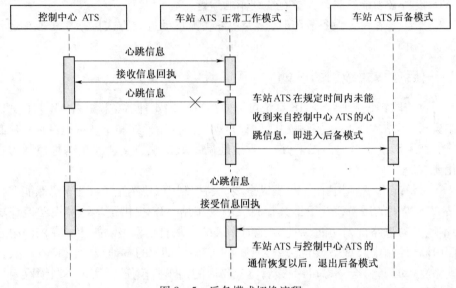

图 8-5 后备模式切换流程

第三节 列车运行控制系统故障时的行车组织

一、ATS 设备故障时的行车组织

1. 控制中心 ATS 设备故障

ATS 系统的主要功能是控制和监督列车运行。ATS 系统按列车计划运行图指挥列车运行,办理列车进路,控制发车时刻,及时收集和记录列车运行信息,跟踪列车位置、车次,绘制实时列车运行图,并在控制中心的模拟盘上显示列车信息及线路情况。

当 ATS 系统发生故障时,ATS 系统功能不能实现,需要行车调度中心人工控制所管辖线路上的信号和道岔,办理列车进路,组织和指挥列车运行。如果出现中央 ATS 系统无显示等故障,则行车调度员应授权联锁站控制,实现车站级控制(通过现场操作员工作站 LOW 进行操作)。

(1)进路排列

联锁站行车值班员首先应确认联锁工作站上的 RTU(ATS 的远程终端控制单

元)降级模式是否被激活,当"RTU 降级模式"被激活时,联锁站不用操作,列车可自动排列进路及自动取消运营停车点。当"RTU 降级模式"未被激活,且行车调度员没有特殊指示时,联锁站应在确认列车进站停稳后在 LOW 上按正常情况人工排列进路及人工取消运营停车点。

如果车站在工作站上不能取消运营停车点时,应立即报告行车调度员,由行车调度员转告驾驶员,用 RM 模式驾驶列车出站,直至转换为 ATO 模式;当车站取消运营停车点而列车目标速度仍为零,且超过规定时间(通常为 30s)时,车站值班员应报告行车调度员,由行车调度员指示驾驶员开车,当 ATO 驾驶模式恢复正常时,应向行车调度员报告。

(2) 列车运行信息处理

ATS 系统故障将会影响列车位置、车次等列车运行信息的记录,进一步影响列车运行图的自动绘制。故 ATS 设备故障时,行车调度员通知驾驶员在显示屏上输入当时车次号,到换向运行时,输入新的目的地码和车次号,直至行车调度员通知停止输入为止。各规定报点站向行车调度员报告各次列车的到开时间,至行车调度员收回控制权时止,行车调度员以报点站为单位人工铺画列车运行图,至 ATS 设备恢复正常。

2. 当 ATS 的自动排列进路或联锁系统(SICAS)的追踪进路故障

当 ATS 的自动排列进路或联锁系统(SICAS)的追踪进路不能自动排列时,应由人工介入,在 MMI 上或在 LOW 工作站上人工排列进路。若使用 6502 电气集中设备,其操作过程如下:

(1) 车站在中央控制时,行车值班员申请车站级控制,按下站控按钮,站控指示灯闪白灯,当中央控制同意后亮稳定白灯,或中央控制因故需下放控制权时,该灯也闪白灯。车站值班员同意后按下站控按钮,转为站控,站控指示灯亮稳定白灯。

(2) 车站在站控状态时,中央申请遥控,闪绿灯,值班员同意并检查站内所有道岔均在解锁状态后,恢复站控按钮,车站为中央控制状态,中央控制表示灯亮稳定绿灯。

(3) 行车值班员按下进路排列按钮,进行进路排列。

3. 车站 ATS 设备故障

车站 ATS 由列车与地面数据传输设备和电气集中联锁或微机联锁设备等构成。车载 ATS 由列车与地面间数据传输设备等构成。当信号联锁设备故障时,按站间电话联系法组织行车。

二、ATP 设备故障时的行车组织

ATP 子系统是确保列车运行安全的关键设备,由轨旁地面设备和车载设备组成。列车通过地面 ATP 设备接收运行于该区段的目标速度,保证列车在不超过此目标速度情况下运行,从而保证了后续列车与先行列车之间的安全间隔距离。对联锁车站,ATP 系统确保只有一条进路有效。ATP 系统同时还监督列车车门和车站站台屏蔽门的开启和关闭,以保证操作安全。

1. ATP 地面设备故障

当 ATP 地面设备发生故障时,车-地之间的信息传输受到阻碍,列车在运行过程中无法获得及时、准确的地面信息。所以,当 ATP 地面设备发生故障时,需要视地面信号机的状况而定。当 ATP 部分地面设备出现故障,但是地面信号机状态完好,可以正常显示,则列车按照地面信号机的显示运行,不需要组织接发车作业;当地面信号机也出现故障,不能正常显示,则需要相关车站的行车值班员根据调度命令组织接发车作业。

接发列车时,行车值班员应及时办理闭塞、开通进路、开闭信号、交付凭证及显示信号。车站行车值班员(包括信号楼值班员)在承认或解除闭塞前,应确认接车区间及接车线路空闲,接车进路道岔位置正确、状态良好,没有影响接车进路的调车作业;发车前,应核对接车站承认闭塞的电话电报号码或闭塞解除时分及车次无误,确认发车进路道岔位置正确、状态良好,没有影响发车进路的调车作业后,方可交付凭证,开放出站信号或显示发车信号。相邻车站采用站间电话联系法组织行车,并需要将把调度命令内容及时通知驾驶员。

2. ATP 车载设备故障

ATP 车载设备发生故障时,列车因故障无法接收 ATP 限速命令。此时主要解决列车的驾驶模式问题。一般 ATP 车载设备发生故障时,驾驶员根据行车调度员命令人工驾驶限速运行,即以 URM 模式(不超过 25km/h 的速度)驾驶列车,如果地面信号机状态完好的话,按照地面信号机显示运行;如果地面信号机故障,则按照上述 ATP 地面设备故障情况处理,由相邻车站行车值班员按照通过电话闭塞法办理接发车作业保证列车运行。

此时行车调度员应随时注意 ATP 车载设备发生故障的列车运行情况,以确保列车与列车之间的最小间隔在一个区间及以上,遇到两列车进入同一个区间时,应采取紧急措施扣停后面的列车,即扣车,将列车在某站台停靠,不允许其继续运行,通常是 ATO 系统收到 ATS 发出扣车指令后进行。

如果列车在站台发车前收不到 ATP 速度码时,驾驶员应上报行车调度员,在得到行车调度员同意后方可使用 RM 模式移动列车。

3. 车场与正线连接站间信号设备故障

车场与正线连接站间信号故障时,车场与车站间采用站间电话闭塞法组织行车,以路票为行车凭证。基本步骤如下:

(1) 行车调度员向车站/场发布执行站间电话闭塞法的口头命令后,车站或车场通知驾驶员调度命令的内容,由车站值班站长/值班员与信号值班员共同确认第一趟发出的列车运行前方的区段空闲。

（2）每一闭塞区段内只允许一趟列车占用,列车占用闭塞区段的行车凭证为路票。

（3）接车站/场确认闭塞区段内线路空闲后,才可以给发车站/场承认发车闭塞号。发车站/场接到接车站/场同意发车的承认闭塞号,填写路票并自检后交值班员,值班员逐字逐项复诵,核对无误后,复诵传达并交给驾驶员。

（4）值班员交接路票时必须核对的内容有日期、车次、区间、闭塞号、行车专用章、签名等。

（5）值班员接车从驾驶员处收回路票后需及时做标记并上交。

三、ATO 设备发生故障时的行车组织

ATO 子系统的主要功能是站间运行控制、保证列车按时刻表的时间并最大可能以节能原则自动调整实际运行时分和在站内的停留时间、在车站的定位停车控制、车门控制及站台屏蔽门的开启等。

当 ATO 子系统发生故障时,列车自动运行功能不能实现,此时列车改为 SM 人工驾驶,这种情况下列车上的 ATO 系统已经被旁路,列车由驾驶员人工驾驶。列车启动后,车载 ATP 设备根据地面提供的信息,自动生成连续监督列车运行的一次速度模式曲线,实时监督列车运行。驾驶员根据 ATP 显示的速度信息驾驶列车,当列车运行速度接近限制速度时,提出警报;到列车运行速度超过限制速度时,ATP 车载设备将根据超速的程度实施相应的制动方式。

如果车载 ATO 发生故障造成车门与站台屏蔽门不能联动,驾驶员应报告行车调度员,行车调度员命令驾驶员以 SM 模式驾驶。必要时,行车调度员通知下一车站站务人员协助驾驶员开关屏蔽门。

思 考 题

1. 在城市轨道交通列车运行中非正常情况可以分为哪两种?
2. 为什么要设置后备模式?
3. 什么叫后备系统?有什么功能?
4. 举例说明 CBTC 系统的后备模式。
5. ATS 在非正常情况下的后备模式如何切换?
6. ATS 设备故障时如何进行行车组织?
7. ATP 设备故障时如何进行行车组织?
8. ATO 设备故障时如何进行行车组织?

参考文献

[1] 贾文婷. 城市轨道交通列车运行控制[M]. 北京:北京交通大学出版社,2012.
[2] 林瑜筠. 城市轨道交通信号[M]. 北京:中国铁道出版社,2008.
[3] 刘晓娟,张雁鹏,汤自安. 城市轨道交通智能控制系统[M]. 北京:中国铁道出版社,2008.
[4] 曾小清,王长林,张树京. 基于通信的轨道交通运行控制[M]. 上海:同济大学出版社,2007.
[5] 郎宗棪,曾小清,姜季生. 轨道交通信号控制基础[M]. 上海:同济大学出版社,2007.
[6] 吴汶麒. 轨道交通运行控制与管理[M]. 上海:同济大学出版社,2004.
[7] 徐金祥,冲蕾. 城市轨道交通信号基础[M]. 北京:中国铁道出版社,2010.
[8] 毛建华. 城市轨道交通的列车控制系统及其发展趋势[J]. 现代城市轨道交通,2004(4):43-45.
[9] 郭进. 铁路信号基础[M]. 北京:中国铁道出版社,2010.
[10] 徐洪泽,岳强. 车站信号计算机联锁控制系统[M]. 北京:中国铁道出版社,2009.
[11] 程荫杭. 铁路信号可靠性与安全性[M]. 北京:中国铁道出版社,2010.
[12] 徐洪泽. 车站信号自动控制[M]. 北京:中国铁道出版社,2012.
[13] 周治邦. 故障安全和故障安全系统概念[J]. 铁道学报,2002,14(4):55-58.
[14] 瞿红兵. 关于铁路信号控制系统故障导向安全的探讨[J]. 控制技术,2013(2):75-77.
[15] GB/T 24339 1—2009,轨道交通通信、信号和处理系统(第1部分)[S].
[16] GB/T 24339 2—2009,轨道交通通信、信号和处理系统(第2部分)[S].
[17] 张振兴. 城市轨道交通中的列车定位方法研究[D]. 北京交通大学,2008.
[18] 乔超,唐慧佳. 列车里程计定位方法的研究[J]. 兰州铁道学院学报(自然科学版),2003,33(3):116-119.
[19] 韩熠,刘刚,戴未央. WLAN 及其城轨交通中的应用[J]. 现代城市轨道交通,2006(3):7-8.
[20] 邱奎,徐行,肖培龙. 波导管技术在地铁信号系统中的应用[J]. 铁道通信信号,2008,44(11):43-46.
[21] 林海香,董昱. 基于通信的列车控制在轨道交通中应用的关键技术[J]. 现代城市轨道交通,2010(9):81-84.
[22] 王金贵. 漏泄电缆在地铁 CBTC 信号系统中的应用[J]. 铁路通信信号工程技术,2010,7(5):54-57.
[23] 蒋先进,邢艳阳,肖培龙. 首都国际机场线 CBTC 信号系统波导管布置原则[J]. 铁道通信信号,2008,44(5):41-42.
[24] 张楚潘,鄯洪民. 车站屏蔽门与列车车门联动优化控制方案研究[J]. 现代城市轨道交通,2008(4):16-18.
[25] 曹启滨. 城市轨道交通列车控制系统与屏蔽门接口常见问题[J]. 铁道通信信号,2012,48(11):47-48.

[26] 黄中全. 轨道交通站台安全门控制系统[J]. 自动化与仪器仪表,2009(3):64-66.
[27] 邰洪民,张楚潘,尹逊政,李振明. 站台屏蔽门车-地联动控制系统的研究[J]. 铁道通信信号,2009,44(9):1-3.
[28] 陈斌,刘晓娟. 漏泄波导管通信在地铁列车控制系统中的应用[J]. 现代城市轨道交通,2009(3):39-42.
[29] 张喜. 城市轨道交通信号与通信概论[M]. 北京:北京交通大学出版社,2012.
[30] 刘伯鸿,李国宁. 城市轨道交通信号[M]. 成都:西南交通大学出版社,2011.
[31] 林瑜筠,朱宏,王伟. 城市轨道交通信号设备[M]. 北京:中国铁道出版社,2006.
[32] 吴金洪,宛岩,韦强. 城市轨道交通运营管理[M]. 北京:国防工业出版社,2012.
[33] 董波. 基于通信的列车控制(CBTC)信号系统的后备模式方案的讨论[J]. 天津建设科技,2008 增刊:98-101.
[34] 吴明,李新潮. 重庆单轨交通信号系统[J]. 电气化铁道,2004(2):43-46.